ユーモアのある風景

織田正吉
Oda Shokichi

編集工房ノア

ユーモアのある風景

ユーモアのある風景——序に代えて

笑いやユーモアに関する本を何冊か出してきたが、あちこちに書き散らしたものが溜まっている。終活の一環として整理にかかり、残す価値のありそうなものを選んで一冊に編むことにした。

笑いの芸能と芸能人の見聞、笑いについての断章、古典文学や川柳、死生観など鈍行列車の車窓から見る風景は雑多だが、走っているのはユーモアという一本の線路である。若い日に書いた物語や小説、年を取ってからの新作狂言の台本も加えた。物語から狂言まで四十年の歳月がある。

昨年、私は八十八歳という途方もない年齢になった。少年の日に戦中戦後をまたぎ、昭和、平成を経て令和の今日を生きて、一世紀近い世の移り変りをリアルタイムで見てきた。笑いを取り巻く環境もずいぶん変わった。大学卒のお笑い芸人といえば昔は「のんき節」で人気のあった石田一松ひとりで珍しがられたが、今ではそれが普通になっている。笑芸の世界と一般社会の間にある相当高い垣根も取り払われた。

漫画は悪書で子供に見せてはならないと学校から締め出したり、テレビの人気お笑い番組をワースト番組のトップに挙げたり、笑いを敵視する人びとがいて、ときどき晒《さら》し首のようにそれを公表していたが、笑いが免疫の活性を高め治癒効果があることが実証によって認知されると、世はお笑い大歓迎になり、笑いを取り締まりたい人も沈黙してしまった。お笑い芸人から芥川賞作家が出て、笑芸のステータスは一段と上がり、今やそれが憧れの職業になった観さえある。

生来笑いやユーモアが好きで、美空ひばりの歌ではないが地図のない道を水の流れのように歩いてこの歳に至った。好きだから続けられたことだが、仕事となれば好きだけでまかなえるものではない。趣味の鮒釣りと漁業は違う。

人はなぜ笑うのか、人にはなぜユーモアが必要なのかということを含めて、生きるとはどういうことか、若いころは他人の話や本などで外側からわかったつもりになったが、ある程度年齢を重ねると内側からじわっとわかってくる——ということもわかった。

長生きも芸のうち、還暦には赤いちゃんちゃんこで祝う。八十八にはベージュのスーツでもと埒もない洒落はさて置いて、この小冊を私から私に贈る記念品としたい。

令和二年二月

織田正吉

目次

装幀　森本良成

I

米朝山脈

表札の代りの名刺空っ風　八十八

桂米朝さんが「やなぎ句会」で詠んだ句である。八十八は「米」の字を分解した俳号。私が米朝さんと初めて名刺の交換をしたとき、住所は大阪市の「南区南炭屋町」とあった。年譜によると、米朝さんの結婚は昭和三十三年のことで、当初は奥さんの実家に住んだそうだから、もらった名刺はその住所だったのだろう。句の名刺がそうだというわけではない。

テレビの普及以前、放送メディアはラジオが主だった時代である。当時、私は朝日放送の台本の仕事をしていた。公開録音のコメディ、ディスクジョッキーの台本、毎日夕方に『みんなでいっしょに』という家族向きの新曲を流す歌番組があり、その作詞などもした。歌手でない人が歌い、私の作詞ではないが、王貞治が「白いボール」というのを歌ってヒットしたこともある。私が作詞したのはミヤコ蝶々、白木みのる、芦屋雁之助といったお笑い関係の人の歌だった。

米朝さんも「鍬《くわ》とからす」といったか、小咄を作詞している。夕方、百姓が野良から帰ろうとして鍬を忘れてきた。カラスが「くわくわ」と鳴いて教えたので、百姓は忘れたことに気がつく。百姓がニワトリに「餌もやらないカラスが教えてくれたのに、いつも餌をやっているお前が教えないとは何事だ」と怒ると、ニワトリが「取ってこうか」。そして「もう遅いわい」という百姓の一喝で終わる。民話にある話をベースにしたものだろう。

コメディでは米朝、枝鶴（後の六代目松鶴）がそろって出た台本を書いた記憶がある。放送台本は、収録後たいてい捨てられるが、それから何十年も後に、米朝さんはその台本を取ってある（保存している）といって見せてくれた。新品のようにきれいなままだったので私は感激した。

大阪で民放ラジオが始まったのは昭和二十六年のことである。新日本放送（現・毎日放送）、つづいて朝日放送が開局した。終戦後、ラジオ放送はお笑い番組から復活したといってよい。NHKの『上方演芸会』『お父さんはお人よし』はその代表的なものだが、民放も聴取者獲得にお笑い番組に力を入れた。朝日放送はダイマル・ラケット、川上のぼる、光晴・夢若、歌楽・サザエ、右楽・左楽、かしまし娘、森光子、落語では枝鶴、米朝を専属にした。私は米朝さんのディスクジョッキーの台本を頼まれた。今ではラジオのディスクジョッキーやトーク番組は出演者任せだが、当時はディスクジョッキーにも台本があった。『十一升金一升』という変なタイトルの帯番組で、初回の打ち合せだった。若き日の米朝さんは、低い声で音読しながら、「ここは放送にはちょっと具合悪いな」とひとりごとのように駄目出しをした。

初めて米朝さん宅を訪問したのは尼崎市武庫之荘の瀟洒な住まいである。胆石の手術を受けたあと、自宅療養中のところをＮＨＫのディレクターといっしょに見舞った。年譜で確かめると、胆石の手術は昭和四十年である。米朝さんは、二階の和室に布団を敷いて寝ていた。Ａ４判くらいの厚手の紙に白い綿を敷いて、取り出された石灰色の小石の粒を並べ、セロファンを掛けている。昆虫採集の標本を連想した。それを見せながら、「一一九個や」と、救急電話の番号と胆石の数の一致を面白がった。

放送の仕事のあと、大阪から帰るとき、私は神戸まで帰るので、途中、尼崎市の武庫之荘まで米朝さんと同乗することがあった。車中、かわした雑談は言葉に関する話題が多かったように思う。あるとき、「いろはかるた」の話になった。「幽霊の浜風」とか「月夜に釜を抜く」など、今では意味がよく分からなくなったものがある。「いろはかるた」は三都で文句が違うが、最後を「京の夢大坂の夢」とするものがある。米朝さんに意味をきくと、「間に〈は〉を入れると意味がはっきりする。京の夢は大阪の夢、他人がよく見えるということや」。なるほどと得心したので、半世紀たった今もおぼえている。

私は終戦の年、昭和二十年三月、中学一年生のとき戦災に遭って焼け出された。妹尾河童さんが『少年H』に書いている空襲である。母方の実家を頼って疎開し、姫路中学（現在の姫路西高）に転校し、汽車通学をした。米朝さんは同じ中学の卒業生である。私が通学していたころは、米朝さんはもちろん卒業している。短い期間であったが、同窓生ということになる。

そんなことから姫路中学の応援歌の話になった。校歌は北原白秋作詞、山田耕筰作曲で、それなりに立派だったが、作者不詳の応援歌は格調高く、私は好きだった。米朝さんも同意見である。

鷺山《ろざん》に秋の夜は更けて／楼上照らす松の月／衛士《えじ》の眠り深きとき／幄握《いあく》に鉾を按じつつ

／中国経綸《けいりん》はや成りし／ああ豊公《ほうこう》の夢の跡

酔余、二人で合唱したことがある。学校に関係のない人が聞かされるのは迷惑なことだったろう。

戦前のものだから、漢文読み下し調である。美文や名文句はちかごろ忘れられてしまったが、米朝さんには心置きなく話すことができた。

米朝さんの師匠正岡容《まさおかいるる》作詞の玉川勝太郎『天保水滸伝』は、米朝さんのお気に入りで、米朝さんがうなるのを聞いたことがある。

利根の川風袂《たもと》に入れて／月に棹さす高瀬舟／人目関の戸たたくは川の／水にせかるる水鶏鳥《くいなどり》（以下略）

講談、浪曲、落語という舌耕の芸につく人は、こういう名文句が好きで、その魅力に惹かれてプロになる。落語もおかしみだけではない語りの持つ魅力が演者の心をとらえ、それを朗唱するときのこころよさが心をとらえる。それを聞く人がまた心ひかれるのである。

ＮＨＫ教育テレビ（Ｅテレ）に『にほんごであそぼ』という番組がある。子供の番組だが、子供をばかにしていない。宮沢賢治の「雨ニモマケズ」を全国各地の人に方言で朗唱させたり、中原中也の詩や歌舞伎の名セリフを使ったりする。漢詩では、唐の王維《おうい》の「客舎青青柳《かくしゃせいせい》色新たなり」が出てきた。遠方へ旅立つ友を見送るはなむけの七言絶句である。私は高校の先生が卒業の日に揮毫してくれたので知っていた。それが子供番組に出てきたので驚いた。昔の子供が『論語』の素読をさせられたように、意味は分からなくてもよいから、リズムを体の細胞に植え付ける意図なのだろう。

渭城《いじょう》の朝雨軽塵を浥《うるお》し
客舎青青柳色新たなり
君に勧む更に尽くせ一杯の酒
西のかた陽関を出づれば故人なからん

送別の詩として代表的なものだが、今では武田鉄矢の『贈る言葉』が取って代わった。米朝さんにその話をすると、

「いつやったか、そのことで小松左京が中国からわしの家に電話を掛けてきたことがある。中国人にこの詩の話をしたら、現地の人間が何も知らんいうて怒るんや。長いこと文句を言うとったが、電話代こっち持ちや」

と笑った。桂米朝・小松左京はラジオ大阪の伝説的番組『題名のない番組』のコンビである。ラジオ大阪の菊地美智子アナウンサーが進行役だった。

米朝さんがマクラに使う小咄を聞くと、「必要十分」という用語を連想する。シチュエーションや人物が、これだけは欠かせない、そしてこれ以上は必要ないというところまで完璧に整理されている。それ以上の情報は、小咄にとってじゃまになる。不足があってはオチが分からなくなる。「必要十分」はそういう意味だが、必要な情報が整理されているから聞き手にすっきりとオチが伝わり負担をかけない。米朝さんの小咄には一種の潔癖さを感じる。一例を引いてみよう。

結婚間のない夫婦が同衾していて、妻がうっかりおならをしてしまった。横で寝ている夫に知られたのではないかと気になり、夫を起こして、「ちょっとあんた、さっき地震があったの知ってる?」。夫はがばと身を起こして、「なに、地震? 屁の前か後か」。

「はてなの茶碗」は、米朝さんの校訂によって、テキストは動かしようのないところまで磨き上げられている。古い演出では、狂歌が何首も出、「はてな」を何度もくりかえしていたらしいが、狂歌は「清水の音羽の滝のおとしてや茶碗もひびに森の下水」の一首にしぼり、「はてな」も清水の茶店で茶金（茶道具屋の金兵衛）がつぶやくのと、時の帝が箱書きするのと、必要十分というところまで刈り込んでいる。

昔の速記本を見ると、茶店で「茶金さんが茶碗を取って呑もうとすると、ポタリポタリと漏ります。不思議だから茶をこぼして、紙で拭いて、日にかざしてみると瑾《きず》はない。また茶を注ぐとポタリポタリ。（略）しきりにひねくりながら、面白い茶碗だと暫らく見ておりましたが（以下略）」と「はてな」とつぶやいた理由を最初に説明している（騒人社『名作落語全集』第一巻、桂文治、昭和四年）。

米朝テキストでは、油屋が茶店から強奪するように買った茶碗を、茶金の店に持ち込み、番頭と一悶着になったとき、奥から出てきた金兵衛がその茶碗を見て思い出し、茶店で「はてな」と首をかしげた理由を説明する。私が米朝さんの「はてなの茶碗」を初めて聞いたのは昭和三十年代初めのことだったが、この取り違いの面白さが強く印象に残った。この噺はここで一度目のオチを作り、それから幾何級数的に盛り上がって、「十万八千両の金儲けや」の大オチになる。古い演出は謎ときの終わったあとのミステリのようなものである。

言葉や咄の構成だけでなく、たとえば「動物園」のトラの動き、これは米朝さんに直接教えてもらったが、トラの動きがいかにもそれらしく見える。文章では説明できないので、その動きはお弟子たちで見てもらうしかないが、漫画の似顔絵のように特徴をとらえている。

私が初めてナマで米朝さんの高座を見たのは大阪の千日劇場だった。演目は「狸の賽」で、タヌキがサイコロに化けたが、サイコロというものを知らない。男がそれを転がすと、タヌキが化けたサイコロは、転がらずに、まっすぐにすうっと遠くまで移動する。上手に向かって目線を動かすことでそれが表される。動きは早過ぎず遅過ぎず、転がるということを知らずに動けばこうなろうかと思わせられる。転がしたサイコロがまっすぐに動くというシュールなおかしさを米朝落語で味わった。

「愛宕山」のかわらけ投げで、遊山にきた金持ちが、かわらけを全部投げてしまったので、代わりに小判を撒く。それに飽きた金持ちは、残った小判を面倒臭そうに、まとめてぽいと捨てる。聞き手は「あっ、何をするのや」と思う。かわらけの代わりに小判を投げるという大きな嘘が、現実にそれを見せられたかのように錯覚し、小判を拾いに谷底へ飛び降りる幇間の気持ちを、咄の聞き手は自身の感情として感じるのだ。

上方落語は初代春団治や先代（六代目）松鶴のように独特のダミ声を出す。浪曲の発声に似ているが、それとは違う発声法である。マイクのない時代、声が届くように工夫されたのが伝統になったのだろうが、米朝さんは自然な声で、大阪声は出さなかった。大阪でしか使わない、方言としての大阪弁も使わなかった。それは、米朝さんが根っからの大阪人でなく、姫路で育ったということと関係があるだろう。しかし、上方落語の味を伝えるのに必要な言葉は使っている。「こども（丁稚）」「ほっとする（疲れる）」「どぶさる（寝る）」「ごねる（死ぬ）」など文脈から意味が推測でき、咄の流れを損なわないものである。その選択にも「必要十分」を感じる。

「七度狐」の終末近く、キツネに化かされた旅人が大根畑を踏み荒らすのを見て、「おーい、田のしろやぁい」と呼び掛ける場面がある。「しろ（代）」は苗代、糊しろなど物には使うが、「人」の意味では使わないのではないか、もとは「田の衆」だったのが、速記本などのルビの「しう」が「しろ」と誤植され、「たのしろ」に変化したのではないか。あるとき、酔余の雑談で私の仮説を伝えると、米朝さんは「七度狐はみな、わしから出とるんやがなあ」と考えこんでしまった。こちらは世間話の代わりのつもりで言ったまでで、大した根拠があるわけではない。「そうではないかという思い付きです。田のしろのほうが語感に強さがある」などと取りつくろった。米朝さんは深々と考え込んだまま、そして旅立ってしまった。
上方落語の全国的普及に果たした米朝さんの功績については改めて言うまでもない。坪内稔典氏は俳句や短歌における正岡子規を「子規山脈」と呼んだが、落語といわず上方芸能に果たした米朝さんの役割の大きさは「米朝山脈」と呼ぶにふさわしい。下草にまで手入れの行き届いた山脈のふもとに長い年月いさせてもらい、言いたいことを言わせてもらったのは、とんでもない幸運だったと思うのである。

（「ユリイカ」平成二十七年六月号）

アーチと彦次郎

ラジオは別にして、初めてナマで聞いた高座の落語は何だったかと考えてみる。春団治（二代目）の「馬の田楽」、梅団治（三遊亭百生）の「浮世床」、光鶴（六代目松鶴）の「胴斬り」などが浮かぶ。神戸楠公前にあった八千代座で戦後間もなく聞いた。今では見る機会もなくなった落語相撲やシカ芝居もまだ演じられていた。

初めて聞きおぼえた落語は「いかけ屋」ということになるだろうか。話の中身は同じだが、落語ではなく、俄《にわか》の役者らしい二人がいかけ屋と子供を掛け合いで演じるへんな「いかけ屋」のレコードを父が持っていた。もちろん戦前のことである。

テープレコーダーの時代になり、「代書」「蔵丁稚」「宿屋仇」など、テープでくりかえし聞くうちに何となくおぼえたが、まだよちよちだった私の息子が、「アーチ、アーチ」と言いだした。「宿屋仇」で兵庫の三人組が騒ぐたびに、隣室に泊まっている武士が手を打って、「伊八ィ」と宿の者を呼ぶ例のくりかえしを、子供なりに聞きおぼえてしまったのだ。回らぬ舌で「アーチ、アーチ」という。私はおもしろがって、手を打っては「アーチ、アーチ」と子を呼んだ。

その子がもう三十歳を過ぎ二人の子持ちになっているから、ずいぶん前のことになる。落語をバラエティに再構成する仕事があり、「宿屋仇」はそのとき手に入れた録音であったとおもう。演者は小米時代の枝雀さんであった。大阪厚生年金ホールで落語会があったとき、米朝師に楽屋口を出たところにある酒屋に誘われた。小米の枝雀さんもいっしょだった。話がはずんで私が、

「私の息子がまっさきにおぼえた言葉が『アーチ』です。小米さんの「宿屋仇」をテープで聞いているうちに、聞きおぼえて『アーチ、アーチ』と言うんです」

「アーチ…?」

伊八のことですと言うと、米朝師は小米さんに向かい、

「伊八を呼ぶときの『い』は、もっと立てて言わなあかんと言うてるのに、『い』が小さいから『アーチ』に聞こえる。小さい子の耳はだませません」

えらい所で講義が始まった。神妙に聞いている小米さんに申し訳ない気がして、私は言わなんだらよかったと後悔した。

いとし・こいしさんの漫才で名作の名の高い「交通巡査」は、設定こそ違っているが「代書」の漫才版といってよいだろう。「代書」は米朝師の師匠にあたる米団治（先代）の作だが、このところ米朝師はほとんど演じていられないようである。当時の新作も、時代、風俗が今日とよほど隔たってしまったが、枝雀さんは完全に枝雀版の「代書」を作っていられる。米朝師の「代書」では、代書を頼みに来る客の名は「田中彦次郎」という。

「名前は？」

「田中彦次郎いいまンね。ちょっと粋な名前……」

「ヒコジロウの『ジ』は次ですか、治めるですか」

「それはもう、おまかせしときます」

そんなやりとりがある。代書屋が最初に聞くのが「ジ」の表記なのだから、その前は聞くまでもない字であるはず。「田中彦次郎」なら、「田中彦」まではわかっている。客の名が「田中彦次郎」である理由について、いつか米朝師からそんな説明を聞いたことがある。これもずいぶん古い話だが、そこまで考えての人物名であったのかと、感心と得心をいっしょにした記憶がある。
伝統を後世に引き継ぐ使命感から、米朝師は落語を現代の感性に合うようテキストレジーし、一つの規範を残すことをこころがけて来られたのだとおもう。だから細部にも厳密なのである。枝雀・ざこばという一門の個性、その芸風は天衣無縫の趣きがあるが、基礎部分がそういう厳密さに支えられてのことである。

（「桂米朝独演会パンフレット」平成七年七月）

「動物園」あれこれ

米朝落語の代表作といえば、「百年目」「はてなの茶碗」「地獄八景亡者の戯れ」「一文笛」などを挙げることに異存はないが、「動物園」のような演芸場向きの軽い咄も、米朝師が手を加えて再構成され、演じる人のいなくなっていたのを復活させたということに注意が向けられてよい。

私の手元に一万（正確には一〇〇六五）の小咄をモチーフ別に分類し、詳細な索引をつけた、いかにもジョーク好きのアメリカ人が作りそうな大冊がある。一九三二年（昭和七年）にニューヨークのガーデンシティ・ブックスという出版社から出ている。その中に「動物園」とまったく同じ話がある。

パットというアイルランドの男がサーカスに雇われ、ライオンが死んだので、皮をかぶって檻の隅で寝ていれば二ドルやると言われる。引き受けたが、ベンガルトラがいる檻に入れと言われてびっくりする。落語の「動物園」とはトラとライオンが入れ替わっているだけで、サゲも落語と同じである。

どういう経緯で日本に伝わったのか、逆に日本から海外に伝わった可能性もないとはいえないから、これが「動物園」の原典だと簡単には言えないが、他の落語と違って話がバタ臭く、外国ダネの匂いがするのである。

はっきり外国ダネと分かっているものに東京落語の「試し酒」がある。「試し酒」は明治時代、来日したイギリス人落語家の快楽亭ブラックが移入した。明治時代のイギリス人の落語家は他にジョン・ベール、英国軒ハレーら二、三人がいたようである。

『米朝落語全集』(第四巻)にある解説によると、上方の二代目・桂文之助が、明治三十年代、すでに「動物園」を演じていたということである。近代的な動物園は東京上野の動物園がもっとも古く明治十五年(一八八二)の開設、明治三十三年には京都、大正四年に大阪天王寺動物園が開設された。

動物園は当時、話題の施設であったわけで、こういう状況から推測すると、明治時代、日本に入ってきた海外のジョークが、時の話題と結びついて「動物園」になったということは十分に考えられる。

人間がトラの皮を着たのを見物客が本物のトラと思うというのは、リアリズムの立場でいうと無理な話で、どんなに上手にトラの皮を着ても、ほんものには見えないだろう。そこは落語の便利なところで、トラの動きの特徴がくっきりしていると、人間がトラの代わりをするという虚構がすんなり受け入れられる。

千日劇場で見たと思うが、上手な似顔絵が実物以上に本人をとらえるように、米朝師のトラは、いかにもトラに違いないという動きだった。その動きが知りたくて、後日、米朝師にお尋ねし、実際にやって見せてもらったことがある。米朝師は文の家かしく師（後の笑福亭福松）に、トラの動きを教えてもらいに行ったという。顔の向け方、脚の出し方、そのタイミングにポイントがある。芸の勘どころは、聞けば何でもないことだが、個人の試行錯誤だけではどうにもならない。古典落語の強いところは、先人の工夫の集積が咄の基礎を固めていることである。

桂枝雀さんは昭和六十二年（一九八七）のホノルル、ロサンゼルス公演を最初として、現在盛んな英語落語の開拓者となった。海外公演では「動物園」を「ホワイト・ライオン」というタイトルで演じ、よく受けたということであった。一つのジョークが海外から日本に入り、日本で磨きをかけられ海外へ出て行く。シルクロードのような笑いの往還は思うだけで心楽しい。

（「米朝一門会パンフレット」平成二十年八月）

ジョークの継承

明治二十年代から三十年代にかけて、東京の寄席に異色の落語家が登場し人気を博した。イギリス人の快楽亭ブラック（ヘンリー・ジェームズ・ブラック）である。ブラックはロンドンに生まれ、父に従って八歳のとき来日した。父のジョン・レディ・ブラックは日本語の新聞『日真新時誌』を発行したジャーナリストである。父の失脚をきっかけに日本の芸界に入り、政談演説から、講釈、さらに人情噺、落語へと転じた。ブラックが演じた人情噺はイギリスの小説の翻案であり、中にディケンズの『オリバー・トゥイスト』などもある。

現行の落語では『試し酒』がブラックによって日本に移植されたイギリスのジョークである。ブラックが『ビール競争』（『百花園』明治二十四年三月に発表）あるいは『ビールの賭飲み』という演題で演じたこの落語は、つぎのような話である。

ロンドン近くの兵営で、陸軍大佐が大酒を自慢する男と張り合い、部下にビール十五本飲んだら賞金を出そうということになる。部下のジョンはこの挑戦に応じたが、しばらく姿を消す。戻ってきたジョンはビール十五本を飲み干した。どこへ行っていたか聞かれ、ジョンは「ビール十五本が飲めるかどうか、試しに飲みに行ってきた」と答えた。『ビールの賭飲み』は人物を日本人にし、現行の『試し酒』ではビールが酒五升に変わる。

ブラックほどの人気はなかったが、イギリス人の落語家として、他にジョン・ベール、英国軒ハレー・ジョンデーがいる。快楽亭ブラックと特定することはできなくても、時期や状況から見て『動物園』はアイリッシュ・ジョークが、何かの形でこれらのイギリス人によって日本に移植された可能性はじゅうぶんあり得る。

海外から日本にジョークが伝播したものとしては、日本の江戸小咄に与えた中国笑話の影響はよく知られている。宝暦二年（一七五二）、中国の笑話本の翻訳として『雞窓解頤《けいそうかいい》』が出版されたのを最初に、明和五年から六年にかけて、中国の笑話を集大成した『笑府』の抄訳が出版された。それ以後、多くの中国笑話が翻案され、日本の風俗に置き換えられて江戸小咄の一部になった。場所を同時代の江戸に置き換え、何の違和感もなく、日本の風俗の中に同化している。

日本の説話と外国の説話が同じだからといって、すべてが海外から日本に入ってきたものとはかぎらない。日本から海外へ移し植えられたジョークもあるに違いない。最近、目についたジョークで、つぎのようなものがあった。

ローマからの大西洋を横断する機内で、キャンドリ（イタリア人）は、スチュワデスに大声で話しつづけた。他の乗客に英語を話せることを印象づけようと思ったのである。スチュワデスに、

「この飛行機の高さはどれくらい？」

「一万九千フィートです」

「ふーん。で、広さはどれくらい？」(Larry Wilde "The Last Official Italian Joke Book")

これは『醒睡笑《せいすいしょう》』にある、つぎの話とまったく同じである。

夜もいまだ明けやらぬに、中間たる者戸をあけ、「さてもおびただしく雪の降りたる

は」といふ声あり。亭主聞きつけ、「いかほど降りたるぞ」と問へば、「されば深さは五寸ほどつもりて候。幅は知れぬ」と申したり。（巻之四　そでない合点）

この小咄は落語のマクラとして演じられている。実証することはできないが、あるいは口伝えに日本から海外へ伝わったのではないかという感じがする。ジョーク以外に例を取ると、笑いの文学としての性格を多分に持っている『竹取物語』の五つの求婚譚が、中国・チベットの民間説話と一致していることが紹介され、『竹取物語』の原型ではないかといわれたことがある。田海燕編『金玉鳳凰』の中に採られている「斑竹姑娘」がそれで、かぐや姫に当たる竹娘が五人の求婚者に出す難題と求婚者の失敗は、『竹取物語』のそれとまったくといってよいほど似ている。

『竹取物語』の五つの求婚譚は、もとは三話であり、二話がつけくわえられたものである。私はそのことを、五つの求婚譚の持つ笑いの質を比較し、前の三話と後の二話の笑いがまったく異なっていることから、おそらく二話が後に付け加えられたものであるということの証明を試みた（『日本のユーモア2　古典・説話篇』）。チベットの説話は、求婚譚が五話に増殖したものと一致しているのだから、二話が付け加えられたのち、すなわち、現在私たちが読んでいる形の『竹取物語』がチベットへ伝播したものと考えてまちがいあるまい。

このように相互の移入関係がはっきりしているものもあるが、それがわからぬまま、まったく同じジョークが東西それぞれに見られる場合も少なくない。二、三の例を挙げてみる。


ザブロッキ（ポーランド人）が絵を抱えて町を歩いていた。近所の人が、

「何を持っているんだ」

「ゴッホの絵のオリジナルを五百ドルで買ったんだ。めずらしいものなんだ、ゴッホがボールペンで描いた絵は」。（Larry Wilde "More the Official Polish/Italian Joke Book"）

これは『徒然草』にあるつぎの挿話とおなじである。

或者、小野道風《おののとうふう》の書ける和漢朗詠集とて持ちたりけるを、ある人、「御相伝、浮ける事には侍らじなれども、四条大納言（藤原公任《きんとう》）撰ばれたる物を、道風書かん事、時代や違ひ侍らん。覚束《おぼつか》なくこそ」と言ひければ、「さ候へばこそ、世にあり難き物には侍りけれ」とて、いよ〳〵秘蔵しけり。（第八十八段）

道風は九六六年没、公任はこの年に生まれている。
つぎに、『醒睡笑』と海外のジョークが一致している例を挙げる。先行の『戯言養気集』にも類語がある。

京の町を「気力の毒買はう〳〵」といふて歩《あり》く男の姿を見れば、いかにも痩せおとろへ、色蕭々と労瘵《ろうさい》（肺病）気なり。をかしきものに思ひ、ある所へ「薬を売らん」と呼入れ、「そなたの風情には、違うたる望みなり」と問ふ時、「さる事あり、われ等はそなたの御覧ずるにまぎれなし。それがし連れたる女どもの気力あまりよく候まゝ、一服のませたうて尋ぬる」とぞ申しける。（巻之六　恋のみち）

医者「ご主人は絶対安静が必要です。睡眠薬をお出ししておきましょう」
患者の妻「私が夫に服ませるんですね」
医者「あなたが服むんです」(Braud's Handbook of Humor for All Occasions)

つぎに引くのは、落語『粗忽長屋』と同想の小咄である。外国の類語と並べて掲げる。

「五郎兵衛、アノ横町に汝が倒れて死んでゐるぞ。それにまあその落付いた顔は何ぢや」といへば、五郎兵衛大きに肝をつぶし「なんぢや。おれが倒れて死んでゐるか。そりやたまらぬ」と宙をとんで、かの所へ来てみれば、聞くにたがはず、こもをかぶせてある。あわてふためき、こもをあげてとつくと見、「ヤレ〳〵、うれしや。おれでもなかつた」。

(『絵本噺山科』巻四)

僻地の住民二人が丸太小屋のドアをノックした。

「おい、ジョー。おれとエドでむこうに男の死体を見つけたんだ。あれはおまえだと思うんだがな」

「どんな男だ」

「おまえみたいな体つきで、それから――」

「ネルのシャツを着ていたか」

「うん」

「赤と白のチェックだったか」
「いや、無地のグレーだった」
「（ドアを閉めて）じゃ、おれじゃねえ」。(Lewis and Faye Copeland "10,000 Jokes, Toasts and Stories")

このようなジョークの一致は、それぞれの土地それぞれの時代に独自に生まれたものが、偶然一致したと考えるべきものであろう。さきに引いた『醒睡笑』の「幅は知れぬ」という話も、偶然の一致かもしれない。こうしたジョークの一致は、人が何をおかしいと感じるか、その笑いについての感性が、国や人種を超え、人間共通の部分の多いことを物語っている。

つけくわえておくと、ある国のジョークという場合、登場人物と舞台がイギリスであったりフランスであったりするだけで、果たしてどのジョークがどの国で生まれたジョークであるか特定できないものが多いようである。

また、アイリッシュ・ジョーク、スコッチ・ジョーク、ジューイッシュ・ジョークなどエスニック・ジョーク（人種ジョーク）と呼ばれるものは、人物の国籍や舞台が特定されているからといって、その国で生まれたその国固有のジョークというのではなく、アイリッシュ・ジョークはアイルランド人を主人公にした愚人談、スコッチ・ジョークはスコットランド人を主人公にした吝嗇者の話、ジューイッシュ・ジョークは商取引に狡猾で貪欲な人物を主人公にしたジョークである。主人公の国籍はそのジョークの笑いの方向、モチーフを明確にするための便法である。アイリッシュ・ジョークすなわちアイルランド生まれのジョークと考えるのは、落語『あたま山』をあたま山という名の山で生まれた民話と思うようなものである。そういう主人公の国籍とジョークの関係、性格の枠付けがどうして生まれたのかを考えてみるのは興味深いテーマではあるが、私にその力はない。

笑いはまた、時代を背負っている。昭和初年に演じられた横山エンタツ・花菱アチャコの『早慶戦』は近代漫才を確立した記念碑的な作品であり、大衆芸能の歴史を語る上で欠かすことができないものである。大正十四年、復活した東京六大学野球リーグ戦、中でも早慶戦が熱狂的に迎えられた時代をまともに映しているが、その中にこういうくだりがある。

アチャコ　球はぐんぐんのびてます、のびてます。
エンタツ　来年までのびてます。
アチャコ　(略) レフト、センター、共にバック、バック。

エンタツ　オールバック。

現在の私たちがこれを聞いても、さほどおもしろいとは思わない。「オールバック」という言葉が持つ意味の濃度とでもいおうか、その言葉へのかかわりが、当時と現在ではまったく違うからである。大正七年（一九一八）来日し、宙返り飛行を見せたアメリカ人飛行士スミスの髪型がオールバックだったので、日本の男性にオールバックが大流行していたということが、この言葉の背景にある。『早慶戦』の中の「オールバック」は単に同音異義語を使ったしゃれではなく、話題を共有する者が反応しやすい笑いとして、話材にその流行を取り込んでいるのである。

漫才『早慶戦』はほとんど全編が際物《きわもの》である。小咄も際物として作られることが多い。時の話題によりかかる小咄は、限られた時間に笑いの任務を果たすと、さっさと命を終える。川柳の中でも時事川柳と呼ばれるものが、生まれた途端に死ぬように、一過性の話題を材料にした笑いは、話題の共通性によりかかっているから、笑いそのものの質はおおむね低く、共通の話題としての事件が人びとの関心から去るのといっしょに消える。『早慶戦』の「オールバック」とおなじ運命をたどるのである。

こうして、ジョークが長く生き残るまでに、時間と空間の試練、タテとヨコの篩《ふるい》の目にかけられる。すでに書いたように、海外から日本へ、日本から海外へとジョークが移し植えられてその国に馴化し、あるいは国を別にして同じものが、時期を別にしてそれぞれに生まれるということは、そのジョークが時間と空間を超える普遍性を持つことを物語っている。

江戸時代、狂歌、川柳などとともにジョークが量産され、あるいは脚色再話され、落語という独自の形式で文字通り語りつがれてきた。ジョークを遺産として継承してきた過去の日本人が笑いとユーモアを愛する国民であったことは、はっきりしている。先人の遺してくれた文化遺産であるという認識を持って、これらの小咄を継承しなければならないと思う。江戸小咄の継承は、戦前、国定の国語教科書（『尋常小学国語読本』）まで続いていた。私自身習った『尋常小学国語読本』には、わずかではあったが江戸小咄が採られていた。教科書から江戸小咄の類が一掃されるのは、昭和十六年、「国民学校令」の公布によって、それまでの尋常小学校と高等小学校が国民学校初等科と高等科に改称されたのにともない、国定教科書が全面改訂されて以後のことである。

小咄は、小学校の教室にはなじまないものであった。小咄にはやはり炉辺がよく似合う。白い歯も見せずに、教室で小咄のおもしろさを説明されたり、させられたりするうちに、おもしろさなどどこかへ消えてしまい、いつもの退屈な授業のつづきになってしまうのであった。とはいっても、江戸小咄が小学校の正門から教室に入っていたことの意義は決して小さくない。すくなくとも当時の文部省は、江戸小咄を文化遺産あるいは教養として国民に伝えるべきだという認識をもっていたのである。

（『日本のユーモア3　江戸小咄篇』昭和六十三年二月）

国定教科書の笑い

小学生の日の『落語全集』

私は長いあいだ、漫才、落語、バラエティなどラジオやテレビの演芸台本を書いてきた。笑いと職業的に関わるようになったのは、戦後、急速に復活した笑いの演芸を見たり聞いたりしたことが直接的な動機だが、それ以前、子どもの時の体験がもっと深いところにある。

子どものとき最初に接したユーモアが何であったか定かでないが、落語は小学生のとき、ラジオで聞いたのが最初だった。演芸場に入って落語をナマで聞いたのは高校生になってからである。

戦前、ラジオ放送はＮＨＫだけで、演芸番組は少なく、落語や漫才の放送があると貴重なものとして聞いた。友達の家で借りてきた『落語全集』で落語にたくさんの演題があることを知った。この本は落語家の口演を活字にしたのでなく、雰囲気を伝えながら読み物としてリライトしたものである。上中下の三冊、全部で数百ページにおよぶ大部のものだった。小学生にはよくわからない咄も多かったが、滑稽咄は活字でも楽しむことができた。

先夜たまたま、NHKの「ラジオ深夜便」で先代（三代目）三遊亭金馬の「雑俳」（「雪てん」）を聞き、『落語全集』で初めてこの咄を読んだ小学生の日を思い出した。ご隠居が八つぁんに俳諧を教える。

「初雪や瓦の鬼も薄化粧。こういう風に詠んでごらん」

「初雪やこれが塩なら金儲け」

「なんだそれは」

「初雪やこれが砂糖なら金儲け」

「金儲けばかりだな。少し欲から離れたらどうだ」

「初雪や金が落ちていても拾わない」

こういうばかばかしいおかしさが私の笑いの原点にある。

国定教科書の笑話：江戸小咄

私が小学生だった頃は国定教科書の時代で、国語は『尋常小学国語読本』である。巻一から巻十二まで六年間に十二冊を使った。一年生の巻一が「サイタ　サイタ　サクラガ　サイタ」で始まる昭和十一年改訂発行の版である。

四年生の教科書（巻七）に「笑話」という章があった。復刻されたものによって原文のまま引いてみる。

八歳になる子供、昨日隣へ引越して来た人の子供と、もう仲の好い友達になった。さうして、

「君は幾つだ。」

「七つだ。」

「それでは、来年は僕とおない年になるね。」

＊

紙に「貸家」と書いて張つておくと、いたづらな子供が、ぢきに破つてしまふ。そこで考へた家主は、厚い板に書いて、しつかりと釘で打附けてしまつた。「これなら、五六年は大丈夫だ。」

＊

剣道じまんの男に向かつて、

「昨日は仕合をなさつたさうですね。どんなぐあひでした。」

「それがさ、あつてみると、先方はほんの青二歳で、相手にするのもばかばかしかつたが、立合ふだけは立合つてやつたよ。」

「どんな風でした、勝負の様子は。」

「相手はばかにすばしこいやつで、立上がるが早いか、いきなり打込んで来た。これには、全く驚いたよ。ところが、そこが日頃の手練さ。」

「どうしました。」

「頭で受けたよ。」


小咄の選択は悪くない。教科書の編纂者は笑いに関して子どもをあなどっていない。ただ、せっかくの小咄も授業に使うとおもしろくなくなった。「この話はどういうところがおもしろいか」と先生に質問されると答えようがなかった。後に調べてわかったことだが、「笑話」の出典は江戸小咄で、『鹿子餅《かのこもち》』（明和九年、一七七二）などから採っている。『鹿子餅』

は、簡潔な文体と新鮮な笑いで江戸に小咄本のブームを起こした本である。編者は木室卯雲《きむろぼううん》、江戸在勤の幕臣であった。

滑稽本：東海道中膝栗毛

五年生の教科書には十返舎一九の『東海道中膝栗毛』から小田原、大井川、京の三場面が採られている。弥次郎兵衛と喜多八（俗に弥次喜多）の二人組が東海道を旅し、宿場ごとにドタバタ騒ぎを起こす。教科書では弥次郎と北八としている。

小田原の宿で五右衛門風呂を知らぬ北八が鉄の釜にじかに足をつけ、熱いので下駄を履いて風呂に入る。熱くなってきたので、下駄で釜底をがたがた踏んでいるうちに、釜の底を割ってしまう。大井川の渡しでは、蓮台《れんだい》の渡し賃が高いので、値段の交渉をするため、弥次郎は北八の脇差を差し、自分の脇差の革の鞘袋をずらせて長い刀に見せ、大小を差した武士を装うが、鞘袋が柱につかえて曲がり、武士でないことがばれる。京の四条通では柴、すりこ木、梯子などを担いで売っている大原女をからかって、七百文の梯子を二百文なら買ってやろうというと、二百文に負けるというので断れなくなり、買わされた梯子を二人でかついで京の町を見物する羽目になる。

弥次喜多が芝居になり映画になり、戦後の「寅さん」や「サザエさん」のように日本人の誰もが知る笑いのキャラクターになったのには、『膝栗毛』が国定教科書に載ったことの影響が大きいだろう。

狂言：末広がり

六年生の教科書（巻十二）には狂言の「末広がり」が採られていた。太郎冠者が主人として仕える金持ちに、来客の引出物として出すので、都へ行き末広がりを買ってこいと命じられる。末広がりは扇のことだが、それを知らない太郎冠者は騙されて傘を高値で買わされる。主人は怒るが、傘を広げて囃す太郎冠者に乗せられ二人で舞う。小学生の私は狂言がどんなものか知らず、挿絵はついていたが、文字で読んでおもしろさはわからなかった。

こうして戦前の教科書を読み返してみると、江戸小咄、滑稽本、狂言という日本の伝統的な笑いの文芸を子どもの時に教えておきたいという当時の文部省の意図を汲むことができる。江戸小咄や『膝栗毛』のドタバタが国定教科書に採られていたことは記憶しておく価値があるだろう。

（『笑いを科学する──ユーモアサイエンスへの招待』平成二十二年　新曜社）

落語・ミステリ・マジック

江戸川乱歩がエッセイで落語の「そばの羽織」（「そば清」）に触れているのを読んだことがある。その錯覚心理がおもしろいという程度の書き方だったが、ミステリと落語の接点を見たように思ったので記憶に残っている。

うわばみが人間を呑んで腹がふくれ上がる。かたわらに生えている草を舐めると、うわばみの腹はたちまち元通りになる。それを見ていた男が、この草は食べたものを溶かす力を持っていると思い、そばの大食いをした後、その草を舐めると、男の体が溶けてそばが羽織を着ていた。この咄の原話は、文献上は『一休関東咄』（一六七二年）の「大しょくばなしの事」に見られるが、もともと日本各地に伝承される民話が成長したものである。

「そばの羽織」をミステリに置き換えると、うわばみの腹がしぼむ現象を見て、ワトソンが「この草には胃の中のものを消化する強力な力があるようだ」と推理するのに対し、パイプ片手にホームズが眉に縦じわを寄せて、「そうではないよ、ワトソン君。この草が持つ働きは人間そのものを溶かすことだ」と真相を看破する、という図になる。

エラリー・クイーンの中編ミステリに石造二階建ての建築が一夜のうちに消えてしまうのがある。アメリカで人気のある奇術師のデイビット・カパーフィールドは、テレビのフレームのなかでだが自由の女神を消してみせた。頑丈な建築や大きなモニュメントが消えることなど物理的にありえないことだから、もちろんトリックがある。消えたのではなく、トリックによって消えたように見せたのである。

マジックを演じる者の心得として「サーストンの三原則」と呼ばれるものがあり、その一つに観客にタネ明かしをしないことが挙げられている。タネを知ってしまったマジックほどつまらないものはないからだが、ミステリはどうすればその現象を起こすことができるかというタネ明かしをしないことには成り立たない。マジックは現象で観客を驚かせるが、ミステリはタネ明かしで読者を驚かせる。

落語「釜どろ」（「釜盗人」）はクイーンのミステリのトリックとまったく同じである。豆腐屋が豆腐を作るのに使う大釜を盗まれる。用心のため、新調した釜の中に入って寝ていると、二人組の泥棒が、中に豆腐屋が寝ていると知らずにその釜を盗み出し、かついで行く。釜の中に人がいることに気付いた泥棒が、野原に釜を捨てて逃げる。目をさまして中から蓋を押し開けた豆腐屋が見上げると満点の星。「しまった、家を盗まれた」というオチ。落語では、豆腐屋の目には家が消えたように見えたというのがオチになるが、ミステリでは家の消失という現象が起きるところから物語が始まり、この怪現象がどうして起きたかという謎解きで終わる。落語とミステリでは叙述の順序がちょうど逆になる。

「そばの羽織」や「釜どろ」は咄全体がオチの一点にしぼりこまれ、ジョークとしては実によくできている。しかし、落語の名作に数えられることは概して少ないようである。「そばの羽織」や「釜どろ」のように咄全体にオチが占める割合の大きい咄は、ミステリと同じで二度の鑑賞に耐えないのである。「そばの羽織」は上方落語の演題は「蛇含草《じゃがんそう》」、大食いするものが餅になり、「餅がジンベ（袖なしの簡単な羽織）を着ておりました」というオチになる。演者は途中、本筋から逸れて餅の食べ方をさまざまに演じ分けてみせる。そういう見せ場でも作らないと二度聞く客に同じミステリを二度読む退屈を感じさせるからだろう。

「落語」は落とし咄を漢語風に言ったものだが、落語は落語にして落語にあらず、オチはそれほど重要なものでない。オチ（パンチライン）がなくてジョークは成立しないが、オチがなくても落語は成り立つ。むしろすぐれたオチは落語として咄がふくらむのをじゃまする場合さえある。そのあたりに落語とジョークの違いがありそうだ。

（「国立演芸場パンフレット」平成九年十一月）

変な計算

平成初年、バブル経済の崩壊で経営に行き詰まる金融機関が続出した。こういう状況を予見するかのように、高度成長時代に、「成長」はほんものだろうかと疑い、借金で投資と競争をくりかえして水ぶくれになっている日本経済に警告を発したのが笠信太郎の評論『花見酒の経済』（昭和三十六年）だった。タイトルからうかがえる通り、落語「花見酒」を例え話に使っている。

熊と辰の二人が酒屋で三升の酒を借り、花見客に酒を一杯十銭で売って稼ごうと、向島へかついで行く。途中、酒の香をかいで熊がたまらなくなり、「酒を一杯、おれに売ってくんねえ。商売なんだから、ただのみは悪かろうが、銭を出したら構《かま》うまい」と辰に十銭を渡して一杯飲む。辰も「おれにも一杯売ってくんねえか」と受け取った十銭を熊に渡す。そうして十銭をやったり取ったりしているうちに、酒樽はからっぽになる。「全部売れた」と喜び、売り上げを数えてみると、財布の底から出てきたのは十銭玉が一つ。

「花見酒」の経済がヘンだということは直感的にわかるけれども、消費経済は多かれ少なかれ「花見酒」である。どこがどうヘンなのか明確に説明しろと言われたら、私などしどろもどろになりそうだ。

落語にはヘンな銭勘定が時折り出てくる。「三方一両損」なども考えてみるとおかしな計算である。三両を落とした大工とそれを拾った左官、両方がその金を受け取ろうとしないので、奉行の大岡越前守がポケットマネーの一両を加えて四両にし、大工と左官が二両ずつ折半する。「二人とも三両ふところに入れるところ、二両になったのであるから一両の損、奉行も一両出したから一両の損、これを呼んで三方一両損」というが、実際のところは「大工と奉行が各一両損、拾い主の左官は二両得」である。現金を拾ったときの謝礼は一割前後という現在の相場で計算すると、三両の謝礼なら一分少々でよいことになる。二両は拾得金の七割近い。いくら何でも多額に過ぎる、まことにもって不届千万と思い到るのは後のことで、落語を聞いているあいだは、こちらの頭もすっきりと割り切られてしまう。

計算のトリックを扱った咄で、大阪で人気のあるのが「壺算」。瀬戸物屋で、三円を払って小さい壺を買い、それを六円の大きい壺と取り替えてもらう。下取りする壺が三円相当、さきほど支払った三円と合わせて六円になるという計算。

近代推理小説の始祖ポオのエッセイ「詐欺――精密科学としての考察」にこれと同じ理屈のごまかし方が出てくる。酒場でたばこを注文する。それを返して、たばこと同額のブランデーと取り替えてもらい、飲み干してそのまま店を出ようとする。バーテンが代金を請求すると、「さっきたばこを返しただろう」という。十数年も前になると思うが、この手口で釣り銭をだまし取る外国人が日本のたばこ屋などに現れ、実際に被害が出たことがあった。わからない言葉でまくし立てられると、「壺算」の瀬戸物屋の主人のように頭に血が上り、こんな単純な手口にも引っかかるらしい。

古い漫才のネタに千円札を質に入れる話がある。千円札を質屋に持って行き、それで八百円借りる。八百円の質札をだれかに六百円で譲る。すると、八百円と六百円で千円札はたちまち千四百円になる。この計算のおかしいところは……というところで紙数が尽きた。中入りの退屈しのぎにお考えください。

（「NHK東京落語会パンフレット」平成八年四月）

ナンニモ船長小伝

子供のころ、正確にいうと小学校二年生のとき、私は近所に住むアマチュア画家に絵を習っていた。神戸の輸入業者で、産を成したあと実業を退き、毎日好きな絵を描いて過ごしている人だった。小林茂正という。丸い目とたくわえた口髭に特徴があった。私は「おっちゃん」と気やすく呼んでいたが、奇行で知られる神戸の有名人だった。

船マニアで、当時、正月には近所の家へ名刺を持って年始回りをしたものだが、自身は船長の服装で、二人の幼い娘さんには水兵の服装をさせて挨拶回りをする。そのとき配る名刺の肩書は、「日本遊仙会社／ナンニモ船長／ナカナカ云フコト機関長」というのだった。今でも、その肩書を言うとなつかしそうにする人がいる。

邸は神戸の高台（現在の長田区寺池町）にあり、船のデッキに見立て、舵輪やブイの置いてあるベランダから大阪湾を一望することができた。庭には通路正面にギリシアのパルテノン宮殿のミニチュア。植込みにはベンガル虎の大きな置物があった。イギリス製のリアルな競馬ゲームで遊んだ日もある。別室の入口には「火津虎」の標札が掛けてあった。日独伊三国同盟で日本で人気のあったヒットラーである。後に知ったことでは、神戸の文化人を招いて世界一周ごっこのようなことをしていたという。高等遊民の俗悪趣味といえばそれまでだが、私にとって小林邸は海外の匂いを吸い込む窓であった。

入口からパルテノン宮殿に向かって、まっすぐについた邸内通路の両側に大小さまざまのカエルの置物が三、四十ほども並んでいた。向きがまちまちで、内側を向いているのもあれば外側を向いているのもある。あるとき、私がその向きをそろえていると、船長（と呼ぶことにするが）は、「あっ、触ったらあかん」と言った。家に帰って母に聞くと、小林邸のカエルは一匹が借家一軒を表し、家賃が入ると置き方の向きが変わるのだという。数十匹の置物があったから、数十軒の借家持ちだったのである。

小林邸のすぐ近くに私の親戚が住んでいた。やはり母から聞いた話だが、ナンニモ船長は、あるときその親戚に「カネが溜まったから見に来てください」と招いたそうである。おかしなことを言う人やと思いながら訪ねてみると、大小さまざまな鐘が軒先にずらりと一列に吊してあった。カネが溜まっていることに間違いはなかった。大きいのからごく小さなものまで、大きさの順に並べられた数十の鐘は私にも親しみ深いものである。

私が習っていたのはクレパス画やパステル画だった。船長は、あるとき私に団扇《うちわ》の絵を描くように言った。柄《え》の先が画用紙から少しはみ出すように、という。その通り描き上げると、柄の足りない部分を厚紙で継ぎ足し、絵と同じ色で着色してくれた。画用紙からはみ出す絵ができ上がった。「家の人がその団扇を持ってあおごうとしたら、上手に描けてるのや」。そんなことを言う船長自身、世間の枠からはみ出した生活を送っていたのである。

小林邸は住居も塀も白いペンキ塗りだった。板塀は黒塗りが常識の時代である。白ペンキで塀の補修をしている船長に「なんで白う塗るのん?」と聞くと、「苦労(九ロウ)するより白う(四ロウ)するほうが、五ロウ得や」と答えるのだった。それが、まんざら冗談ばかりでもなかったことに私は大人になってから気がついた。

私が小林邸に通っていたのは昭和十四年(一九三九)のことだが、日中戦争は二年目に入っていた。二年後に太平洋戦争が始まる。物資が乏しくなり、戦時インフレが進行しつつあった。前年、国家総動員法が公布されて物価が統制され、家賃を上げることも禁止された。近所の子に絵を教えるのは、禄を離れた浪人が手習いを教えて身を立てるように、窮迫しつつある生活を支える手段として始めたことだったようである。

昭和二十年（一九四五）三月十七日未明、アメリカ空軍の爆撃で神戸市の西半分が焼土となった。私の家も焼かれた。戦災当時、私は中学一年生になっていた。船長の家ももちろん焼かれた。それから数十年がたち、船長の娘さんが私を訪ねて来られ、その後の消息を聞いた。戦災でいっさいを失ったあと、焼け跡にバラックを建てて住んでいたが、焼け跡を耕したわずかな畑でとれるもの以外、食べるものもなく、ほとんど餓死に近い状態で世を去ったということだった。

私が絵を習っていたころより前の豪奢な生活から窮乏のどん底まで、時代の波に洗われた船長の境涯は振幅が大き過ぎて、私は聞いてはいけないことを聞いてしまったような気がした。しかし、娘さんが何気なく語ったことが、その気持ちを救ってくれた。船長はバラックの入口に「焼野干八（やけのかんぱち）」という表札を出していたそうである。

私がユーモアや笑いに身近な関心を持つようになった理由の一つとして、幼いころに、こういう人のそばにいたことの影響の大きさを思わずにいられない。その思いは年とともに深くなる。

（「笑い学研究」第八号　平成十三年）

私が見た松葉家奴

奇人と呼ばれる人がいなくなったような気がする。みんな常識的な生活者になった。その代わりというわけか、型破りな生き方や奇行を芸能人に求めるところがある。伝説的になっている初代・桂春団治、近くは横山やすしがそうだった。漫才の松葉家奴《まつばややっこ》も奇行の数々が語り継がれている。奴の話をするとき、みんなニコニコしている。

私は終戦後間もなくから昭和三十年代の初めまで、学生時代に神戸の湊川神社の近くに住んでいたので、楠公前の八千代座（八千代劇場）によく通った。神戸で唯一戦災を免れた劇場だが、惜しいことに昭和三十五年、区画整理で取り壊されてしまった。劇場不足の時代だったから、ここで歌舞伎、松竹家庭劇、剣劇、歌謡ショウ、浪曲、落語、漫才など何でもやった。松葉家奴・喜久奴《きくやっこ》もよく出ていた。

私が見た松葉家奴の舞台をいくつか再現してみよう。奴がぞろりと長い紺の厚司《あつし》を着て出てくる。しゃがれたような例の口跡で、ひとくさりあいさつをする。くるりと後ろ向きになると、背中いっぱい大きな赤い字で「原水爆反対」と染めてある。「火の用心」ならともかく、枯れた芸風の奴と「原水爆反対」の取り合せはびっくりする。客席の驚きを見て、奴は「あはは、びっくりさせたった」と言うように、にやっと笑うのだった。第五福龍丸の被災で水爆反対の世論が沸き起こった昭和二十九年ごろのことである。

またあるとき、舞台に上がると、いつもとは様子が違い、神妙に威儀を正した奴の口から思いがけない言葉が出た。

「わたくし永い間、芸界に身を置き、可愛がっていただきましたが、本日この公演をもちまして、芸界を退くことにいたしました」

客席はざわめき、それから水を打ったように静かになる。奴は長い芸能生活をしみじみと振り返り、永年の愛顧を感謝して深々と頭を下げた。引退を惜しむ拍手が起きるのを待って、奴は客席に言い放った。

「誰がやめるかい！　そうは行かんわい」

きょとんとしていた客席が我に返り、ざわつき出すころには、いつもの淡々とした舞台に戻り、喜久奴の三味線「夕暮」の伴奏で「魚釣り」に移るのであった。

絶品とは奴の「魚釣り」をいう。着物の裾を端折り、釣竿を肩にした男（奴）が下手《しもて》から出る。「リリリリ、リリリリ」とかぼそい虫の音。これは奴が口笛で出す。鉢巻を片手で巻く。竿を一振り、釣針を自分の口に引っ掛けてしまう。釣糸を垂れ、足の先で竿を押さえて、月に向かって手を合わせ、向こうむきになって小便する。糸の先をにらみながら、きせるを取り出し一服しようとすると、釣り竿の先が揺れる。急いできせるをはたき竿を上げる。魚は逃げ、濡れた足袋をしぼって釣竿の先にひっかけ、ひょっこりひょっこりと去って行く。演じる男の体型に、やりにくくなったところがあり、晩年それを略したので一味薄くなったが、おかしさと哀愁が混然とした一代の芸であった。

奴の漫才が映像で残っているのは、私の知る限りでは映画『お伊勢詣り（旅籠屋騒動）』だけである。昭和十四年、新興キネマ演芸部がワカナ・一郎、ラッキー・セブン、ラッパ・日佐丸ら吉本興業所属の芸人を引き抜き、裁判沙汰になった。『お伊勢詣り』は新興に籍を移した漫才師総出演で作った映画で、奴は旅籠《はたご》の番頭役で出ている。当時の相方は吉野喜蝶。

映画の出来はよくないが、奴の踊る「奴さん」や、鼻くそを丸めて扇子の親骨の先につけ、相方の顔めがけてパチンとはじくいつものギャグがこの映画で見られる。

（「桂米朝独演会パンフレット」平成十年一月）

漫談家・西條凡児ノート

漫談は話芸として歴史のもっとも浅い芸能である。無声映画がトーキーになり、失業した活動弁士（カツベン）が新しい道を拓いたのが漫談だといわれる。そのあたりの事情を徳川夢声の年譜でたどってみると。昭和四年、東京の武蔵野館で日本で初めてトーキー映画が上映され、活動弁士の失業を予感した夢声は、この年から昭和七年にかけて草創期のラジオに出演し、大辻司郎や古川ロッパらと「二人漫談」を放送している。漫談は最初、漫才形式で二人でするものだったのである。昭和五年にコンビを組んだエンタツ・アチャコが「二人漫談」と称していたのは、おそらくこれを模倣したものであろう。昭和六年、国産映画として初めての完全トーキー『マダムと女房』（松竹蒲田、監督・五所平之助）の封切で弁士が失業すると、夢声は大辻司郎、古川ロッパ、山野一郎、井口静波らと「笑の王国」を結成してコメディに進出し、俳優として映画に出演した。映画初主演はトーキー専門の映画会社として出発したPCL（東宝映画の前身）の『ほろよひ人生』である。夢声はその後、ラジオで矢田挿雲の『太閤記』の連続放送を最初に、吉川英治の『宮本武蔵』で物語という話芸の領域を開拓した。夢声といえば『宮本武蔵』といわれるほどの絶賛を博したが、最初は気乗り薄であったという。

活弁の西村楽天、大辻司郎、牧野周一、山野一郎は漫談に転向した。大辻司郎は藤田嗣治ばりのおかっぱ頭と高音の奇声、「～であるデス」という特徴のある語尾、「こぼれる涙を小脇に抱え、勝手知ったる他人の家」というようなナンセンスな映画説明で人気があった。もともと映画説明そのものがナンセンスだったから、そのまま漫談に転身することができたのである。山野一郎は「花のパリーかロンドンか、月が鳴いたかほととぎす」という活弁のセリフを漫談の素材に生かしていた。「紫紺の空には星乱れ、緑の池には花吹雪、千村万洛《せんそんばんらく》春たけて、ああ春や春、春、南方のローマンス」（『南方の判事』）の名調子で一世を風靡した生《い》駒雷遊《こまらいゆう》や、日本映画時代物の説明で人気のあった国井紫香《くにいしこう》は、活動写真の時代が去っても、映画説明というジャンルで寄席に出ていた。昭和二十年代の終わり、私は国井紫香の看板を浅草の寄席で見た記憶がある。

大阪では「東山三十六峰、草木も眠る丑三つどき、突如起こる剣劇の響き」という名文句の伍東宏朗、松木狂朗、花井三昌、泉詩郎らに人気があった。「姑娘（クーニャン）悲しや支那の夜」の泉詩郎は、映画説明を活かした歌謡物語で長く大阪の寄席に出演していた。東京に生まれた漫談は、サイレントの活動写真からトーキーへとメディアが進化する中で、やむをえず生まれた芸であったが、大阪で活動弁士から漫談に転向した例を私は知らない。大阪の場合、漫談が花月亭九里丸以前にもあったかどうか定かでない。

そうして生まれた漫談という芸は性格のはっきりしないところがあるので、私の方法で演芸の座標を作り、位置付けしてみよう。まず、芸をアクション系と音声系に分ける。マジックやジャグラー（曲技）はアクション系、浪曲や落語は音声系である。音声系の演芸はフシ系とカタリ系に分類される。浪曲はフシ系、落語や講談はカタリ系である。カタリ系の話芸はさらにリズム系とハナシ系に分類することができる。言葉の調子にリズムを持つものと、自然な口調を主とするものとである。講談はリズム系、落語はハナシ系に分類することができる。相対的なもので、どちらにより多く比重があるかという程度の分類に過ぎない。フシ系であった万歳をハナシ系の漫才に変えたという意味でエンタツ・アチャコは話芸の改革者なのである。ちなみに同種の話芸でもリズム系とハナシ系に分類することができる。映画説明では、先に引いた生駒雷遊は七五調、美文調のリズム系、徳川夢声はハナシ系である。東京の弁士にはハナシ系が多く、大阪の弁士にはリズム系が多かった。リズム系の弁士は漫談に転向できず、ハナシ系の弁士が漫談で生き残った。

別の視点から、芸能を伝承型と非伝承型に分けることができる。落語は長年の伝統によって練り上げられた型があり、師匠から弟子へ口移しに伝えられる伝統的話芸である。その型の中に伝統でない話材を取り込むのが新作落語である。落語という形式の大枠の中にあるから、どんな新作もそのワクを出ることはない。落語に比べて漫才は型というものがないかのように見えるが、太夫と才蔵、ツッコミとボケという人物関係の定型がある。そのヴァリエーションがコンビの個性に合わせて作られるのである。横山やすし・西川きよしはボケとツッコミが交互に入れ替る型を作った。「笑い飯」がそれを踏襲している。

また別の視点から、芸を個人型と集団型に分類することもできる。落語、講談、浪曲は個人型、喜劇、漫才、コントは集団型。

以上のような分類に漫談が存在する場所を求めてみると、漫談という芸の不安定で不確かなことが分かる。漫談はハナシ系、そして非伝承型、個人型の芸である。あらゆる形式から自由で、束縛するものは何もない。フシに頼らず、師匠に頼らず、既成の話材に頼らず、相方に頼らない孤立無援の芸である。話芸として文体に相当するものを個人で開発しなければならず、落語のように伝承する話材がないので、独力でそれを探さなければならない。話芸を志す者がどの芸を選ぶかはそれぞれの自由で、自分の資質に合うものを選択するのだとおもうが、そうして選択した芸で成功した演者はその芸が資質に合っていたのである。だとすれば、孤立無援の芸で成功した西條凡児は、漫談そのものがその資質を表していると言えよう。

漫談を長く続けることがむずかしいのは、すぐに話材が尽きてしまうからであろう。九里丸は雑芸に工夫をし、晩年は『寄席楽屋事典』や『笑根系図』(漫才の師弟関係の系譜)の編纂をして、次第に漫談から離れた。戦後、登場した浜村淳は数少ない漫談家らしい漫談家だったが、ラジオのパーソナリティに転向した。落語の笑福亭福郎は森乃福郎と芸名を変えて漫談家になったが、テレビの司会が主たる領域になり、晩年、落語に復帰した。大久保怜や滝あきらを最後に関西の漫談は絶滅したといってよい。もちろん、それは漫談的話芸がなくなったということではない。漫談は落語のマクラなどに取り込まれ、落語家の兼業となって独自に存在する理由をなくしたのである。

民放ラジオやテレビの開局は、司会者やパーソナリティの需要を一挙に増やした。放送局が抱えるアナウンサーだけではまかなうことができず、外部の人材に頼らざるをえない。拡大した需要を満たしたのが芸能人である。西條凡児もその一人であった。

私が西條凡児の名を知ったのは、開局したばかりの神戸放送（現・ラジオ関西）の「ニュースクイズ」という番組の司会者としてであった。大阪では昭和二十六年、新日本放送を皮切りに民放ラジオの開局で賑わった。神戸放送の開局は翌二十七年四月である。神戸放送は神戸市須磨区磯馴《いそなれ》町にあった。JR須磨駅から東へ一キロほど、国道二号線沿いの北側にあり、木造二階建て、秋にはテニスコートの空に赤トンボがただようという牧歌的な放送局であった。「ニュースクイズ」は最近のニュースを題材に簡単な問題を出し、聴取者が答えるもので、公開録音であった。その司会者兼出題者が凡児であった。

私は終戦直後から、神戸の芸能をよく見てきたほうだと思うが、残念なことに、寄席での凡児のナマの舞台を見ていない。ラジオで聞くまで西條凡児という人がいることすら知らなかった。凡児という芸名は、「ノンキナトウサン」で人気のあった麻生豊の漫画「只野凡児」から取ったものだろう。只野凡児は丸顔で黒いフレームの眼鏡をかけ、髪もきちんと分けている。西條凡児は端正な美男子で丸顔ではなかったが、眼鏡と髪型が漫画の凡児に似ていなくもない。そういうことは凡児がテレビに出るようになってから分かったことである。

只野凡児の顔の漫画は、鼻薬「ミナト式」の広告に使われていたから、なじみ深いものだったが、「凡児」という芸名に戦前の古さを私は感じた。

「ニュースクイズ」の司会者として声だけを聞いての凡児の印象は、ていねいで、口調はへりくだり過ぎではないかと思うほどやわらかだった。腰の低い商人が客を前に揉み手をしているような、猫撫で声に近い印象を持った。テンポが遅く、さぐりさぐり司会をしている。

凡児が在阪の民放ラジオにレギュラー出演するようになり、私は初めてその漫談を聞いた。「ニュースクイズ」の司会とは打って変わっておもしろい。話材が新鮮で、口調は自信にみちていた。その変わりように私は驚いたが、それが本来の凡児だったのである。

凡児の漫談の特徴をいくつか挙げてみよう。一つは意識された間の取り方である。

「え、こんな話がおました。(間)きのう……(長い間)……」

最初は軽い感じで話し始める。そこで空白を置き、話題に入るとき、もう一度、長い間を取る。聴衆の耳を集める方法である。徳川夢声がそういう間の取り方をした。「武蔵は……」と言って言葉を切る。それが特徴的で、夢声の物真似といえば、それがまねられたものである。凡児はゆっくりとした語り出しから、次第にテンポを加速し、声の調子も強くした。そして鋭角的にストンと落とす。間と速度を計算した話し方であった。凡児はいつもストップウォッチを手放さなかったという。

「素人名人会」「おやじバンザイ」の司会者として登場するときは、自分でも軽く拍手をしながら出てくる。それで観客との一体感が生まれる。「素人名人会」の出場者が芸の披露を終わり、審査員とのやりとりがあった後、「さあ、おみやげ、おみやげ」とアシスタントに記念品を運ぶきっかけを送る。記念品を「おみやげ」と言うことで緊張がほぐれ、一転してくつろいだ雰囲気になる。心理計算が緻密であった。そのころ田淵岩夫がよく凡児の物真似をしていたが、模写する凡児の特徴は軽く拍手しながら登場し、「おおきに」と言って眼鏡を中指でちょっ持ち上げ、ときどき上唇をなめるところだった。「おみやげ、おみやげ」は凡児の物真似に欠かせないセリフだった。

凡児の漫談がおもしろかったのは、話材が新しく、的確なオチを持っていたからである。記憶しているものをいくつか挙げてみる。

医者にかかると、「どうしました？　熱はいつから？」など患者にいちいち病状を聞き、それから「風邪です」と診断を下す。獣医は馬に「どうしました？　熱は……きのうから？」などと聞かない。それでちゃんと診断を下し、治している。だから人間を診る医者より獣医のほうが偉い。

ある人が外科医にかかった。薬をたっぷり塗り、医者が「サービス」と言う。手術でメスを使い。少し長く切り過ぎた。患者が苦情を言うと、「サービス！」。

外科医がうっかりして手術した患者の腹の中にガーゼなどを残すことがある。ある医者が手術の後、看護婦が「先生、ガーゼが足りません」。調べてみると、患者の腹の中にガーゼを一枚忘れていた。「先生、ハサミが足りません」。患者の腹の中にハサミを忘れていた。全部終わって、医者が一服しようとタバコのケースをポケットから出そうとした。「あっ、ケースがない」。

凡児は凡児自身が直接見聞きしたらしい話をよく話材にした。町を歩くといろいろな看板が目に付く。「クツラトリンサンダツマ……何やろ。ああ、マツダ三輪トラックかいな」そんな話も漫談の話材にした。「クツラト輪三ダツマ」がおかしくて、よく真似をしたから今でもすらすらとと出てくる。看板を逆に読むというのは凡児の独創ではない。英語で書いたタバコの「GOLDEN BAT」は逆から読むと「タブンエーダロガ」になる。その下にある英語「スイート・アンド・マイルド」をこれに続けて、「多分えーだろが、吸うと参るド」と読むということば遊びがあった。食堂でメニューの「本日のランチ、カキフライ」を「チンラの日本、イラフキカ」と読んだという小咄もある。そういうものを現在の観客が日常なじんでいる題材に応用したのだろう。

凡児の漫談が生彩を放ったのは、兵士としての実体験を語るときであった。まだ太平洋戦争の記憶が生々しいときで、小説では野間宏の『真空地帯』、梁取正義《やなとりまさよし》の『二等兵物語』が読まれ、映画『二等兵物語』(松竹京都、福田晴一監督)は伴淳・花菱アチャコの主演でシリーズ化された。敗戦のほろ苦さをともなう軍隊生活の経験は、当時の日本人男性共通の話題だった。軍隊生活を題材にした凡児の漫談は、兵営で古参兵のシゴキを受け、柱を抱えて「ミーン、ミーン」と声を上げ、セミの真似をさせられるというような話に、体験した者でないと語れないリアルなおかしさがあった。戦時下の軍隊は強い兵隊としてニュース映画に出てきたが、敗戦後の映画はその裏返しとして軍隊の弱い面を描いた。凡児の軍隊物はそういうものの一つであった。実体験にもとずく雑談的な話から、トリネタに入る。閲兵の将軍から三つの質問が出る予定だというので、答える役に指定された兵士に上官が答え方を教える。第一の質問にはこう、第二の質問にはこう、第三の質問にはこう答えを教える。閲兵の日になった。将軍は質問の順を変えた。兵士は教えられた通りに答えてしまう。チグハグでナンセンスな答えになる。これも古典的なジョークのパターンで、コントでは「テンドン」という。凡児の漫談のおもしろさを支えたのは、リアリティのある実体験と古典的なジョークの改案であったといえる。

凡児の漫談はパンチライン（オチ）が明確で、駄じゃれで落とすことはしない。地口を使わない人であった。私が芸能人の駄じゃれの使用頻度をことさら意識するのには理由がある。私が初めて書いた漫才台本は内海突破・並木一路のコンビで放送された。昭和二十九年のことである。ＮＨＫの懸賞演芸台本の入選作であった。突破は凡児の弟子と称していたこともあるようである。ＮＨＫラジオの「陽気な喫茶店」で松井翠声とのコンビで人気のあるスターだった。松井翠声はもと洋画の活動弁士で、ハリウッドに渡り、帰国してＭＣ（司会）という職業を日本で開拓した人である。突破は私の台本を全編、駄じゃれで塗りつぶしてしまった。笑いは駄じゃれで取るものだと思っている。今でも安易な駄じゃれに憎悪に近い気持ちを抱くのはそのためである。凡児の漫談で駄じゃれを使ったものは思い浮かばない。

常に新しい話材でラジオやテレビに出た凡児は、売れっ子になればなるほどネタ作りに苦労したと思う。話材は尖鋭な時事風刺に傾斜していった。時事風刺を笑いの材料にするのは、どちらかといえば東京人の好みである。ＮＨＫラジオの三木トリローのバラエティ「日曜娯楽版」をはじめとして、トップ・ライトの漫才まで、よくそれを題材にするが、大阪では都家文雄、人生幸朗のボヤキ漫才程度である。ボヤキ漫才を時事風刺というのは当たらない。文雄の漫才は、題材は時事的ではあったが、カンカンになって時事問題をあげつらうのがおかしいのであって、相方の静代の気のない返事に笑いのウェイトがあった。凡児の時事的な話題の取り上げ方はストレートであった。それが舌禍事件を引き起こしたことがある。ラジオの漫談で老人を批判し、「年寄りはみんな淡路島へ連れて行って燃やしたらよろしい」と言った。ブラックジョークという言葉がはやる以前である。これが聴取者の反撃に遭った。よくできたオチを持つ漫談と等量の笑いを時事的な話材で取ろうとすれば、こういうきつい表現にならざるを得ないのである。

凡児がネタ作りの苦労から解放され、漫談で鍛えた話術を最大に生かしたのが視聴者参加番組の司会であっただろう。漫才では、観客に対してきついことや失礼なことを言った場合は、ツッコミが詫びて観客の気持ちをやわらげる。二者それぞれに役割を分担している。漫談は一人でそれをしなくてはならない。視聴者参加番組の司会で、凡児は参加者に聞きこんで具体的な話を引き出す。参加者がふと些細な不始末を洩らすと、すかさず「何ちゅうことするねん」と強いツッコミを入れる。聞く者がはっとするようなきびしさである。一転して口調を和らげ、親身な言葉を掛けて締めくくるという段取りであった。「おみやげ、おみやげ」という言葉が参加者の側につくものであることを示し、すべてはそれで緩和される。参加者とそれを見る観客の心の波がグラフを見るように伝わってくる。

こうして凡児の鮮烈な記憶を書いてはいるが、私はついに一度も凡児と直接話したことがなかった。昭和三十年代、私は朝日放送の「日曜お笑い劇場」「かしまし娘歌日記」、福郎の漫談、藤田まこと・長谷百合のディスクジョッキー、森光子・市村俊幸の「東西お笑い他流試合」、桂米朝の「士一升金一升」、「みんなのうた」の作詞などの仕事をし、朝日放送によく出入りしていた。そのとき、たまたま凡児が部屋に入ってくるのに居合わせたことがある。小柄な体をラクダ色のコートに包み、付き人を従えて、ステッキを持って足早やにやってくると、ディレクターたちににこやかに声を掛け、たちまち部屋を出て行った。一陣の風のようだった。そのときの付き人が子息の西條遊児である。

凡児の遺児たちについて触れておこう。昭和四十年、凡児の子息の西條遊児・笑児のコンビが生まれた。二人はやがて司会に転じ、ラジオ関西のトーク番組でギャラクシー賞を受賞した長寿番組「ホットに語ろう」、サンテレビのバラエティ番組の司会など、兵庫県、神戸市を中心とした活動で司会には欠かせない存在であった。笑児は平成八年、早世した。笑児の遺児で凡児の孫にあたる河内三恵は、平成六年、宝塚音楽学校に主席で入学し、祖父と父の芸名「西条」を継いで「西条三恵」の名で宝塚歌劇団月組に所属していた。平成八年の

「CAN－CAN」が初舞台である。思い過ごしかも知れないが、西条三恵の繊細で鋭角的な資質に私はちらと凡児を感じることがある。三恵という名について笑児は「（山口）百恵でのうてよろしいねん。三つ恵まれとったらじゅうぶんです」と私に語った。三つとは何だろうと思う。凡児からもらった人生観でもあったのだろうか。（敬称略）

参考資料

『夢声自伝（昭和篇）』　徳川夢声　講談社文庫
『活動写真名せりふ集』　松田春翠監修・池信行　三恵書房
『日本喜劇映画史』　原健太郎・長瀧孝仁　ＮＴＴ出版

（戸田学『凡児無法録』所収　平成十三年三月）

秋田實は何を書いたか

秋田實が横山エンタツと出会ったのは昭和六年（一九三一）のことである（以下、敬称略）。エンタツ三十五歳、秋田は二十六歳だった。二人には共通項がある。エンタツの父は日露戦争に従軍した軍医で、軍務を離れた後は大阪で開業医となった。エンタツは若いとき家を出て喜劇一座に入っているが、もともとは医者のぼんぼんなのである。秋田は東京帝国大学文学部を卒業している。二人は当時の言葉でいうインテリに属する人であった。

何かが変わろうとするとき、必要な人材が現れて時代をリードする。二人が出会ったのは大阪の笑いの芸能が大きく変わろうとした、まさにそのときであった。二人が漫才改革に意気投合したのは、共通の素地があったことと無縁ではないだろう。

大正末期から昭和初期にかけて大阪の演芸は落語の凋落と引き替えに漫才の興隆という現

象が起きた。第一次大戦後、日本の産業構造が変わり、農業中心から工業中心へと移った。大阪では、職を求めて地方から出てきた人で人口は膨張し、大正末年には人口二百万を越える「大大阪」となった。商人が主体であったころの大阪市民は落語を支えたが、新興のサラリーマン層や工場労働者は屈託なく笑える漫才を好んだ。この流れに乗って大阪の演芸興行を制覇したのが吉本興業部である。

当時、寄席小屋で演じられた漫才は卑猥なもので、観客は男ばかりだった。女性や子供もいっしょに、家族そろって楽しめる漫才がないのを秋田は不満に思っていた。エンタツは漫才師の教養レベルが低く、漫才という職業に誇りを持てないことを嘆いていた。秋田が理念とした「無邪気な漫才」はエンタツの考える方向と同じだった。

エンタツ自身は認めていないが、「エンタツ」という芸名は玉子屋円辰にあやかるものに違いない。元来、門付けの祝福芸であった漫才が、大衆演芸として興行されるようになったのは、玉子屋円辰が大阪千日前に進出して成功をおさめたことによる。円辰は江州音頭の音頭取り（歌手）であった。端唄、小唄、民謡、都々逸、数え歌、阿呆陀羅経などあらゆる歌を演じ、音曲を主体とするのが漫才であった。歌と歌のあいだに笑いを取り入れたのが玉子屋円辰である。

エンタツ・アチャコは音曲のツナギに過ぎなかった会話を本芸とし、主体であった音曲をいっさいなくした。会話も問答や謎掛けなど、師弟関係によって継承される古典のネタではなく、日常的な会話だけで成立する演芸にしたという意味で、エンタツ・アチャコは革命的なのである。

旧来の漫才と区別するためだろうが、エンタツ・アチャコは「二人漫談」と称した。漫談は活動写真（映画）がトーキーとなって失業した弁士が生んだ新しい話芸である。ポンチ絵は「漫画」と呼ばれた。「漫」をつけるのは当時の新鮮な笑いを意味するひびきを持っていたのである。萬歳、万才、まんざいなどさまざまに表記されていたのを、吉本が「漫才」に統一したのは昭和八年（一九三三）である。

昭和初期の大衆文化は「エロ・グロ・ナンセンス」というキャッチコピーで一括されるが、チャップリン、キートン、ロイドなどアメリカの喜劇映画でナンセンスが日本に入ってきた。東京ではエノケンとロッパがこの時代の笑いの二大巨頭である。昭和初期の大阪にナンセンスを導入したのはエンタツ・アチャコと落語の桂春団治（初代）であった。

古典の束縛を受けない漫才は、生まれたばかりの話題をすぐネタにすることができる。日本にプロ野球が生まれる以前、人気があったのは中等学校野球大会（現在の高校野球）と東京六大学野球、中でも早慶戦が人気を集めた。折からラジオの草創期である。野球の実況中継という新しい話芸が生まれ、アナウンサーにも人気者が現れた。野球の実況中継という新鮮な話材を漫才にしたのがエンタツ・アチャコ自作自演の『早慶戦』である。

エンタツ・アチャコの人気は漫才の方向を決めた。吉本は昭和十一年（一九三六）から、新作漫才大会を月一回開いた。多数の漫才師が定期的に新作を演じようとすれば、新作の台本が必要になり、漫才作家という職業が生まれる。当時、吉本の文芸部に所属したのが秋田實、吉田留三郎、長沖一《ながおきまこと》、穐村正治《あきむらまさはる》らの作家であった。

昭和十四年（一九三九）、松竹が作った新興キネマ演芸部が吉本の芸人を大量に引き抜く事件が起きた。吉本がＰＣＬ（東宝の前身）の喜劇映画にエンタツ・アチャコら出演者で協力したことへの対抗策である。新興演芸部は芸人といっしょに漫才作家も引き抜き、新作漫才に力を入れた。

太平洋戦争が終わると、早速、笑いが復活する。大阪で先端を切ったのが演芸場では戎橋松竹である。戦災で寄席を失った吉本は演芸から撤退し、映画館を経営していた。ＮＨＫラジオの「上方演芸会」も戦後の漫才復活に力があった。秋田の構成である。ラジオは一家に一台、茶の間で家族そろって聞くものだったから、放送される漫才は女性や子供も一緒に聞けるものでなければならない。NHKの求める「健全な」笑いは秋田の理念と一致した。

ちなみに昭和四十年代、ラジオが一人一台の時代になると深夜放送が若い世代向きの笑いを提供した。そこから育ったのは漫才ではなく、仁鶴、三枝（現・文枝）ら当時の若手落語家である。その人気が若い世代の関心を集め、落語人気の上昇と漫才の凋落という、昭和初期と真逆の現象が起きた。台本の代わりに使われたのが、若い聴取者のハガキ投稿である。


秋田はどんな漫才台本を書いたのか。昭和十三年（一九三八）、モダン日本社から秋田實『漫才全集』という本が出ている。秋田の最初の漫才台本集だが、序文によると漫才台本を書き始めてから六年目、二十九本の新作台本を集めている。そのタイトルだけを引いてみる。

「恋の学問」「恋のデパート」「恋愛談義」「原因と結果」「頓珍漢結婚記」「猛獣狩」「裸一貫」「酒呑めば」「楽しい我が家」「蛙の子は蛙」「俺は探偵」「干支問答」「主婦の心得」「同窓生」「数字問答」「優生学」「つい春風に誘はれて」「夜店行進曲」「身上相談」「僕の親心」「百万円儲けたら」「大阪弥次喜多」「牛は牛づれ」「京都見物」「嘘は方便」「野球沿革史」「僕の恋物語」「維新漫才史」「僕の貯金法」。

昭和九年（一九三四）、エンタツ・アチャコはコンビを解消した。『漫才全集』はそれ以後のもので、エンタツは杉浦エノスケ、アチャコは千歳家今男とのコンビである。その他の演者は、秋山右楽・左楽、林田五郎・柳家雪江、林田十郎・芦の家雁玉、浪花家芳子・市松、一輪亭花蝶・三遊亭川柳、御園ラッキー・香島セブン。ミスワカナ・玉松一郎の台本はない。秋田は漫才以前、二人の対話形式の読む漫才を雑誌に書いていた。漫才台本は演じられておもしろさが表現されるものだが、秋田の台本は読むだけでもおもしろいという作家としての自負が感じられる。

笑いを完全に表現するには自作自演が理想で、それが本来の姿だろう。チャップリンは監督、主演から脚本、音楽まで一人でやってのけた。大阪の喜劇では曽我廼家五郎が一堺漁人、渋谷天外が館直志、曽我廼家十吾が茂林寺文福の筆名で自作自演している。東京では柳家金語楼が有崎勉の名で多くの新作落語を書いた。

秋田自身は自分で演ずることはしなかったが、理想とする漫才を作るために演者（漫才師）そのものを育てた。「秋田」は新しい時代の漫才師の家号になった。秋田Aスケ・Bスケは作家名を屋号とした最初のコンビである。ワカサ・ひろし、蝶々・雄二、いとし・こいしなど新鮮な芸風を身につけた漫才師が育った。

秋田は二人の対話という形式にとらわれず、宝塚新芸座では「名作シリーズ・坊ちゃん」「笑う忠臣蔵」などの漫才芝居、朝日放送ラジオの「漫才学校」ではミヤコ蝶々を中心とする集団漫才で人気を博した。

エンタツ・アチャコが開発し秋田が台本で支えた二人の会話という形の漫才も、古典芸能の匂いをまとってきた。秋田の時代は作家が主導したが、現在のお笑いはテレビ主導で、その笑いは強烈なキャラクターと目先の変わった趣向、そして芸人自体の新陳代謝で鮮度を保っている。

観客は年齢によって細分化され、年代を超え家族そろって笑える漫才は姿を消した。かつての流行歌や歌謡曲は作詞・作曲・歌手の分業だったが、現在はシンガーソングライターが作詞・作曲から歌唱まで一人でまかなうのが当たり前になっている。歩を合わせるように、お笑いの世界でも演者の自作自演が増え、作家がブレーンとして参加しても、完成した台本として提供することは少なくなった。それは、演者の作家的能力が豊かになったということでもある。

漫才のこれからはどうなるのか。秋田は『漫才全集』の序文で漫才の将来を予見して次のように書いている。「今日《こんにち》、漫才は次の転機に当面しているように思われる。二人漫談から三人漫談へか、或いはボードビル化へか、何らかの形で漫才は新しい局面展開をしなければならない時であろう」。

八十年前に書かれたものだが、笑いの現在を言いあてているかのようだ。漫才がこれからどうなるのか予測することはむつかしいが、確実にいえるのは、形はどのように変わっても人が笑いを求めることはなくならないということ、そして次のエンタツ・アチャコ、次の秋田實が現れるだろうということである。

（「大阪春秋」平成三十年秋号）

『けったいな人びと』に寄せて

私が漫才台本を書くようになったのは、昭和二十九年（一九五四）、ＮＨＫが募集した演芸台本の懸賞募集に入選したのがきっかけになっている。「僕のカメラ」というタイトルであった。カメラはそのころ貴重な家財だった。これは東京で人気のあった内海突破・並木一路のコンビで放送された。もちろん、テレビのなかった時代である。

翌年、また応募し佳作に入った。「僕の設計図」という。これは中田ダイマル・ラケットで放送された。この年、放送開始三十周年記念の放送物語に「シンプソン英語学校」というのが入選し、宇野重吉の朗読で放送された。私は貧しくて暇だけはある学生だったから、賞金が手に入るものなら何でもよかった。漫才作家になろうという気持ちはなかったが、こうしてＮＨＫと縁ができた。

現在のNHK大阪放送局はそのころ大阪中央放送局、コールサインのJOBKを略して俗にBKといった。BKは戦後すぐに「上方演芸会」「アチャコ青春手帳」（長沖一《ながおきまこと》・作）というお笑いの看板番組を二本制作していた。「アチャコ青春手帳」は花菱アチャコ、浪花千栄子のコンビを誕生させたホームドラマである。アチャコ・浪花コンビのドラマは「波を枕に」「お父さんはお人好し」と続く人気シリーズになる。私のあこがれの番組であった。

いまでは、全国を席巻している大阪弁だが、その下地として、アチャコ・浪花のコンビがラジオを通してそのおもしろさと美しさを全国にひろめたことは特記しなければならないだろう。終戦直後は第一次の大阪弁の普及期であった。谷崎潤一郎の『細雪』がベストセラーになった。この小説は船場の旧家、蒔岡《まきおか》家の四姉妹の長女の「こいさん、頼むわ」という大阪弁で始まる。「こいさん」はその後、藤島桓夫の「月の法善寺横丁」、フランク永井の「こいさんのラブコール」など歌謡曲の歌詞として普及した。

織田作之助の『夫婦善哉』が森繁久弥・淡島千景の共演で映画化されヒットしたのも戦後ほどないことである。『夫婦善哉』に欠かせない「頼りにしてまっせ」というセリフは原作になく、八住利雄《やすみとしお》のシナリオによって生まれた。ほぼ同じ時期、北条秀司の『王将』が新国劇で辰巳柳太郎の坂田三吉で上演され、阪東妻三郎主演で映画化されて、これもヒットした。

浪花さんは松竹新喜劇の看板女優だった。渋谷天外（二代目）と離婚して松竹新喜劇を退団し、市井に身を隠していた彼女を探し出して、かつてない大阪弁コンビを生んだのがBKの富久進次郎プロデューサーである。「上方演芸会」のプロデューサーでもあった。

昭和三十年、BKは懸賞台本の入選者と予選を通過した人で演芸台本研究会を発足させた。私はそのメンバーのひとりに加えられた。台本研究会のリーダー的存在が富久氏であった。第一次の演芸台本研究会は一年ほどで解散した。（この研究会は断続的に継続した）。私は富久プロデューサーの目にとまったらしく、漫才台本を向こう一年間、月に三本書くように言われた。十日に一本はきびしいものがある。そして全部ボツになった。今にしておもうと、これは漫才作家として鍛えるためのシゴキのようなものだったようである。ある時期を過ぎると、「上方演芸会」で私の台本が放送され、特別番組の構成などを注文されるようになった。気が多くて、小説へのこころざしを捨て切れないでいた私は、漫才や放送の台本を書くことに、なおためらいがあった。そんな私を富久氏はブルドーザーのような牽引力で漫才作家にしてしまったのである。

あるとき、富久氏が突然、「浪花さんとこへ行こう」と言った。浪花さんのディスクジョッキー（という言葉はまだなかったが）の台本を私が書くのだという。浪花さんはすでに巨木のようにそびえる大女優であった。浪花さん経営の嵐山の料亭「竹生」の、真新しい畳の一室で正座し、固くなっている私をくつろがせるように、浪花さんは天外との離婚にいたる話などをあっけらかんと話して聞かせた。

「天外がお風呂に入ってまっしゃんな（「まっしゃろな」がそう聞こえた）。わたしも入ったほうがええかしらん思うて入って行きますとな、天外は裸で飛び出して逃げました、石鹸の泡だらけのまんま」

そんな話が次から次へと出る。私はそのとき二十五、六歳だった。若造の私の思いつくことなどより、女優自身の話のほうが何倍もおもしろいのであった。数日後、BKにおもむいて「書けません」というと、富久氏は当然のことのように、「そうか」と言っただけだった。物を書くのに必要なのは小手先の技術でないことを私は思い知らされた。

どうしてこういうむかし話を書くかというと、この本（棚橋昭夫『けったいな人びと』）に書かれている時代の、芸能人と放送プロデューサーの関係とおなじものが、プロデューサーと作家の卵のあいだにもあったことを伝えたいためである。

棚橋昭夫さんと知り合ったのは昭和三十年代の中ごろだったとおもう。富久氏の同僚の広江均プロデューサーにBK芸能部の部屋で引き合わされた。「浪曲（の番組）、やっとった人でね」という。私は人見知りするほうで、お笑いの分かる人やろかと、最初、そんな目で見ていたが、棚橋さんがたいへんな演芸の虫であることがだんだん分かってきた。以来、茫々四十年、交遊をつづけてもらっている。棚橋さんと会えば大阪の演芸と、そしてなつかしい芸人の話になる。芸というものが、くっきりと姿を持っていた時代であった。話しても話しても語り尽きないのである。そんな話が一冊にまとまった。

（棚橋昭夫『けったいな人びと』平成十二年十一月）

物語と語り物の自分史

釈迦と孔子とキリスト。世界の三聖に共通するものは何か、というのが私の思いついた問題である。三人とも自分では一冊の本も書いていないというのがその答えだ。

仏典は「如是我聞」で始まる。読み下し文にすると「かくのごとく我は聞けり」、私は釈尊の教えをこのように聞きましたというのである。『論語』は各章のほとんどが「子曰く」すなわち「先生（孔子）はおっしゃった」で始まる。聖書の福音書は弟子のマタイ・マルコ・ルカ・ヨハネによって書き留められたイエスの言葉である。二千年あるいはそれ以上も読みつがれ、世界の人に大きな影響を与えてきた本が、本人の書いたものではないことに私は興味をおぼえる。

初めにことばありき（旧約聖書）。先行するのはことば（話）であって文章はその後にしたがう。今ではそれが逆になっている。文字に書かれたものは尊重するが、話すことは評価が低い。たくみな弁舌、ああいえばこう言う屁理屈、ちゃらちゃらしたお世辞。話に長《た》けた人は「口がうまい」といって軽蔑される。言わぬは言うに色まさる、松の小枝で鳴く蝉よりも鳴かぬ蛍が身を焦《こ》がす、物言えばくちびるさむし秋の風、沈黙は金なのである。

文字が尊重され、話すことが軽んじられるのは、それなりの理由がある。文字は残るが話は消える。残るものに人は慎重になるが、消えることばには無責任だ。言った言わぬの水掛け論の絶えた試しがない。コミュニケーションのツールとして手に入れるのに必要な労力の差ということもある。話しことばは自然におぼえるが、文字は骨折って学習しなければならない。何もせずに手に入るものより苦労して獲得したものを大事にするのは自然なことではある。

「話す」は意味のある音声を発すること、「語る」は筋のある話をすることだが、カタルはまた「騙る」とも書く。根も葉もないウソ話、葉くらいはあるかも知れないが、まことしやかな作り話で人の心をつかみ、あるいは同情を誘い、儲け話の大風呂敷をひろげて金品をだまし取るのが「騙る」。架空の話で聞く人の心を動かすことにおいて語りも騙りも変わりはない。

かつては繁華街の道ばたで香具師の口上が通り過ぎる人の足を止めた。松竹映画「男はつらいよ」の寅さんでおなじみのタンカ売《ばい》である。語りの芸能の原初的な形といえるだろう。昭和二十年代にはそれが残っていた。

神戸の湊川新開地近辺に私がその口上に聞き惚れた初老の香具師がいて、出会うたびに立ち止まって聞くうちに、口上をおぼえてしまった。大した意味もないことだが、消えてしまうのは惜しい気がするので書きとめておく。

大道で商う商品はさまざまだが、その香具師は石鹸を売っていた。終戦間もなく、石鹸が手に入らない時代である。石鹸を十円で買うと一回くじが引ける。そのころサラリーマンは給料を現金では月に五百円しか支給されず、残りは強制的に預金させられ、自由に使えなかった。封鎖預金と呼ばれるもので、終戦後のインフレ抑制のため新円切替えとともに実行された。そういう時代の十円。

長さ三十センチくらいの長方形の木箱におみくじのように竹の丸箸のような抽選用の棒が入れてある。一本ずつ一から九まで数字が印してあり、番号の出た景品がもらえる。置き時計や衣類など、当時は高価で手の出ないものを置いていた。くじには仕掛けがあって、何度引いても当たるのはハトロン紙の封筒一枚。香具師はそれを「ラブレターの皮」と言った。買った石鹸が三個溜まると、それを返せばもう一度くじが引ける。そうして石鹸も取られ、ラブレターの皮だけが客の手に残る。その口上である。

「石鹸買うたら抽選がタダ、ただのたん助は但馬守、お慰みながら(長柄)さがらの人柱、運は天にあり、牡丹餅は棚にあり、布子《ぬのこ》は質屋の蔵にあり。くらがりのこけ徳利、口から出ほっかい」

長柄の人柱は有名だが、相良の人柱というのがあるのかどうか知らない。「くらがりのこけ徳利、口から出放題」は言いたい放題という意味のしゃれことば。「出ほっかい」はその言い違いだろう。箱のくじを一本ずつ取り出して、一から九まで印があるのを確かめる。

「一は万物の始まり、二は日光御社参《ごしゃさん》天下の氏神、産(三)で死するが三島のおせん、四王《しおう》天田島頭《でんたじまのかみ》、名前は良うてもあたりが悪い(というようなことを言った)、五番は奈良の南円堂、毛谷村六助《けやむらろくすけ》お園の聟さん、お七の雨傘夜漏りがどんどん、蜂須賀小六は淡路の殿さん、九郎判官義経公」

三島のおせんは、三島市のホームページによると、歌舞伎『恋伝授文武陣立』の人物で、歌川国芳(三代)の浮世絵になり、芝居は明治初年まで上演されていたという。四王天田島頭は浄瑠璃『絵本太功記』の登場人物、光秀に謀反をすすめる。南円堂は五番でなく西国三十三か所の九番札所、毛谷村六助は浄瑠璃『彦山権現《ひこさんごんげん》誓《ちかいの》助剣《すけだち》』の主人公、お園はその妻。お七は浄瑠璃や歌舞伎でおなじみの八百屋お七のことか。蜂須賀小六は阿波の領主。

数取りの口上は、先に書いたように映画『男はつらいよ』でおなじみだが、東西をくらべる意味で、寅さんの口上も引いておく。作品によって部分的に違うところがある。

「物の始まりが一ならば、国の始まりが大和の国、島の始まりが淡路島、泥棒の始まりが石川の五右衛門なら、ばくち打ちの始まりは熊坂長範《くまさかちょうはん》、にいさん寄ってらっしゃい吉原のカブ、日光結構東照宮、憎まれ小僧は世にはばかる、仁木弾正《にっきだんじょう》は芝居の上の憎まれ役、三三六法で引け目がない、三十三は女の大厄、産で死んだか三島のおせん、四谷赤坂麹町、ちゃらちゃら流れるお茶の水、粋なねえちゃん立ち小便」

熊坂長範は奥州へ逃れる義経と金売り吉次を襲った盗賊で、ばくち打ちの始まりというのは丁半（長範）のしゃれ。始まり尽くしがここから数取りに移る。東の口上にくらべると、西の口上は浄瑠璃（文楽）の登場人物が多く、明治の浄瑠璃流行をしのばせる。

テレビ以前、ラジオの時代には話しことばが力を持っていた。ラジオは野球中継という新しい話芸を生んだ。エンタツ・アチャコの「早慶戦」はそのパロディーである。

大相撲の中継も聞く者をラジオに噛りつかせた。ある時は緩慢に、ある時は激しく変化する力士の動きを適確に伝える瞬間の話芸である。早慶戦を中継した松内則三《のりぞう》、六十九連勝の双葉山が安芸ノ海に敗れた一戦を中継した和田信賢《しんけん》の名は後に知った。和田信賢は戦後、「話の泉」の司会者として登場する。スポーツアナとしては昭和二十七年(一九五二)、ヘルシンキ・オリンピックを現地から中継したが、帰国途中、パリで客死した。忌日を「ヘルシン忌」といった。

今では考えられないことだが、ラジオで劇場中継があった。劇場中継は髙橋博の独壇場だった。セリフは舞台で演じる俳優の声を使い、舞台装置や俳優の動きを語りで伝える。新派の『婦系図』では夜の闇に白梅が浮かぶ湯島天神境内が描写された。髙橋博のしみじみした語りに郷愁のようなものをおぼえる。

語りの名手としてNHKの中西龍《なかにしりょう》の名も挙げておきたい。ラジオ第一放送、夜十一時ごろの短い帯番組「日本のメロディー」を長く続けた。「赤とんぼ」のメロディーをバックに「歌に思い出が寄り添い、思い出に歌は語りかけ、そのようにして歳月は静かに流れて行きます」という決まり文句で始まる。多分、自作自演のエッセイ風の身辺雑記には、かならず

映画芸術への招待　杉山平一

〈ノアコレクション・1〉映画の誕生と歩み、技法と芸術性を、具体的に作品にふれながら解きあかす。平明で豊かな、詩人の映画芸術論。　一六〇〇円

三好達治　風景と音楽　杉山平一

〈大阪文学叢書2〉詩誌「四季」での出会いから、自身の中に三好詩をかかえる詩人の、詩とは何か、愛惜の三好達治論。　一八二五円

わが敗走　杉山平一

〈ノア叢書14〉盛時は三千人いた父と共に経営する工場がゆきづまる。給料遅配、手形不渡り、電車賃に事欠く経営者の孤独なたたかいの姿。　一八四五円

窓開けて　杉山平一

日常の中の詩と美の根元を、さまざまに解き明かす。明快で平易、刺激的な考え方や見方がいっぱい詰まっている。詩人自身の生き方の筋道。　二〇〇〇円

詩と生きるかたち　杉山平一

いのちのリズムとして詩は生まれる。詩と形象。詩と音楽。大阪の詩人・作家。三好達治、丸山薫、花森安治、竹中郁、人と詩の魅力。　二二〇〇円

巡航船　杉山平一

名篇『ミラボー橋』他自選詩文集。青春の回顧や、家庭内の幸不幸、身辺の実人生が、行とどいた眼光で、確かめられてゐる(三好達治序文)。　二五〇〇円

青をめざして　詩集　杉山平一

アンデルセンの少女のように、ユメ見ることのできるマッチを、わたしは、まだ何本か持っている／新鮮を追い求める全詩集以後の新詩集。　二三〇〇円

希望　詩集　杉山平一

あたゝかいのは　あなたのいのち　あなたのこゝろ
冷たい石も　冷たい人も　あなたが　あたゝかくするのだ。精神の発見、清新な97歳詩集。　一八〇〇円

書いたものは残る　島　京子

富士正晴、島尾敏雄、高橋和巳、山田稔、VIKINGの仲間たち。随筆教室の英《はな》ちゃん。忘れ得ぬ人びと日々を書き残す。精神の形見。　二〇〇〇円

軽みの死者　富士正晴

吉川幸次郎、久坂葉子の母、柴野方彦、大山定一、竹内好、高安国世、橋本峰雄他、有縁の人々の死を描く、生死を超えた実存の世界。　一六〇〇円

足立さんの古い革鞄　庄野　至

第23回織田作之助賞受賞　足立巻一とTVドラマ作りで過ごした日々。モスクワで出会った若い日本人夫婦の憂愁。人と時の交情詩情五篇。　一九〇〇円

佐久の佐藤春夫　庄野英二

佐藤春夫先生について直接知っていることだけを書きとめておきたい——戦地ジャワでの出会いから、大詩人の人間像。　一七九六円

大阪笑話史　秋田　実

〈ノアコレクション・2〉戦争の深まる中で、笑いの花は咲いた。漫才の誕生から黄金時代を、世相と共に描く。漫才の父の大阪漫才昭和史。　一八〇〇円

大阪ことばあそびうた　島田陽子

大阪弁の面白さ。ユーモアにあふれ、本音を言う大阪弁で書かれた創作ことばあそびうた。著者は大阪万博の歌の作詞者。　正・続・続続各一三〇〇円

希望よあなたに　塔　和子詩選集

ハンセン病という過酷な人生の中から生まれた詩は、人間の本質を深く見つめ、表現されたものばかりで、心が震えました(吉永小百合氏評)。**文庫判**　九〇〇円

塔　和子全詩集〈全三巻〉

ハンセン病という重い甲羅。多くを背負わなければ私はなかった。生の奥から汲みあげられた詩の原初。未刊行詩、随筆を加える全詩業。　各巻八〇〇〇円

余生返上　大谷晃一

「私の悲嘆と立ち直りを容赦なく描いて見よう」。徹底した取材追求で、独自の評伝文学を築いた著者が、妻の死、自らの90歳に取材する。　二〇〇〇円

またで散りゆく　伊勢田史郎

岩本栄之助と中央公会堂　公共のために尽くしたい熱誠で私財百万円寄贈した北浜の風雲児のピストル自殺にいたる生涯と著者遺稿エッセイ。　二〇〇〇円

連句茶話　鈴木　漠

連句は世界に誇るべき豊穣な共同詩。その魅力を東西文学の視野から語れる人は漠さんを措いてはない。普く読書人に奨めたい（高橋睦郎）。　二五〇〇円

象の消えた動物園　鶴見俊輔

一つ一つは短い文章だが、批判精神に富み、事物の本質に迫る論考が並ぶ。戦後とは何かを問うてきた哲学者の境地が伝わる（共同通信）。　二五〇〇円

再読　鶴見俊輔

（ノア叢書13）零歳から自分を悪人だと思っていたことが読書への原動力となったという著者の読書による形成。『カラマーゾフの兄弟』他。　一八二五円

家の中の広場　鶴見俊輔

能力に違いのあるものが相手を助けようという気組みが生じる時、家らしい間柄が生じる。どう生きるか、どんな社会がいいかを問う。　二〇〇〇円

火用心　杉本秀太郎

（ノア叢書15）近くは佐藤春夫の『退屈読本』遠くは兼好法師の『徒然草』、ここに夜まわり『火用心』、文芸と日常の情理を尽くす随筆集。　二〇〇〇円

わが夜学生　ノア叢書16　以倉紘平

『夜学生』増補　〈忘れ得ぬ〉夜学生の生のきらめき。真摯な生活者の姿。母への愛。元夜学教師で詩人が時代を超えて記す、人の詩と真実。　二三〇〇円

天野忠随筆選　山田　稔編

「なんでもないこと」にひそむ人生の滋味を平明な言葉で表現し、読む者に感銘を与える。二二〇〇円

草のそよぎ　天野　忠

遺稿随筆集　「時間という草のそよぎ」小さなつぶやきに大きな問いが息づいている。二〇〇〇円

耳たぶに吹く風　天野　忠

遺稿随筆集　詩と散文のあわい、さりげない人生の風景、ことばをとらえる短章集。一九四二円

春の帽子　天野　忠

随筆　車椅子生活がもう四年越しになる。穏やかな眼で、老いの静かな時の流れを見る。二〇〇〇円

木洩れ日拾い　天野　忠

（ノア叢書11）私の会った人、昔の傷、老人と時間、路地暮らし、夢のこと、茶の間の郷愁。一八〇〇円

うぐいすの練習　天野　忠

遺稿詩集　老いの情景を平明な言葉でとらえた詩人の、自らの最後を見届ける完結詩集。二〇〇〇円

私有地　読売文学賞受賞　天野　忠

隅々までとぎ澄まされた、一分の隙もない詩。現代詩の貴重な達成（大岡信氏評）。二〇〇〇円

万年　天野　忠

生前最後の詩集。みんな過ぎていく／人の生き死にも／時の流れも。老いの自然体。二〇〇〇円

夫婦の肖像　天野　忠

「結婚より私は『夫婦』が好きだった」夫婦を主題にした自選詩集。装幀・平野甲賀。二〇〇〇円

沙漠の椅子　大野　新

天野忠、石原吉郎を中心とした詩人論。迷宮である詩人の内奥に分け入る。二〇〇〇円

天野忠さんの歩み　河野仁昭

天野忠の出発と『リアル』、圭文社とリアル書店、コルボオ詩話会、地下茎の花、晩年。二〇〇〇円

戦後京都の詩人たち　河野仁昭

『コルボオ詩話会』『骨』『RAVINE』『ノッポとチビ』へ重なり受けつがれた詩流。二〇〇〇円

竹中郁　詩人さんの声　安水稔和

生の詩人、光の詩人、機智のモダニズム詩人、児童詩誌「きりん」を育てた人。まっすぐにことばがとどく、神戸の詩人さん生誕百年の声。二五〇〇円

杉山平一　青をめざして　安水稔和

杉山に関する対談や講演を集めたものだが、長年月を費やし、敬愛する先達への親炙《しんしゃ》と調査を深めた、貴重な汗に輝いている（東京新聞評）。二三〇〇円

小野十三郎　歌とは逆に歌　安水稔和

改めて短歌的抒情の否定とは何か。詩の歴史を変え
出の詩人・小野十三郎の詩と『詩論』、『垂直
読み解き、親しむ。二六〇〇円

風景　織田正吉

本人とユ
送

雪先生のプレゼント　定　道明

雪《せつ》先生のプレゼントは、何の変哲もない小さな函だった。中野重治「北見の海岸」を追跡旅したあの頃。何気ない日々の移ろいに連れ添う七篇。二〇〇〇円

僕の訪中ノート1971　黒田　徹

いまから五十年前、学生訪中団に参加した著者が旅行中克明に記録したノートがある。文化大革命の時代の生の声と、対話がよみがえる。二二〇〇円

遅れ時計の詩人　涸沢純平

編集工房ノア著者追悼記　大阪淀川のほとり中津路地裏の出版社。本づくり、出会いの記録。港野喜代子、清水正一、天野忠、富士正晴他。二〇〇〇円

詩と小説の学校　辻井喬他

大阪文学学校講演集＝開校60年記念出版　小池昌代、谷川俊太郎、北川透、髙村薫、有栖川有栖、中沢けい、奈良美那、朝井まかて、姜尚中。二三〇〇円

た不…
旅行』まだ…

ユーモアのある風…

流行の笑い、生活の笑い、演芸の笑い、…
ーモアの系譜。漫才、落語、バラエティと長年放…
台本を書いてきた作家の笑話の時代史。　三三〇〇円

…田　稔

…晴、松尾尊兊、…々、ひとり残さ…いる。　二〇〇〇円

八十…フレンド　山田　稔

思い出すとは…しもどすこと。すぎ去った人々が、想像のたそがれのなかに、ひっそりと生きはじめる。渚の波のように心をひたす散文集。　一九〇〇円

リサ伯母さん　山田　稔

老いにさしかかった人たちを描く短篇集。現実と幻影の境が溶け始める。現実の老いとは違う、詩のような寓話のような老い（川本三郎氏評）。　二〇〇〇円

コーマルタン界隈　山田　稔

パリ街裏のたたずまい、さまざまな住人たち。孤独を影のようにひきながら暮らす異邦の人々、異邦の私。街と人が息づく時のささやき。　二〇〇〇円

特別な一日　**読書漫録**　山田　稔

〈ノアコレクション・9〉書物から人生へ、人生から書物へと、きままに往き来する、蘇る人の姿、街のたたずまい。自由闊達につづる。　二〇〇〇円

スカトロジア　**糞尿譚**　山田　稔

〈ノアコレクション・7〉古今東西の文学の中の糞尿趣味を、自在に汲み取る。軽妙、反逆。時代の壁をつき破る書。名著復刊。富士正晴挿画。　一八〇〇円

再会　女ともだち　山田　稔

〈ノアコレクション・6〉時代と人の移り変わり。もはや存在しない遠い出来事が、精神の葉々のふるえのようによみがえる。　一九〇〇円

…田　稔自選集　Ⅲ

全Ⅲ集完結　初めてのパリ生活の記録、その後フランスで知り合った人々の回想に、スコットランド紀行を加えた海外もの。詳細な自筆年譜付。　二三〇〇円

山田　稔自選集　Ⅱ

「山田稔が固有名であると同時に、ひとつの文学ジャンルであることは、もはや疑いようがない」（堀江敏幸氏）。忘れ難い人の回顧…追想。　二三〇〇円

山田　稔自選集　Ⅰ

『ああ　そうかね』『あ・ぷろぽ』から精選された短篇に、戯文をふくむ数篇を加えて編まれた多彩な散文集。「散文芸術」の味わい。全Ⅲ集。　二三〇〇円

北園町九十三番地　山田　稔

天野忠さんのこと——エスプリにみちたユーモア。ユーモアにくるまれた辛辣さ。巧みの詩人、天野忠の世界を散歩の距離で描き、絶妙。　一九〇〇円

幸福へのパスポート　山田　稔

〈ノアコレクション・5〉フランス留学生活で自ら選んだ孤独。内なる感情の起伏と、人々のあわいふれあいを繊細に描く「散文芸術」の復刊。　一九〇〇円

マビヨン通りの店　山田　稔

加能作次郎、椎名其二、前田純敬、忘れられつつある死者の姿を鮮やかに描く。「転々多田道太郎」「小説となって腐ってゆく寸前」の魅力。　二〇〇〇円

影とささやき　山田　稔

〈ノア叢書7〉作家で仏文学者の著者がさりげない日常風景の中に描く時代の光と影。フランスでの日日、師との出会い、小説仲間との交流。　一八〇〇円

富士さんとわたし　山田　稔

手紙を読む　約三十三年間にわたる書簡を元に、富士正晴の文学と人の魅力、わたしの歳月を往復し、VIKING他周辺の人々に及ぶ長編散文。　三五〇〇円

俳句が入った。ややクサイ語りだが、それが魅力で、聞かないと物足りない。人を中毒にするような語りだった。中西龍のように個性の強いアナウンサーはいなくなった。

ラジオドラマ（放送劇といった）と並んで物語というジャンルがあった。講談や落語ほどには語りに癖がなく、語り手の個性が前に出る。物語を確立したのは徳川夢声の『宮本武蔵』である。映画が活動写真と呼ばれ、サイレントであったとき、画面を説明する弁士がいた。活動弁士、略して活弁と呼ばれた。夢声はその一人である。東京赤坂の葵館《あおいかん》という映画館で弁士をつとめたので、「徳川」という芸名がついたという。大正末年、トーキーの外国映画が入り、昭和六年（一九三一）、国産第一号のトーキー映画『マダムと女房』が封切りになり、仕事を失った活弁が話術を生かして漫談という演芸が生まれた。

映画説明の主流は美文調で、生駒雷遊《いこまらいゆう》の「ああ春や春、春南方のローマンス」（『南方の判事』）は一世を風靡した。美文調の活弁で歌手の司会に転身した者もいる。大物歌手には専属の司会者がいて、前奏のあいだをナレーションでつないだ。現在は、さだまさしのように歌手自身が達者な話術で、歌としゃべりの両方をこなす。

しゃべりは司会者にまかせ、歌手自身は物を言わなかったのは、歌手に地方出身者が多く、話すと訛りが出るからだろう。トークと歌の分業はなくなり、訛りがあっても歌手が自分のことばで話すようになった。淡谷のり子は東北弁、松山恵子は宇和島訛りをそのまま出してかえって人気をたかめた。美文より自分である。

音声言語による演芸にはフシ系とカタリ系がある。浪曲はフシ系、落語や講談はカタリ系。カタリ系の話芸はリズム系とハナシ系に分類できる。言葉の調子にリズムを持つものと、自然体の口調とである。

映画説明では、先に引いた生駒雷遊はリズム系、徳川夢声はハナシ系である。謳い上げる調子ではなく、普通の話し方であった。夢声は弁士廃業後、俳優として映画に出演したが、テレビ放送が始まると放送タレントの草分けとして活躍した。

『宮本武蔵』の原作が吉川英治であることはいうまでもない。「朝日新聞」の連載小説だが、連載は千回を超える人気だった。小説『宮本武蔵』は行間から音声が立ち上がるような文体である。『宮本武蔵』からその末尾を引いてみよう。小説の人気が高まると、周囲に雑音が増える。武蔵についても、とかくの批判があったようだ。それに答えるというより、雑音を立てる者に言って聞かせるような文章である。

波騒《なみざい》は世の常である。波にまかせて、泳ぎ上手に、雑魚《ざこ》は歌い雑魚は踊る。けれど、誰か知ろう、百尺下の水の心を、水のふかさを。

いまどきの文章ではないが、音読してこころよい。文芸におけるリズム系の吉川英治と話芸におけるハナシ系の夢声の結びつきは絶妙で、武蔵の語り手は夢声を措いてないと思うほどだ。武蔵が終わったあと、ある歌舞伎俳優が富田常雄の『姿三四郎』を語ったが、印象はもう一つだった。夢声はたくさんのエッセイや日記を残している。筆舌両方の使い手だったことが語りに生かされているだろう。

夢声の『宮本武蔵』は昭和十四年（一九三九）、放送が始まり、太平洋戦争でアメリカ空軍の空襲が激しくなるころも続いた。夜、ラジオで武蔵を聞いていると、突然、中断して、「中部軍情報、米空軍三十機の編隊が紀淡海峡を北上中」というような緊急放送が入る。日とともにそれが頻繁になった。今では地震情報でラジオ放送が中断するが、空襲を思い出して不愉快になる。

夢声の物語『宮本武蔵』をナマで聞いたことがある。昭和二十年代、まだ終戦のほとぼりが冷めないころであった。場所は神戸の三宮近くにあった農業会館（現在は場所が変わっている）。舞台は学校の講堂でみるような演壇があるだけで、水差しのほか何もない。夢声は地味な背広姿、前座もいなければ音楽もない。講演会と変わりはなかった。

その日の演目は『宮本武蔵』の「風車《かざぐるま》」の章を中心に、鎖鎌の使い手宍戸梅軒《ししどばいけん》と武蔵の決闘だった。鎖鎌は鎌の柄に長い鎖を付け、先端の分銅の重みで円を描くように回し、相手の剣に絡めて鎌で仕留める武器。剣法家吉岡一門、その三兄弟とくりかえす死闘や、最後の佐々木小次郎との対決に比べ、梅軒は脇役だが、特異な武器を使う陰湿な敵として強烈な個性を持っている。佐々木小次郎は実在したが、梅軒は吉川英治の創作である。余談を加えると、講談本などでは中年男の佐々木巌流（小次郎）を前髪の美青年にし、袖無し羽織の背に長い刀を斜に背負わせたのは吉川英治の武蔵である。以後、それが佐々木小次郎のイメージとして定着した。

夢声の実演に話をもどす。鈴鹿付近の山麓で武蔵が取った宿は梅軒の住まいだった。梅軒は武蔵をつけ狙っている。梅軒は武蔵を知っているが、武蔵は梅軒を知らない。深夜、武蔵の寝ている部屋の天井から下がっている風車がかすかに動いた。だれかが戸を開けたのだ。寝ている武蔵に梅軒が襲いかかる。しかし、風車で気配を察した武蔵はすでに夜具の中にいなかった。

長い物語から梅軒のエピソードを選んだのは、夢声の間の話術を活かすのに格好の話材だったからだろう。夢声は「間は魔なり」ということばを残した。話を活かすも殺すも間だという。間は単なる空白ではない。「そのとき武蔵は」で長い間を取る夢声の話術は、物真似に使われるほどだった。


実演の夢声は台本を持たなかった。小説の朗読ではなく演芸としての物語なのだから、当然のことである。現在は朗読が盛んで、聴衆を前に台本を読むのが当たり前になっている。ラジオやCDは見えないから台本を読むのは自由だが(それが見えないことの有利な点である)、舞台は違うだろう。台本を読みながらの落語や講談はありえない。

文章や固有名詞を暗唱し、よどみなくそれが出てくることも話術が芸として成り立つための重要な要素である。桂文楽(先代)が『大仏餅』の口演で登場人物の名が出ず、「勉強しなおしてまいります」と頭を下げて高座を下り、そのまま引退したのは有名な話だ。暗唱自体が芸なのである。東京落語の『金明竹《きんめいちく》』を引いてみよう。茶道具屋で与太郎が留守番をしているところへ同業者の使いが来て、早口の大阪弁で口上を述べる。

「わては中橋《なかばし》の加賀屋佐吉方から参じました。先程《せんど》、仲買いの弥市が取次ぎました道具七品のうち、祐乗・光乗・宗乗、三作の三所物、並びに備前長船《おさふね》の則光、四分一拵え横谷宗珉《よこやそうみん》小柄《こ》付《づか》きの脇差、柄前《つかまえ》は旦那はんが鉄刀木《たがやさん》じゃと言やはったが、あれは埋木《うもれぎ》で木が違うてござりまっさかい、ちょっとお断り申します。織部の香合、のんこうの茶碗、自在は黄檗山《おうばくさん》金明竹、ずんど切りの花活け、古池やかわず飛び込む水の音と申します風羅坊正筆の掛け物、沢庵・木庵・隠元禅師貼りまぜの小屏風、あの屏風はわての旦那の檀那寺が兵庫におまして、兵庫の坊主の好みます屏風じゃによって表具にやり、兵庫の坊主の屏風にいたしますと、かようおことづけ願います」

何のことやら与太郎に分からず、出てきた内儀にも意味が分からない。使いの男は四、五回同じ口上をくりかえすことになる。くりかえし聞いて飽きない。『金明竹』は前座の口ならしというが、口上は茶道具などの専門用語が吟味されている。

落語から、もう一つ引いてみよう。『宿屋仇』で旅の武士が日本橋（大坂）で宿を取り、応対に出た宿の者に部屋について注文をつける場面。

「夜前《やぜん》は泉州岸和田、岡部美濃守殿の城下において浪花屋なる宿に泊りしところ、なにがさて雑魚《ざこ》もむぞうも一つ所に寝かしおって、巡礼の親子が経を読むやら、相撲取りが歯ぎしりを噛むやら、駈け落ち者がいちゃいちゃ申すやら、一晩中身どもを寝かしおらなんだ。今宵は間狭《ませま》にてもよい、静かなところへ案内《あない》してくれい」

文字ではわずらわしいが、武士のセリフで北斎漫画の人物スケッチのように安宿の合い部屋の情景が立ち上がる。新作落語が物足りないのは、こういう語彙や描写が不足していることである。

物語は小説の朗読と一線を画すものがあると私は思う。個人的な話になるが、昭和三十年（一九五五）、NHKは放送開始三十周年記念事業として放送物語を募集した。私の「シンプソン英語学校」というのが入選し、宇野重吉の語りで放送された。終戦直後の英会話ブームが去り、その私塾の一つが凋落する過程を、最後の生徒となった若い教員の目を通して語ったものである。

物語の語り手は一人なのだから、男性（または女性）の一人称による語りが耳になじむ。女声が必要なときは間接表現にする。男が女の声をまねるのには無理があり、話をこわしかねない。落語は仕草で女性を表し、声は変えない。聞いて分かることばを使い、まぎらわしい熟語や難解な語は避ける。場面は簡潔にまとめるなど、物語はこうあってほしいと思うことを形にした。この考えは今も変わっていない。

この台本は『放送文化』（昭和三十年五月号）に掲載された。当時の選評を読んでみると、応募作には時代物が多く、予選を通過したものは私以外の全部が時代物だったという。武蔵の影響が残っていたのかも知れない。（作品は本書Ⅲに掲載）

最後に、鮮烈な印象で記憶に残っている物語を挙げておきたい。坂本長利のひとり芝居『土佐源氏』である。初演は昭和四十二年（一九六七）。私はそのころ神戸海員会館（現在はシーガルホール）で見た。

舞台の両袖に立てた赤い百匁ろうそくがゆらめく中で、四国の山間の小屋に住む盲目の老いた乞食が、「あんた、よっぽどの粋狂もんじゃのう。乞食の話を聞きにくるとは」と語り始める。長く連れ添った妻、雁皮《がんぴ》（和紙の原料になる木で紙幣に使う）の監理をする官員の妻、老人がおかたさまと呼ぶ庄屋の妻女。老人が若い日にかかわった三人の女性の遠い思い出話である。おかたさまは三十代、ぽっちゃりとした色白で、上品なことは観音さまのようだったという。みすぼらしい乞食となった男とおかたさまの取り合せは、この世のものとも思われない。一歩はずすとポルノか猥談になるところだが、老乞食が語るのは、男の女に対するやさしさ、それにこたえる女のやさしさである。

老人の寸足らずのぼろ着には、赤い錦のツギが当たっている。それは関係を持った女性のメタファーであり、老人の勲章でもあるだろう。小脇にかかえたゴザに小さな鈴がついていて、登場のときチリチリと鳴る。話のヤマ場でまた鳴る。

長い語りが終わると、老いた乞食は足を引きずりながら、ゆっくりと舞台を去る。ふたたび登場すると、メークを落とし衣裳をあらため、老人は現代の青年俳優にもどっている。舞台挨拶をした。さりげなく手にした朱塗の手鏡が、今までの語りが演技であったことを示している。何から何までこころにくい演出であった。『土佐源氏』の反響は大きく、この後、ひとり芝居が流行した。

俳優が別の人物に扮するのだから芝居ではあるが、物語のあらまほしい姿として、私の考えていることとぴったり一致している。私の考える物語の理想像では話材が制約されるが、役に扮すると、それが無限にひろがる。物語を演じる方法として大きく窓を開いたというのが私の感想だ。原作は宮本常一『忘れられた日本人』(岩波文庫)の一編。民俗学者の著者が、日本の僻地を歩いて世の表に出ない無名の老人から直接聞き出した話を集めたものである。老人の話すことばで書いているので、原作がそのまま物語の台本になる。

ある作家のエッセイによると、『土佐源氏』はフィクションなのだという。宮本の本はすべて本人からの聞き書きではなかったのか。えっと驚いたが、さもあるだろう、話が出来過ぎている。おかたさまが抽象的で、話がこれからというところで、あっさり死んでしまう。が、私には『土佐源氏』がまったくのフィクションとも思われないのだ。取り柄もなく世間からこぼれ落ちる男にも、浦島が乙姫の歓待を受けたように、艶福に恵まれる日があるかも知れない、あってほしいという思いが後を引く。これこそがカタリというものであろう。

（「上方芸能」平成二十四年九月）

わが青春の新開地

喜劇時代のダイマル・ラケット

漫才・落語など上方の大衆芸能を語るとき、地域はほとんど大阪に限られ、神戸について触れられることはない。大衆芸能の一大メッカであった神戸、とくに湊川新開地のそれを述べないのは関西芸能地図の相当大きな部分が欠落していて物足りない。私は神戸に生まれ、神戸に育ち、現在も神戸に住んでいる。昭和二十二年から三十八年まで、年齢でいうと十代後半から三十代の初めまで神戸市生田区（現・中央区）楠町に住んでいた。湊川新開地へは徒歩で七、八分の地である。戦中戦後の娯楽の飢餓を埋めるように、しげしげと新開地通いをして娯楽をむさぼった。私が大衆芸能に関する職業に身を置くのは、このときの影響が大きいと思わざるをえない。

湊川新開地はＪＲ神戸駅の西約一キロ、南北に一キロ弱の繁華な通りである。「であった」と言うべきだろう。戦前から戦後は昭和三十年代まで、神戸の大衆娯楽の中心地であった。もともとは湊川の川筋である。明治二十九年夏、堤防が決壊し水害が起きたのを契機に、翌三十年から四年がかりで新湊川に付け替え工事が行われ、埋め立てられたもとの川筋に映画館、寄席、大衆食堂などのひしめく歓楽街が生まれた。

昭和二十年二月と三月の空襲で湊川新開地はあらかた消失したが、娯楽の需要がたかまるとともに、戦後いち早く復興している。ほとんどは映画館だが、劇場と寄席は北から公園劇場、寿座、新開地劇場（略称・新劇）の三館があった。隣接の福原口にあった関西劇場は昭和二十三年、映画館（神戸大映）になった。時期がへだたるが、昭和三十四年には洋画の封切館であった松竹座が松竹系演芸場に転向している。

戦後間もないころの新開地劇場は、歌謡ショー、ストリップ、剣劇、女剣劇、喜劇など実に雑多な芸能を上演してきた。

中田ダイマル・ラケットを初めて見たのも新開地劇場であった。漫才ではなく喜劇役者としてである。時日確認のため当時の新聞広告を見ると、ダイ・ラケの出演は、昭和二十三年二月（関西劇場）「爆笑コンビ／黒潮楽劇団ダイマル・ラケット」、四月（新開地劇場）「ダイマル・ラケットの脱線コンビ／黒潮楽劇団」、六月（同）「中田ダイマル・ラケット（十万円の行方）」とある。新聞広告では「黒潮楽劇団」だが、私の記憶にある名称は「ポケット劇団」である。ダイマル・ラケットの他に女性一名というグループだった。

舞台は若い夫婦（ラケットと女優）の家の一間。そこへ田舎からおばあさん（ダイマル）がやってくる。モンペ姿、風呂敷包みを背負い、コウモリ傘を提げ、びっこをひき、ひょっこりひょっこり花道を出てくる。途中、びっこをひく足が変わり、「足まちがえた」というギャグがある。ばあさんは家の入口で、ラケットと話をしながら柱に出ている釘にコウモリ傘をかけようとする。釘ではなく、それは柱にかけているばあさんの手の人さし指である。話に夢中で、ばあさんはそれに気づかず、釘にかけようとするが、なかなかひっかからない。やっと傘をかけ終わり、座敷に上がると、自分の指先に傘がぶら下がってついてくるというギャグ。このギャグは受けた。他に筋らしい筋が思い出せないのは、ストーリーはあって無いようなものだったからだろう。

ダイマル・ラケットの「ポケット劇団」は私は三、四度見ているが、二度は同じおばあさん物である。ダイラケが岡っ引きコンビの捕物帳喜劇もあった。岡っ引きのラケットが茶店の床几、上手の端に腰を下ろす。眼鏡を掛けた岡っ引きのダイマルが出てきて、床几の反対側の端に掛ける。ラケットが立ち上がる。バランスが崩れて床几が傾き、ダイマルはころげ落ちる。十手をかざして床几の下をのぞくダイマル、というギャグが冒頭にある。あとは井戸の中から幽霊に扮して出るというような他愛ないものだった。ダイラケの岡っ引きコンビは後の「びっくり捕物帳」（朝日放送テレビ、昭和三十二年—三十五年）を思わせる。

漫才のダイマル・ラケットを初めて見たのは、昭和二十六年ごろ、当時、楠公前（湊川神社正門前）にあった八千代劇場の漫才大会でだった。このときの漫才が今では伝説的になっている「拳闘漫才」である。「僕は迷医」のネタから話題がボクシングに移る。ダイマルがうっかりボクシングは得意だと言う。ラケットは「ボクシングやったら僕もやるで」とその場でさっさと衣装を脱ぎ、たちまちトランクス姿になる。うろたえるダイマル。仕方なくダイマルもトランクス姿になる。ダイマルはグローブの付け方も知らず、足につけるというようなギャグがあり、「えらい見当（拳闘）違いや」と落とす。

日曜日の昼興行だったが、立ち見も出る場内は爆笑の連続だった。ボクシングのアクション・ギャグはさほどおもしろいものではなかったように思う。爆笑を呼んだのはやはり「僕は迷医」の部分である。私はこのときダイマル・ラケットが喜劇から漫才に転向したのだと思っていた。戦前からの漫才師で、もともと「ダイマル・デパート」という兄弟コンビであり、兄のデパートが死んだ後を弟のラケットが埋めたというようなことを知ったのは後のことである。

〔付記〕戦前、現在のＪＲ新長田付近の繁華街を「西新開地」と呼んだので、本稿は「湊川新開地」と表記して区別した。昭和四十四年、住居表示の変更で愛称の「新開地」が正式の地名となった。

「宮城千鶴子」のことなど

映画が最盛期を迎える昭和三十年代以前、昭和二十年代の湊川新開地は実演全盛であった。長谷川一夫、高田浩吉といった映画スターも、エンタツもアチャコも、それぞれの劇団を持っていた。岡晴夫。田端義夫、小畑実らの歌謡ショウ、剣劇、女剣劇、ストリップショウがごった煮のように上演され、粗野ながら活気があふれていた。戦災で場所を失った当時一流の俳優や歌手がドサ回りとして全国からやってきたという終戦直後の特殊な事情がある。

昭和二十二年ごろ、新開地劇場で前進座公演を私は二度見ている。モリエールの「ぺてん師スカパン」（スカパンの悪だくみ）と「天衣紛上野初花《くもにまごううえののはつはな》」（河内山宗俊）、「ロミオとジュリエット」と「幡随院長兵衛」のそれぞれ二本立てであった。赤毛物と歌舞伎という現在では考えられない取り合せである。前進座は河原崎長十郎班と中村翫右衛門班に分かれて巡演しており、湊川新開地に出演したのは長十郎班であった。前進座を挙げて共産党に入党していたが、終演後の舞台あいさつで、長十郎の河内山が緋の衣の袖をひろげ、「日本中をこの色に染めましょう」というのには鼻白む思いがしたものだった。

昭和二十年代の中ごろ、後に「レッドスネーク、カモン」で人気を取る東京コミックショーのショパン猪狩《いがり》が男女四人の編成で「ガーター・レスリング」と称するプロレス・ショウを新開地劇場で演じたことがある。まだ髪も黒々としていたショパン猪狩がレフェリー役。レフェリーに「一二〇パウンド三匁《もんめ》！」と紹介される男性レスラーは痩せて小柄なパン猪狩、対戦する大柄な女性レスラーはショパンの妹だという。太股に止めた赤いガーターを相手に取られると負けというルール。日本最初の女子プロレスと称していたが、要するにレスリング形式のコミック・ショーであった。男性レスラー役のパン猪狩がダブダブのトランクス姿、ツバの広い帽子をかぶって舞台に設営したリングに登場する。レフェリーがその帽子をむしり取ると、トランクスの内側からまた別の帽子を出してかぶる。取っても取ってもまた帽子を出す。それが五、六度つづく。次にパン猪狩はトランクスの中から小さな箒を取り出し、リングを掃除する。チリ取りも出してくる。フライパンを取り出し（こういうもの全部トランクスの内側に入っている)、ゴングとして鳴らす、というようなギャグをスピーディーに連発した。(付記・パン猪狩はショパン猪狩の兄。パンの弟子に帽子のツバを使う芸のボードビリアン早野凡平がいる。)

「冗談音楽」の三木鶏郎(トリロー)グループが新開地劇場に登場したことがある。昭和二十二年に始まったNHKラジオの「日曜娯楽版」の一つのコーナーが「冗談音楽」である。三木鶏郎グループの最初の関西公演は昭和二十三年十二月、道頓堀の大劇だというから、湊川新開地出演は昭和二十五年ごろのことであろう。

三木鶏郎がピアニスト。丹下キヨ子・千葉信男・河井坊茶・小野田勇のメンバーは中腰でピアノの鍵盤になる。鶏朗がゼスチュアで人間ピアノを弾くと、メンバーは声でそれぞれの音を出し、ヒットソングの合唱になる。

「冗談勧進帳」は歌舞伎のパロディ。弁慶がヤミ屋、富樫が取締りの警官という設定。警官(小野田勇)が「かように候者は角の交番の住人、ポリスマンにて候」と名乗る。「闇の衣はかつぎ屋の、怪しき袖や隠すらん(略)」の長唄。戦闘帽、兵隊服という復員姿でリュックを背負ったヤミ屋(河井坊茶)が登場。警官の小野田がリュックの中を調べて、山伏問答のパロディになる。小野田が花道でタッタッタと六方を踏むのは弁慶であるはずだが、まちがえるというギャグだったかもしれない。「冗談勧進帳」はドサまわり用のもので、台本は『三木鶏郎回想録2　冗談音楽スケルツォ』（一九九四年、平凡社）に残っている。

昭和二十四年ごろ、宮城千鶴子という歌手が新開地劇場にたびたび出演した。当時スターだった宮城千賀子とまちがえそうな芸名である。みんながボロ服をまとっている時代に、彼女は人形のように裾をひろげた純白のドレスで舞台に立った。演じるのは歌謡物語「婦系図」に決まっていた。歌謡曲「湯島の白梅」にセリフと語りを加えたものだが、舌足らずな口跡が何ともクサい。いつもアコーディオンの長内端《おさないただし》との合同公演であった。長内の曲目は毎度ズッペの「軽騎兵」序曲だった。「婦系図」とクラシックの組合せも終戦直後ならではのことだろう。

昭和二十二年当時の新聞を見ると、映画館の広告に「停電解消」というフレーズが目につく。当時は電力不足で映画館や劇場もよく停電したものだが、広告は自家発電装置を備えたという意味である。宮城千鶴子の公演中、停電してステージが真っ暗になったことがある。新開地劇場はまだ自家発電装置がなく、夜店で使うアセチレン灯を舞台にいくつも並べた。それに手間取ったが、宮城千鶴子は舞台を降りず、暗闇の中で歌い続けた。もちろんマイクなしである。歌って歌って、持ち歌を総ざらいする風だった。彼女の歌う「私の青空（マイブルーヘブン)」を感動に震えるような気持ちで私は聞いた。

宮城千鶴子が歌える女優として映画にデビューしたのはそれから一、二年後のことである。それを機会に芸名を変えた。宮城まり子である。昭和三十年、「ガード下の靴磨き」のヒットで彼女は人気を不動のものとした。それから何十年かがたち、三宮の神戸新聞会館でリサイタルを開いたとき、客席の声援に宮城は「新開地のときのお客さんやね」と嬉しそうに応えていた。

〔付記〕本書の校正中、宮城まり子の訃報が入った。享年九十三。後半の五十年を養護施設「ねむの木学園」に捧げた生涯を思って、暗闇の中で歌いつづけた「私の青空」がよみがえった。

湊川新開地付近の演芸場

終戦後間もないころの新開地とその周辺にあった演芸場、劇場の地図をやや詳しく描いておきたい。

湊川新開地は、旧・湊川を埋め立てたあとに造成された娯楽街である。北端の湊川公園には高さ東洋一と称するコンクリートのタワーがあった。ここから南へ繁華街が続くが、途中、東西に走る市電が繁華街を南北に二分している。市電より北には松竹劇場、松竹座、そして帝国劇場を模したという聚楽館など料金の高い映画館や劇場があり、市電より南にはより大衆的な映画館、演芸場などが並んでいた。

演芸関係のコヤの戦後の状況を北から順にいうと、まず湊川公園の南入口に千代之座があった（後に「公園劇場」と改称）。戦前、新開地には同名の演芸場があったが、戦後は昭和二十三年六月、生田区栄町四丁目に開場、翌年九月、上述の場所に移転再開場している。披露興行は「のんき節」の石田一松、ディック・ミネ、ベティ稲田らであった。石田一松は法政大学卒で演歌師になり、大学卒の芸能人というのでめずらしがられた。バイオリンを弾きながら歌う「のんき節」は「のんきな父さん蚊帳《かや》をさかさに吊って、こいつぁたまげたこの蚊帳は、蚊帳は蚊帳でも天井のない蚊帳だ、おまけにこの蚊帳、底がある、ハハのんきだね」というようなナンセンスなものや、歌詞を忘れたが、交番で道を聞くと警官が「管轄違いだ、よそで聞け、ハハのんきだね」など風刺性の強いのが記憶にある。昭和二十一年、石田は衆議院議員選挙に当選し、話題と人気を集めた。その著書『のんき哲学』によると、立会演説会で入場料を取ったという。ラジオでしか聞いたことのない石田一松を私はぜひ見たいと思ったが、入場料がなくて見逃してしまった。のんき節は吾妻ひな子が晩年、高座で歌っていた。

　湊川新開地の東側で隣接する福原遊廓の南入口、福原口に関西劇場があった。昭和二十二年十一月の開場。大賀興行の大賀広次氏の経営で、本格的な劇場を考えていたらしく、劇場で女子研究生の募集をしている。こけら落としは長谷川一夫の新演技座公演だった。この劇場の出演者は、黒川弥太郎、霧立のぼる、藤山一郎、藤田進、小夜福子、灰田勝彦・晴彦、田端義夫、あきれたぼういず、木下華声など錚々たる顔ぶれ。エノケン一座の「鼻の六兵衛」「エノケンの闘牛王」なども上演している。

　間を縫って漫才の興行があった。出演者に玉枝・成三郎、洋々・正二郎、五郎・沙江美、蝶子・五九童、竹幸・出羽助、十郎・雁玉、花蝶・勝美、文雄・静代らの名が見える。前々回書いたように、ダイマル・ラケットは「黒潮楽劇団」というグループ名で関西劇場に出演している。同時出演者が中村メイコ。劇場としては一年も続かず、昭和二十三年十月、映画館に転向、「神戸大映」になった。

　市電より南、その東側に寿座があった。昭和二十四年三月ごろの開場である。浪曲がまだ戦前の盛況の余韻を残していた時期で、当初、浪曲と漫才を交互に上演していた。ちなみに戦前の新開地には吉田奈良丸（三代目）が経営する浪曲専門の席「大正座」があった。

寿座はカンナもかけていない板張りの、文字通りの小屋だった。客席は土間、椅子は長い板を渡しただけのものである。そのぶん入場料は安かったが、光晴・夢若がここに出ているとき、強い風雨に見舞われ、光晴が屋根に上がって体で押さえたというエピソードがある。

浪曲はその後、急速に衰退する。浪曲師は単独ではなりたたなくなり、昭和三十年代、大阪では宮川左近ショウ、ジョーサンズなど漫才化した浪曲ショーの結成が相次いだ。寿座は浪曲を上演しなくなり、代わったのがストリップショーであった。昭和二十四年の新聞に「ルミー芝とニューストリップショー、爆笑まんざい砂川捨丸・中村春代」という広告が出ているが、こういう組合せは、当時めずらしいものではなかった。

寿座はやがて本建築になり、軽演劇とストリップを上演していた。解散後の新宿ムーランルージュの残党、外野村晋《とのむらしん》(後に、NHKテレビ「事件記者」にレギュラー出演)ら数人が、軽演劇でここに籠っていたことがある。

湊川新開地の南端近く、その西側にあるのが新開地劇場である。昭和二十二年元日の開場。こけら落としは松竹の喜劇俳優・杉狂児の劇団そよかぜ、旧宝塚スターの劇団ミモザの合同公演だった。開場当時の経営者は播磨家団十郎(江川金次郎)、芸名らしく歌舞伎か俄の役者を思わせるが、くわしいことは知らない。昭和二十三年には、代表者が石原秀雄氏になる。

楠公前（湊川神社前）、現在のJR神戸駅の近くに八千代劇場があった。明治時代の大黒座で、日本座、八千代座と改称し、戦後、この名称になった。神戸市内で唯一、戦災を免れた劇場である。風格のある和風建築だったが、昭和三十五年、区画整理のため取り壊された。八千代劇場についてはまた触れる機会があるだろう。

現JR兵庫駅東側の高架下に「寄席のパレス」という名の寄席があった。昭和二十二年十一月の開場。経営者の第一興業（代表・真武喜代子氏）は兵庫駅高架下にロキシー劇場とシネマパレスという二軒の映画館を経営していたが、シネマパレスを寄席にし、「寄席のパレス」と改称したのである。昭和二十三年、文雄・静代、芳子・市松、喜久奴・奴、かしく、松鶴（五代目）、円都、米団治、九里丸、南陵（二代目）ら、当時名のある芸能人のほとんどがここに出演している。しかし、長くは続かなかった。高架下はうす暗いイメージがあり、場所が私の家から少し離れていることもあって、敬遠しているうちに寄席をやめてしまった。

湊川新開地の寄席では松竹座がよく知られている。市電より北、その中ほど東側にあり、もとは洋画の封切館だったが、漫才が活況を呈した昭和三十四年、演芸場に転じた。ちなみに、大阪道頓堀の角座が寄席になったのはその前年だった。今回、ざっとなぞってみたのは、それより約十年前の演芸場や劇場の地図である。

二代目春団治の「明烏《あけがらす》」

都市中心は東へ移動する傾向があるという。神戸も例外ではなく、現在の中心部は三宮周辺だが、戦前から戦後の昭和三十年頃までは湊川新開地と楠公前であった。楠木正成を祀る湊川神社を神戸市民は親しみをこめて「楠公さん」と呼ぶ。

「神戸の中心はどこや？　楠公さんや。嗚呼忠臣楠子之墓（朱舜水の筆になる碑銘）がある」という言葉遊びが戦前にあったが、楠公さんは国鉄（ＪＲ）神戸駅前にあり、神戸の中心というのはまんざら嘘でもなかったのである。戦前、楠公さんを知らぬ人はなかったが、戦後は知る人の方が少なくなった。

楠公前の八千代劇場は松竹の経営で、戦後は関連会社の千土地興業の経営になっていたようである。焼け残ったので、終戦直後、昭和二十年九月にはさっそく「五郎劇」を上演している。戦後、東西大歌舞伎、新生新派などがここで公演しているが、歌舞伎上演にふさわしい風格のある劇場であった。剣劇の金井修一座、女剣劇の大江美智子鈴鳳劇、浪曲、漫才など上演種目を選ばないのは、戦後の混乱した事情からだろう。伝説的になっているダイマル・ラケットの拳闘漫才を初めて見たのが八千代劇場であったことは前に書いたが、当時の新聞広告で確かめると、ダイラケは昭和二十六年七月から九月まで、毎月、八千代劇場の漫才大会に出演している。八千代劇場の寄席興行が他にどんな顔ぶれだったか、一例として昭和二十六年六月十三日よりの公演の出演者を引いてみる。文雄・静代、光晴・夢若、ラッキー・セブン、竹幸。出羽助、ニコニコ・花楽、鶴春・お竜、八郎・柳子、文路・正三、今次・今若、寿郎・ナオミ（漫才二組略）、リズム浪曲・守屋敏夫、曲独楽・但馬源水。

戦後、新開地の演芸は漫才だけだったが、八千代劇場ではときどき落語の会があった。前記の漫才大会より前、昭和二十四、五年ごろかと思う。八千代劇場出演の落語家で私の記憶に残る人に光鶴時代の六代目松鶴、桂梅団治（のちの三遊亭百生）、二代目桂春団治がいる。落語をナマで聞くのはこのときが初めてだった。光鶴「胴斬り」、梅団治「浮世床」、二代目春団治「馬の田楽」などを聞いた。光鶴はのちの豪快な芸風からは遠い、暗い表情で「胴斬り」を演じたが、陰惨なナンセンスが印象に残った。

二代目・春団治は小柄で太っており、ボールを思わせる体型である。出てくるだけで客席の笑いを誘い、人気があった。春団治が出ると客席から「いかけ屋！」と演目をリクエストする声がかかる。「へえへえ……へえへえ」とうなずきながら、これからたっぷり笑わせたげますという自信を笑みの内側にのぞかせて、おもむろに注文とは関係のない用意のネタを演じた。春団治が発散する気には油っこくセクシャルなものがあった。

八千代劇場の落語会では、バラエティ風、落語相撲、シカ芝居（咄家によるドタバタ芝居）とさまざまな趣向がされていた。今にして思うと、当時は上方落語のどん底時代で客寄せに苦闘していたのである。落語バラエティはこんな風だった。舞踏を汽車の車内に見立て、漫談の花月亭九里丸の車掌が登場し、ひとくさり漫談をやる。寸借詐欺のネタで、詐欺をする男が通りすがりの人に声をかけ、「大阪の親戚をたずねて地方から出てきたが、財布をなくした」とこまごまと事情を話し同情を誘う。気の毒に思った相手が電車賃を立て替えてやろうと自分の財布を出して中をのぞき、「大きい物しかないなあ」とつぶやくと、詐欺の男が「お釣りやったらあります」。そんなネタだった。（付記・桂米朝師の教示によると、これは初代桂小春団治（花柳芳兵衛）の新作落語である。花柳芳兵衛『鹿のかげ筆』昭和五十二年、白川書院に「失業者」の題名で所収）

九里丸の車掌がいるところへ落語家たちが乗客として乗ってくる。車掌と客のやりとりがあったが、それがだれで、どんな中身であったか覚えていない。

落語相撲は落語家二人を東西の力士に見立て、短めの咄をそれぞれ一席演じる。落語が終わると、行司役が客席をうながして穴を拾わせる。客は落語の中で矛盾することや不合理なところを指摘する。落語家はそれに即席のウイットで言い抜ける。東西どちらの言い抜けがおもしろいかで軍配を挙げるという趣向だった。あるとき、春団治は落語相撲で「酒の粕」を演じた。年輩の客が落語の通らしく、「咄の中で盃と言ったが、あれは武蔵野（大盃のこと）と言ってもらいたい」と言うと、春団治が「わかりにくかろうと思うので、大きな盃と言いましたんで」と、理に落ちたやりとりであった。

春団治の演じる「明烏《あけがらす》」（「明烏夢泡雪」）は大爆笑劇だった。元来は新内を芝居にしたもので、庭先の雪責めが見せ場である。山名屋の遊女浦里《うらざと》が時次郎という男とねんごろになり、やり手のおかやが雪の庭で浦里を折檻する。庭の中ほど、松の根方に浦里が縛られて出てくる。やり手は浦里と、浦里がかわいがってる禿《かむろ》を竹箒で打つ。禿が春団治。禿は可憐な子役の役で、それがやり手に打擲されるから芝居になるのだが、丸く肥えた体型をことさら誇張して赤い着物を着た春団治の禿が、下手からちょこちょこと出てきただけで爆笑が起きた。芝居はまっとうに進行するのだが、禿の体型が全部を喜劇にしてしまう。このとき雪を落としていたのが露の五郎師だったそうである。

今から数年前、あるパーティの帰途、タクシーが混みあい、たまたま前後に並んだ婦人と同車したが、二代目春団治夫人の河本寿栄さんであった。神戸の八千代劇場で「明烏」を見たことがあると申し上げると、「あれには私も出ておりました」と言われる。この芝居のことは、豊田善敬編『桂春団治／はなしの世界』（東方出版）に寿栄さんが書いておられる。それによると、春団治の禿を折檻するやり手が寿栄さんの役なのであった。「明烏」は二代目春団治が昭和二十年から一座を組んで地方巡業をしていたころからの得意の演目だったようである。

ＭＺ研進会とミヤコ蝶々

昭和二十五、六年ごろだったと思うが、神戸楠公前の八千代劇場の入口に、筆の手書で「ＭＺ研進会漫才発表会」という立て看板が出ていた。「ＭＺ研進会」は終戦後間もなく、大阪の当時の新進を中心に結成された漫才師のグループである。「ＭＺ」はマンザイの略。ＭＺ研進会の発表会はあちこちに会場を借りての自主公演だったようだ。

このとき私はいとし・こいしと蝶々・雄二を初めて見た。いとし・こいしは当時二十歳代半ば、芸名の表記は「いと志・こい志」だった。ネタは『曾我物語』（光晴・夢若の十八番『お笑い曾我物語』紋尽しとは別）。曾我物語の講釈をするいとしが、右手を手刀のように開いたり、こぶしにして回したりする合図を見て、こいしが「ポンポン」「ポポンポンポン、スッポンポン」と張り扇の音を声で入れる。いとしの合図がだんだん早くなり、こいしがふらふらになるという、あのネタである。
初期のいとし・こいしのネタには他に『恋愛勧進帳』があり、これもおもしろかった。『勧進帳』山伏問答のパロディで、恋愛について富樫（こいし）と弁慶（いとし）が問答する。不正確だが記憶にたよって一部再現してみる。
こいし「しからば事のついでに問い申さん。（ディック・ミネの歌になり）〈恋とはこんなものかしら〉とはいかなるものに候や」
いとし「（当時流行したＮＨＫのラジオ歌謡藤山一郎の「三日月娘」を歌って）〈恋は一目で火花を散らし、やがて真っ赤に燃えるもの〉にて候」
こいし「センチメンタルという樽はいかなるものを入れる樽に候や」
いとし「センチメンタルに入れるものは、ロマンスという酢にて候」
会話のテンポは軽快で、それまでのモッチャリとした大阪漫才にない新鮮さを感じた。新しい漫才の時代が来たと私は思った。
蝶々・雄二のネタはマドロス物だった。マドロスという言葉は死語になったが、終戦直後はマドロス・スタイルがはやり、田端義夫、岡晴夫、瀬川伸（瀬川瑛子の父）、藤島桓夫らの歌手はとりあえず船員帽に縞のジャケツでステージに立ったものである。蝶々・雄二の舞台も記憶で一部再現してみる。

蝶々「港はええね」

雄二「はあ」

蝶々「波止場がずーっとあって」

雄二「あそう」

蝶々「あるやないか、ずーっと。（というやりとりが続いて）分かっとんのか？」

雄二「分かってますよ。ぼくもマドロスやったんやから」

蝶々「あんたがマドロス？」

雄二「パイプくわえてね」

蝶々「おまえらパイプなんかくわえとるか。パイプ噛んどったんやろ」

雄二はしろうとの初々しさで、蝶々の強烈なツッコミを受け、恥ずかしそうに立っているだけ。最後はぼろぼろだった。

私が蝶々を知ったのは二代目ミスワカナとしてである。玉松一郎とコンビだったミスワカナ（初代）は昭和二十年に急逝し、蝶々が二代目を継いだ。二代目ワカナ・一郎の漫才は、直接には見ていないが、このコンビで斎藤寅次郎監督の喜劇映画『野球狂時代』（昭和二十三年）に出ている。杉狂児、沢村貞子、月丘夢路、花菱アチャコらの出演で、ワカナ・一郎は野球を見物するアベックの役。

一郎「いま打ったん、あれどうなってるんです？」
ワカナ「あれかいな。あれは内野安打」
一郎「内野安打というと？」
ワカナ「内野安打、分からんか。いまボール打ったやろ。『打ったンだれや』『なんや、あんたか』。ほいで内野安打いうねン」
一郎「分からんな」

文字に起こすとつまらないが、映画にちらっと挿入された漫才がおもしろかったので、いまだに覚えているのである。二代目ワカナ・一郎のコンビは数カ月で終わった。それからしばらくの年月をおいて、蝶々・雄二としてのデビューであった。

カレンダーを逆にめくるような書き方になるが、二代目ワカナ襲名より前、蝶々は柳枝劇団にいて、座長の三遊亭柳枝の妻だった（これは後に知ったことだが）。柳枝劇団は戦後しばらくの間、たくさんあった小さい喜劇一座の一つで、そんな中ではもっとも長命だった。新開地劇場に常打のように出演していたが、ＮＨＫラジオの「上方演芸会」にも劇団で出演している。

喜劇一座は、一応、漫才系と喜劇（俄《にわか》）系がある。芦乃家雁玉の「コロッケ劇団」（神戸での出演はない）、ダイマル・ラケットの「黒潮楽劇団」は漫才系、千葉蝶三郎（後に松竹新喜劇に加入）一座、宮村五貞楽一座などは喜劇系。蝶三郎や五貞楽の飄々とした味は、曾我酒家十郎、十吾以来の伝統の芸風だが、今は絶えてしまった。

柳枝劇団は漫才系。柳枝はもともと道風とコンビの漫才師である。芝居の随所に漫才風の掛け合いがあり、柳枝は自分で自分のアドリブに吹き出し、それがまた客に受けた。こういう即興の掛け合いは俄の伝統で、漫才系と俄系に分けることには無理があるかもしれない。松竹新喜劇『桂春団治』の春団治（先代・渋谷天外）と酒屋の丁稚（藤山寛美）の掛け合いは有名だ。芝居の本筋とつかず離れずの即興のやりとりは俄の血を引く上方喜劇の特色である。

昭和三十年代の初め、漫才でデビューした上方柳次・柳太は柳枝劇団の座員だった。柳太は風貌もしぐさも柳枝そっくりで、柳太をもう少し大柄に、髪を濃くすると柳枝になる。柳枝自身も、柳枝の妻で劇団の女優だった南喜代子とのコンビで後に漫才に復帰した。

昭和二十二年の新開地劇場の柳枝劇団の新聞広告を見ると、「軽演劇『人生航路』『貸間あり』作・日向鈴子」とある。「日向鈴子」は台本作者としてのミヤコ蝶々である。蝶々は台本でも柳枝劇団を支えていたのである。

女剣劇と「チャタレー裁判」

淀川長治氏がよく回想しておられるように、湊川新開地はもともと映画館の立ち並ぶ娯楽街だった。戦災で全滅し、戦後の混乱の中で次第に形を整えるまで十年ほどの間、湊川新開地は大衆娯楽の原点を思わせる演劇、演芸など実演を主にしたゴッタ煮のような状態であった。

ストリップショウ全盛の時代だったが、その他、盛んだったものに剣劇と女剣劇がある。剣劇は戦後、映画では禁止になったが、実演では逆に盛んになった。神戸によく出演していた劇団には、金井修、梅沢昇（二代目）、中野伝次郎、辻野良一、戸波謹之助、沢田清、羅門光三郎、綾小路弦三郎らの一座がある。

女剣劇の流行は戦後の大衆演劇の特色だろう。湊川新開地にたびたび出演していた一座に、大江美智子（二代目）の鈴鳳劇、中野弘子の蝶々座（「ああそれなのに」の歌手・美ち奴《みやっこ》が加盟していた）、不二洋子、堀江洋子、神田千恵子、杉村千恵子・リリ子姉妹、瀬川信子、中条喜代子らがいる。男性座長の剣劇とほぼ同数かそれ以上の劇団があった。ほとんどが三尺物（股旅物）である。

本来、男性が演じるものを女性が演じるというので、倒錯したエロティシズムを想像するかも知れないが、女性が股旅物の主演を演じることによって男性にはない一種颯爽とした空気が生まれた。装置や衣装の豪華さの差はさて措き、宝塚歌劇の男役と同じ雰囲気を思えばよい。ちなみに「大江美智子」という芸名は宝塚歌劇の創始者である小林一三が百人一首の「大江山生野の道の遠ければ」から付けたという。両者には共通のものがあるわけで、「ベルサイユのばら」は十八世紀のフランスに舞台を移した女剣劇である。大江美智子の鈴鳳劇は数十人の座員がいて本格的な舞台を見せた。「磯の源太振袖勝負」「紋三郎の秀」など、大江のさっぱりとした演技が印象に残る。不二洋子は男っぽい剣さばきに人気があった。この二人に比較するとやや小粒だが、神田千恵子の立ち回り（殺陣）は手数《てかず》が多く、殺陣師《たてし》でもあった二階堂武との激しい殺陣はなかなかのものであった。

昭和二十六年、若い日の浅香光代が一カ月間、湊川新開地に出演したことがある。新聞広告では「エロ剣劇の女王」と称している。股旅物の立ち回りは、主役はたいてい旅人《たびにん》姿、股引、すね当てで股のあたりは隠れてしまうが、浅香の主役は市井のやくざ風。着流しだから、立ち回りや花道の付けぎわで裾を取るとき、太股のあたりが少し見える。「エロ剣劇」といってもその程度のものであった。剣劇はほとんどの場合、ストリップショウとの併演だから、女剣劇が露骨な色気を売る必要はなかったのである。

敗戦で映画に仕事を失った主役クラスの俳優は、それぞれ劇団を組織して巡業していた。そういうスターに長谷川一夫、高田浩吉、片岡千恵蔵、月形竜之介、大友柳太郎、沢村国太郎、戸上城太郎らがいるが、映画界の復興とともに映画に戻って行く。私は新開地で大友柳太郎の実演を見たことがある。演目は「一心太助」だったが、その前に大友は復員姿で「復員してまいりました」と舞台から挨拶し「異国の丘」を歌った。

喜劇人もそれぞれに劇団を持っていた。アチャコ劇団は昭和二十二年、新開地劇場に出演している。エンタツ劇団は戦前からの劇団だが、戦後はやはり昭和二十二年、新開地に出ている。その後は昭和二十三年に新開地劇場でエンタツ・アチャコの合同劇が上演された。当時の広告によると、演題は「花に夜嵐」「こんな女もある」「べらぼう旅日記」などである。

エンタツ・アチャコは吉本の寄席ではコンビを解消し、それぞれ別の相方と組んだが、PCL（東宝の前身）の「心臓が強い」や東宝映画「あきれた連中」「これは失礼」「新婚お化け屋敷」などで共演し、舞台でもいっしょに出ることがあったのである。

昭和二十四年一月、新開地劇場でエンタツ・アチャコ合同劇、八月には同劇場でエンタツ劇団の公演があった。私がエンタツ劇団を見たのは昭和二十四年だったと思う。出し物は現代物と時代物の二本だった。街角のスケッチでエンタツが失恋するというような軽いタッチのコメディで、エンタツの白ズボンが靴磨きに汚されるという程度の軽いギャグしか記憶に残っていない。時代劇は忍術物で、武者修行姿のエンタツのドタバタ。ガマの背中に乗る最後の場面だけを覚えている。東宝映画「エンタツ・アチャコ忍術道中記」（昭和十四年）や、昭和二十七年に始まったNHKラジオの「エンタツちょびひげ漫遊記」（作・香住春吾）など、忍術や武者修行物はエンタツの得意のレパートリーだったようである。

湊川新開地の演劇で記録しておきたいことは、昭和二十年代の初め、新宿ムーランルージュが閉鎖し、その残党が神戸に流れてきたことである。昭和二十六年三月、空気座が寿座で小崎政房・演出の「チャタレー裁判」を公演した。空気座は田村泰次郎原作の「肉体の門」がヒットした劇団。「チャタレー裁判」はムーランルージュで一五〇回連続上演したといわれる。昭和二十五年、『チャタレー夫人の恋人』の訳者・伊藤整と出版社がわいせつ文書配布容疑で起訴され、社会的な話題となった。その法廷をパロディにしたものである。舞台は法廷で、正面に判事、検事と弁護士が下手、上手に立つ。被告のチャタレー夫人役と森番の青年メラーズ役が舞台中央で小説のラブシーンを演じる。裁判官が「そこのところをもう一度」とか「そのとき男はどこを触ったのか」などと聞く。まじめくさって言うのが爆笑を呼んだ。検事の如月寛太《きさらぎかんた》が「検事、憤然と立つ」と台本のト書きを読んでしまうというギャグがある。エロティックなものと軽演劇風のパロディがほどよくまじり合って、当時の大衆が求めていたものが過不足なく満たされたのだと思う。「チャタレー裁判」は四月にも再演される人気だった。戦後の混沌は東京の空気を多少とも神戸に運んできたのであった。

ボヤキ漫才と仁輪加

湊川公園は湊川新開地の北端にある。野外音楽堂を持つ公園だったが、太平洋戦争後は引揚者を収容する木造の仮設住宅が並んでいた。昭和二十五年、神戸博覧会の会場となって住宅が撤去され、もとの公園に戻った。

そのころの盛夏、盆時分にはここに仮設舞台が組まれ漫才大会が開かれることがあった。私が光晴・夢若や人生幸朗を初めて見たのは、その野外舞台においてである。人生幸朗はそのころよく歌われていた「リンゴの歌」の歌詞について、「リンゴはなんにも言わないけれど？　あほなことぬかすな。リンゴが物言うてみい、果物屋のおっさん喧しいて寝てられへんわ」というネタが受けた。幸朗は生涯このフォーマット（枠組）を崩さず、歌詞をボヤき続けたわけである。

幸朗の師匠にあたる都家文雄は神戸松竹座によく出ていた。松竹座はもと洋画のロードショウ館だったが、昭和三十四年、漫才ブームを迎えて演芸場になった。文雄は短軀をいつもダブルの背広で包んでいた。落語家として出発しているが、戦前、神戸の千代之座が初舞台という。人生幸朗がいつもダブルの背広で出ていたのは、おそらく文雄を模していたのだろう。

文雄はやや籠もる声で、顔を真っ赤にして、たとえば家庭教育について熱弁をふるう。私がよく見たころの相方は都家静代であった。静代は見るからに病身で血色も冴えなかった。「そやな」「そうそう」と溜息のような気のない返事をする。全身これ熱気といった文雄の大演説との対比がおもしろかった。

文雄の演説が盛り上がり、「私は声を大にして言いたいのです。世のお母さん方、まあ聞いてくださいませ。子供の教育、これはお母さん方が一番です」と熱弁が延々続いて、「私の今の気持ちは、ここから下りて行って、お客さん一人ひとり手を取って握手したい。そして千円もらいたい」というのがトリネタである。それまで顔を真っ赤にして力説したことが、最後のひとことで屋台崩しのようにわやくちゃになる。人生幸朗が歌謡曲の歌詞を攻撃する例の演説のあと、「なめとったら承知せんぞ。責任者、出て来い」と叫び、相方の幸子が「偉そうなこと言うて、ほんまに出てきはったらどうするの」「謝ったらしまいや」というのは、文雄と同じ笑いの文脈である。

やはり文雄の弟子に東文章《あずまぶんしょう》がいた。文章もよく松竹座に出ていたが、文雄、幸朗とは違い、世間話でもするような話ぶりだった。話が佳境に入ると、「四国の大歩危《おおぼけ》・小歩危《こぼけ》いうとこ知ってはりますか？」と一人の客と話すように、舞台下手の端近くにしゃがみこんでしまう。で、文章のネタだが、四国の山奥で暮らしていたが、電気がなく、夜はロウソクをともした。ロウソク代がもったいないので、早々に寝てしまう。そして今の子が生まれた。「思うたら、あのロウソクは高うついた」。

最後に屋台崩し的な大オチを取るため、文雄は時事の話題を、幸朗は歌詞を取り上げたが、文章はぼそぼそとした世間話で、「ボヤキ」という語感が持つ味は文章が一番それに近かった。

漫才のルーツの一つとして仁輪加（俄）がある。仁輪加から転向した漫才が昭和三十年代にはまだいた。荒川勝美とコンビだった一輪亭花蝶は亭号が示す通り仁輪加の出である。勝美が「宿替えをしましてね。いっぺん新しい家に遊びに来て」「どのあたりや?」(新しい住所の説明をして)花蝶が「何か目印になるもんないか?」「四つ角にポストがある。その上にハトが止まってるから」「そんなもん、いつでも止まってないやろ」「そこを右にまがって」「右へやな」「次の角を右に曲がって」「また右か」「次の角をまた右へ曲がって、その次の角を右に曲がったら、元のとこへ出る」というような話から入る。「忠臣蔵」三段目、松の廊下の喧嘩場で、勝美の塩谷判官(浅野内匠頭)、花蝶の高師直(吉良上野介)。勝美は手拭いを足の指先に一本ずつはさむ。それを前後に大きくさばきながら、ゆったり歩くと長袴の見立てになる。これは仁輪加のネタに違いない。公園劇場での初見。

新開地劇場は寄席ではないが、ときどき漫才が一組か二組出演した。その中で、演者の名は分からないのだが、衣装は黒紋付で出る年配のコンビがいた。ネタはいつも「石童丸」。加藤左衛門繁氏が所領や家族を捨てて出家し、高野山へ入り刈萱《かるかや》と名乗る。その子の石童丸は母に連れられて高野山に父を訪れるが、女人禁制なので石童丸が一人で山内に入る。そこで父親である刈萱と出会うが、石童丸は父の顔を知らない。刈萱はわが子と気づくが名乗れないという場面。

刈萱役は舞台衣装の黒紋付の袖口から顔を包むように出し、黒染めの衣に見立てる。それだけで大受けだった。相方の石童丸役は舞台衣装を取ると、下はつんつるてんの白い巡礼姿。足を屈めて子役に扮する。「もうし御出家さま。このお山に今道心《いまどうしん》（新米の出家）はおわさぬか」と子役のセリフ。これはまちがいなく仁輪加だろう。何という人たちであったのか心当たりの人に聞いてみるが分からない。というように、昭和二十年代には仁輪加から転向した漫才師が、少数ではあったが現役として舞台に立っていたのである。

新開地劇場に出ていた河内家文春（河内文春）・小野道子は浪曲の節まねが売り物だった。客席からリクエストを取り、その場でサワリを聞かせた。漫才のトリネタも節をつけた。茶店にクマが出る。人びとは逃げたが、茶店のばあさんは落ち着いたもので、小豆に掻き氷を乗せてクマの顔にあてると、クマは逃げて行く。「そんなもんで、なんでクマが逃げたんや？」「さすがのクマも金時には勝てん」。他愛ないネタだが、これも仁輪加を感じさせる。

美空ひばりのことなど

デビュー二年目の美空ひばりを私は新開地劇場で見ている。時期を当時の新聞で確かめると、昭和二十五年五月二日初日の公演である。「アメリカへ行くサヨナラ公演、唄って踊るブギウギ娘」というキャッチコピーで、ひばりの顔写真が出ている。笠置シヅ子の歌まねで人気が出たから、「東京ブギ」など笠置のレパートリーを歌ったに違いないが、よく覚えていない。ダブダブの黒のタキシードにシルクハット、ステッキを持つ例のスタイルで歌った「悲しき口笛」が記憶に残る。途中、くるっと体を回し、最後にステッキを小脇にシルクハットを取って頭を下げる。まだぎこちなさがあった。

日付を調べるために繰った「夕刊神戸」の同年五月五日付に「美空ひばり嬢出頭／暴力団検挙の参考人」という見出しの記事が出ている。脅迫容疑で逮捕された拘留中の山口組社長田岡一雄氏について、神戸出演中の「ひばり嬢」に神戸地検が出頭を求め、事情を聴取したというもの。

このときのひばりの公演は女剣劇と二本立てである。戦後の五、六年間、女剣劇を含めて剣劇が全盛であったのは、占領軍の命令でチャンバラ映画の制作が禁じられていたからだろう。そのことに関連して珍しい映画のことを書いておきたい。昭和二十五年封切の東横映画『ジルバの鉄』、市川右太衛門主演の現代劇である。漁師とサルベージ会社のトラブルに巻き込まれるのがアロハ姿の鉄（右太衛門）である。殴りあいのシーンが続き、酒場でジルバを踊る鉄を見て、いっしょに踊る鉄火肌の女が浜田百合子。

こともあろうに右太衛門主演で現代劇が作られたのは、チャンバラ禁止令のために違いない。戦後、阪妻（阪東妻三郎）も知恵蔵も刀を持てなくなった。阪妻は『王将』や『破れ太鼓』で、知恵蔵は多羅尾伴内シリーズで現代劇に活路を見出したが、右太衛門の現代劇は私の記憶ではこれ一本である。一時しのぎのキワモノではあるが、右太衛門の明るさが活かされ見ごたえがあった。脚本・黒澤明、監督・小杉勇。

昭和二十五年は湊川新開地の演芸場が一つの節目を迎えた年で、バラックで浪曲と漫才のコヤとして出発した寿座が、この年八月一日、鉄筋二階建てになって再開場した。コケラ落としに、古川ロッパが森川信劇団に合流し、二十日まで出演している。森川は新聞記者に「関西は剣劇が盛んだが、軽演劇が受け入れられるといいが」と語っている。以前、書いたように、寿座には新宿ムーラン・ルージュの残党などが出ていたが、結局、湊川の水に合わなかった。このころ、新開地劇場にキドシン（木戸新太郎）、寿座にシミキン（清水金一）らも出演しているが、一時のものである。

東京の役者の笑劇で神戸で受けたのは雷門五郎一座であった。五郎は東京の落語家で、マゲモノのナンセンス喜劇で巡業していた。十八番は操りの人形ぶりである。弥次喜多もので五郎と掛け合いのコンビになるのは弟子の和田平助。五郎が雷門助六を襲名して東京落語に復帰したあと、和田は五郎の名を継ぎ、和田五郎としてＯＳミュージックの専属コメディアンになった。

湊川公園南口にあった千代之座は、この年三月、改装して公園劇場と名を変えた。昭和二十三年他界した曾我廼家五郎の二代目を五郎未亡人の和田秀子が継ぎ、解散した五郎劇を再興した。神戸での襲名披露は昭和二十五年六月、公園劇場である。ところが五郎の甥が東京で五郎を襲名しており、名跡相続をめぐって裁判沙汰になっている。

この年の八月、やはり公園劇場でミスワカナの娘が「二代目ワカナ」の襲名披露をしている。ワカナの娘中村喜代子は柳家雪江とコンビだった。襲名興行もワカナ・雪江のコンビである。正確に言うと二代目ワカナは現在のミヤコ蝶々が継いでいるので、喜代子のワカナは三代目ということになるが、期間の短い蝶々のワカナは数えていないのだろう。玉松一郎とのコンビのワカナは、後に吉本新喜劇に出ていた河村節子が継いでいる。このあたりの詳細はご存じの方のご教示をまちたい。ちなみに二代目ワカナ襲名披露興行の出演者は、九里丸、文雄・静代、芳子・市松、東洋・小菊、八郎・柳子、いとし・こいし、ワカサ・ひろしという顔ぶれである。

神戸の劇場によく出ていた異色の芸人のことを書いておきたい。ユーゼン・グリーゼという欧米人で、「ワンマンジャズ、舶来三亀松《みきまつ》」がキャッチフレーズのギター漫談。後にフォン・タクトと名乗った。芸名から察するとドイツ系のようである。演芸用の楽器といえば三味線かアコーディオンで、ギターはまだ少なかった。持ち歌は「湯の町エレジー」一曲で、漫談といってもたいしたことを言うわけでもなく、「湯の町エレジー」の「ああ初恋の君をたずねて今宵また」のところで「ああヒッコイの」と歌うのがギャグらしいギャグだった。そこはいつも大受けであった。

力道山が空手チョップで敗戦後の日本人の外人コンプレックスを薙ぎ倒したように、大柄の白人がたどたどしい日本語で言い間違えるのが、観客のコンプレックスを束の間の優越感に置き換えたのかも知れない。

（豊田善敬・編「はなしの焦点」67号　平成十七年　「神戸の芸能史ノート」改題）

II

詩歌の笑いと日本人

「小倉百人一首」に、

難波潟みじかき蘆のふしの間も逢はでこのよをすぐしてよとや　伊勢

という歌がある。この歌は「難波潟（大阪湾の入江）に生えている蘆の短い節と節の間ほどのわずかな時も逢ってくださらないで、むなしくこの世を終えよとおっしゃるのですか」という意味に解釈されている。形容詞「みじかき」は「節の間」にかかり、蘆の節の間は短いのでその比喩に用いると、どの注釈書も例外なく念を入れて注してある。

住居が近い関係から私は、難波潟（大阪湾口）近くに生えている蘆を始終眺めている。近年、少なくなりつつあるとはいえ、蘆は現在も淀川とその周辺にたくさん繁っている。いつも見ている蘆の節の間が短いなどということはありえないと思い、念のため、淀川の分流に入り、蘆の節の間を実測してみたところ、やはり十七、八センチから二十二、三センチ、平均二十センチもあった。一寸（三センチ強）程度ならともかくこれだけ長いものが短さの比喩に用いられるはずがない。

歌の語順のとおり「みじかき」は「蘆」にかかる形容詞であり、歌の前半は「難波潟に繁る蘆は、長い蘆、短い蘆いろいろあるが、なかでも短い蘆のその一部分である節の間」という意味でなければならない。少ない量を「すずめの涙」というのと同じ誇張のレトリックであり、表現に広い意味でのユーモアが感じられる。

同じ「小倉百人一首」の、

わが袖は潮干に見えぬ沖の石の人こそ見えねかわく間もなし　二条院讃岐

は忍ぶ恋にひそかに泣く女ごころを表現したものとして、かなしく深刻に受け取られるのがふつうである。しかし、この歌は『千載集』巻十二に「寄石恋といへる心を」として採られている。「石に寄する恋」という題詠なのである。月や花は恋と結びつくけれども、「木石」という言葉もあるとおり、無感情の代名詞である石に託して恋を詠めというのは難題である。讃岐はそれを「私の着物の袖とかけて干潮の時にも海面に現れない沖の石と解く。その心は、人には見えず、いつも濡れている」という謎かけの方法を使って解決したのであった。そのウイットが喝采を浴び、作者はその後「沖の石の讃岐」と呼ばれることになる。切なさを訴える抒情歌というより、そうして詠まれた歌の構造はむしろ俗謡に近いのである。

わたしの袂《たもと》は波間の石よ　人に知られず濡れている

とでもすれば歌の感じが伝わるかも知れない。

私が「小倉百人一首」研究に取組み、その成立論にあたらしい仮説を立てたのは昭和五十一年（一九七六）のことであった。その過程で多くの注釈書にも接したのだが、歌はすべて優雅で、まじめで、深刻なものとしてとらえられていることを知り、そういうゆがめられた理解のしかたがどこから生じたのか考えざるをえなかった。作者にユーモアやウイットがあり、表現のなかにそれがこころみられていても、国文学者はそうは受け取らないのである。

それは「日本人にはユーモアがない」という俗説の証明になることであるかもしれない。しかし、より多くは、ユーモアやウイットの表現として現れる笑いの取り扱い方の、日本の特殊な習俗によるものであると私は思う。笑いを公式の場所から締め出し、一定のルールにもとづいて〈場〉を設定し、そこでは大いに笑いを振舞いあうのが日本の笑いの習俗である。その習俗によれば「小倉百人一首」のように、みやびやかな歌の撰集は、かならずまじめなものでなければならず、笑いのごとき卑しい感情が立ち入ってはならぬ、また立ち入るはずもないと考えるのである。その考えが和歌を鑑賞する者を支配し、たとえば伊勢の歌の解釈のように、あえて語順を変え、蘆の植物学的実態に目をつむってまでも解釈から笑いの要素を締め出そうとする。

和歌には狂歌、連歌には誹諧の連歌、俳句には川柳というふうに、日本の詩歌はつねに同じ形式で、雅《みや》びをめざすものと誹諧（笑い）をめざすものとが一対となって存在してきた。それは左右一対、同じ高さに並び、たがいにおぎないあうものと私は考えているが、この国ではそれを上下に置き、笑いを捨て去ることによって単一に完成しようとする。笑いはそれほど卑しめなければならぬ不真面目な感情なのだろうか。しかし、卑しめながら、その笑いが好きでたまらぬのもまた日本人である。

現在、芭蕉と並んで広く国民的に愛されている小林一茶の句が世に知られたのは、明治四十年代、正岡子規の推奨によってであった。子規は一茶を評して、「俳句の実質に於ける一茶の特色は、主として滑稽、諷刺、慈愛の三点にあり、中にも滑稽は一茶の独擅《どくせん》に属し、しかも其《その》軽妙なること俳句界数百年間、僅《わづか》に似たる者をだに見ず」（「一茶の俳句を評す」）と絶讃している。幼年期、母に死別し、継母との折合いがわるく、十五歳で頼る人もない江戸に出、やがて俳諧の点者として生計の途を見出し、浮草のような生活から出発した一茶の苦渋に満ちた人生の途上で吐き出されたのが、二万句におよぶ膨大な量の俳句であった。

春風や地蔵の口の御飯粒
おらが世やそこらの草も餅になる
湯上りの尻にべつたり菖蒲かな
切らるべき巾着はなし橋涼み
春風や侍二人犬の供
あの月を取つてくれろと泣く子かな
わが宿へ来さうにしたり配り餅
大根引大根で道を教へけり

一茶の句の多くは俳句と川柳のあいだにあり、何割かは俳句の装いをかりて実は川柳を詠んでいる。子規のいう一茶の句の特色、滑稽、諷刺、慈愛に、うがちを加えれば川柳全体が持つ性質そのものである。もともとユーモアとウイットの所産であった「誹諧」が「俳諧」となり次第に笑いを捨て去るなかで、一茶がユーモアを志向したのは俳諧の先祖返りといってよい。笑いを前面に押し出した川柳、雑俳が文芸としてさかんに行われた江戸後期には、一茶の句はさして人目にもつかなかったが、それを現代の感覚で俳句として見れば、子規のいうようにユーモアを持つ点で特異な作風と見える。しかし、芭蕉が確立した俳句でもなく、『誹風柳多留』が生んだ川柳でもない鵺《ぬえ》のような一茶の句は、俳句としては芭蕉以下、川柳として見れば『柳多留』に数歩譲り、いわば両者混淆のカクテルの味が大衆的支持を受けているのである。

『古今集』以後、ほとんど言葉のウイットに偏していた日本の伝統詩とその笑いは、江戸川柳としてユーモアの結晶を見た。しかしながら、その川柳はおそらく笑いを持つというただそれだけの理由のために、俳句の下に置かれることを余儀なくしている。

笑いを公式の場所から締め出して隔離し、一定のルールにもとづいて笑いのための場を設け、そこでは無制限、無秩序に笑いを振る舞う日本的習俗に無自覚な人びとが、俳句を尊重し川柳を軽んじながら、実は内心では川柳の笑いを求めるという二律背反をほどよく調和させたのが、子規のお墨付をもらった一茶の句であった。

(『日本のユーモア1　詩歌篇』昭和六十一年五月)

『百人一首』探求の一方法――錦仁氏の批判に応えて

〔前記〕この論考は国文学の専門誌に寄稿したもので、人名、用語など説明を略しているので前もって補足しておく。

通説と織田説

通説（一般読者向きの注釈書などの説明）

「百人一首」は藤原定家が親戚の宇都宮蓮生《うつのみやれんしょう》の依頼を受け、その山荘に飾るため歌を撰び、色紙に書いたものである。まず「百人秀歌」（後述）の形で撰び、それを改訂したものが「百人一首」である。

織田説　「百人一首」は通常の秀歌集ではなく、承久《じょうきゅう》の乱後、隠岐に流された後鳥羽上皇の呪詛《じゅそ》を恐れ、その鎮魂のために撰び、色紙として定家の小倉山荘に貼りめぐらせたもので、時代順の配列はその意図を匿すための擬装である。

藤原定家と後鳥羽上皇

藤原定家は平安時代末期、源平争乱の時代から鎌倉時代、武士による政権が確立した時代を生きた歌人である。父の俊成もすぐれた歌人であった。定家の才能を見出し、歌人として取り立てたのが後鳥羽上皇である。

源平争乱で平家が幼い安徳天皇を奉じて都落ちしたとき、後白河法皇は天皇を京に戻すよう要求したが平家が応じなかったので、四歳の孫を天皇としたのが後鳥羽である。十九歳で退位した後は、和歌、武芸など多彩な趣味に生きた。『新古今集』の編纂はその一つ。実践型で、上皇みずから撰歌を主導した。

定家は後鳥羽上皇に逆らって怒りを買い、歌会への出席を禁じられ、歌人としての生命を絶たれた。翌年（承久三年、一二二一）承久の乱が起きる。朝廷と鎌倉幕府（北条氏）との戦いである。後鳥羽は敗れ、隠岐に流された。

承久の乱後、京の政界の有力者は太政大臣の西園寺公経と関白の九条兼実である。公経は定家の義弟（妻の弟）、九条家は定家が二十五歳のときから仕えた主家。両者とも幕府と親密な関係にある。定家は青年時代、後鳥羽上皇の恩恵を受けていながら、承久の乱後は後鳥羽の敵の庇護を受け、正二位権中納言という歌人としては破格の地位に昇り、『新勅撰集』の撰を命じられた。勅撰集を撰ぶのは歌人にとって最高の栄誉である。定家は幕府側におもねって鎌倉の武士の歌を多く採り、後鳥羽とその子の順徳の歌は削除した。

『新勅撰集』の撰歌をしているとき、主家九条家と血のつながる皇族三人が相次いで若くして没する。『新勅撰集』の編纂を命じた後堀河天皇はその一人、二十三歳であった。このとき定家は七十三歳。老いた定家は不吉な出来事の連続に恐怖をおぼえたに違いない。

京に還りたいという後鳥羽の希望は幕府によって拒否され、在島十八年、上皇は現地で没した。六十歳であった。

明月記

藤原定家の日記。治承四年（一一八〇）から嘉禎元年（一二三五）まで定家十九歳から七十四歳までの記録。自筆本が定家の子孫冷泉家に残っている。

小倉色紙

「百人一首」の歌を一首ずつ書いた定家自筆の色紙。一首の歌を四行分ち書きにし、歌人名は書いていない。松平定信が編纂した『集古十種《しゅうこじっしゅ》』に三五枚が原寸大で復刻されている。

現存するものも数枚ある。「百人一首」は古くは「小椋《おぐら》山荘色紙和歌」と呼ばれ、色紙に書いたものが原形であったと思われる。

宇都宮蓮生

定家の子・為家の妻の父。定家の小倉山荘の近くに蓮生の中院山荘があった。蓮生の依頼でその山荘の障子《そうじ》（ふすま）に貼るため歌を色紙に書いたという記述が「明月記」にある。

百人秀歌

昭和二十六年（一九五二）、発見された。一〇一首の歌から成り、九七首が「百人一首」と同じ。現行の通説は「明月記」にいう色紙和歌を「百人秀歌」と同じものとみなすが、三者には次の違いがある。

百人一首　天智天皇から後鳥羽院（99）、順徳院（100）まで
百人秀歌　天智天皇から定家（97）、公経（96）まで
「明月記」の色紙和歌　天智天皇から家隆（98）、雅経（94）まで
（数字は「百人一首」の歌番号）

それぞれ似ているが末尾の歌人名が異なる。

安藤年山

「明月記」文暦二年（一二三五）五月二十七日条に次の記事がある。

予、もとより文字を書くことを知らず。嵯峨中院障子の色紙形、ことさら予に書くべき由、彼《か》の入道懇切なり。極めて見苦しき事なりといへども慭《なまじ》ひに筆を染めて、これを送る。古来の人の歌各一首、天智天皇より以来、家隆・雅経に及ぶ。（原文は漢文）

（大意—私は字がへたである。しかし、中院山荘のふすまに貼る色紙を書いてほしいと宇都宮蓮生が熱心に希望する。見苦しいことだが、気が進まぬままに書いて送った。それは古来の人の歌各一首、天智天皇から家隆・雅経までである。）

江戸時代の国学者・安藤年山（為章）がこの記述を発見し、定家は色紙に歌を書いただけで百人一首を撰んだのは蓮生ではないかと唱えた。百人一首の歌の撰び方がおかしい理由をこれで解決しようとしたのである。

式子内親王

後白河法皇の皇女。少女時代を斎院《さいいん》として過ごした。斎院は賀茂神社に奉仕する未婚の皇女。賀茂祭（葵祭）の主宰者になる。定家の父・俊成は式子の歌の師範。定家と式子内親王には秘められた恋の伝承がある。

（令和二年四月二十四日稿）

＊

はじめに

錦仁氏が「百人一首に暗号は隠されているか」（『國文學』平成四年一月号）で、俗に〈暗号説〉と呼ばれる私の説を批判しておられる。表題は意味をなさないが、「百人一首にメッセージは隠されているか」の意味のようである。氏の言われるところは、『百人一首』の観察によって織田が発見した諸事実は「大方の認めうるものであろう」が、撰歌の目的が後鳥羽院・式子内親王の鎮魂のためであるということに関しては、織田の方法による「解釈」はやや納得しがたく、式子との関係については容認したくないというものである。あわせて織田とは異なる方法で『百人一首』を後鳥羽と関係づける諸説がその後現れていることを紹介しておられる。氏の批判に『百人一首』の研究方法が抱える問題点が表れていると思われるので私見を述べる。

一

私（織田）の方法は、『百人一首』の歌そのものを観察し、そうして知ることのできた客観的な事実を基礎に推論を進め、結論を導くのである。推論（推理）とは、ある命題を根拠にして他の命題を主張する作用をいい（注1）、異なる附会や憶測とは区別される。例を挙げながらその方法をなるべく具体的に説明する。

一例であるが、観察によって『百人一首』では四種の植物が次のような歌数になるよう撰歌がなされているという事実が発見された。

- 春
  - 梅（一首）
  - 桜（六首）
    - 咲く桜（三首）
    - 散る桜（三首）
- 秋
  - 紅葉（六首）
    - 山に映える紅葉（三首）
    - 川に散る紅葉（三首）
  - 白菊（一首）

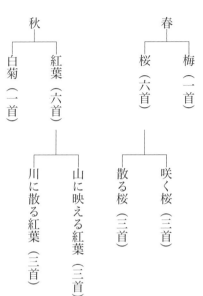

ここに見るように、「桜」「紅葉」などの歌が主題によってまとまりを持つ歌群を形成し、歌数によって春秋のシンメトリを構成する撰歌がなされていることは明瞭である。錦氏はこのような撰歌がなされていることは首肯しうる「ように見える」と言っておられるが、そのように漠然としたものではない。偶然にそうなっているのではなく、それが意図されたものであることは、他の歌によっても証明される。例として、二首ずつ同じ地名を持つ歌を次に簡略化して掲げる。(歌番号は通行本による。)

宇治(二首)「山」—「川」(8「宇治山」—64「宇治川」)

吉野(二首)「朝」—「夜」(31「朝ぼらけ」—94「さ夜ふけて」)

高砂(二首)「桜」—「松」(73「高砂の尾上の桜」—34「高砂の松」)

「宇治」の歌で言うと、歌枕「宇治」の共通性と、「山」と「川」という反意性によって撰歌されているのである。

このような事実からの命題を一般化すると、『百人一首』の撰歌において、「紅葉」「宇治」というような次元で語句が重視されており、そして次の二つの撰歌方針があると言うことができる。

(1) 語句の同一性によって撰歌する。

(2) 語句の反意性によって撰歌する。

以上は観察によって知ることのできた客観的事実である。『百人一首』はこういう撰歌の趣向を〈隠す〉歌集であり、そのことに何かの意味があると仮定することができる。

錦氏は、私の方法を「歌の配列順序をバラバラにする」と表現しておられるが、この表現は正しくない。言うまでもなく、『百人一首』には巻頭の天智天皇から巻末の順徳院まで、百首の歌をほぼ時代順に並べた成書の他に、色紙（小倉色紙）という形態のものが存在する。色紙は歌が一首ずつ別に染筆されており、歌人名がない。仮に色紙のように成書の歌人名を消すと、歌集としては「時代順」配列こそ「バラバラ」なのである。私はバラバラである歌の再編集を試みたのであって、バラバラにしたのではない。再編集の方法として、発見された撰歌方針により、歌を主題別に分類し、同一語、反意語を持つ歌を隣接させるという方法を採った。これは定家自身撰歌に関わった『新古今集』に見られる配列の方法でもある（注2）。こうして配列した結果、百首の歌が十八×十八のマス目（碁盤目）の百カ所に配置される構図が現れる。

二

観察によって、『百人一首』には隠された撰歌の趣向があることが発見された。このことから、『百人一首』は通常の秀歌撰ではなく、〈隠す〉という性格を持つ特殊な歌集であるという帰結が得られる。このことは客観的事実であるから、その性格を見落とし、『百人一首』を単なる秀歌撰であることを前提として定家の撰歌意識を推測する諸説は、前提そのものが誤りである。『百人一首』は撰歌の趣向を隠した歌集なのであるから、表面に露出している配列はそのための擬装ないし二義的なものであると考える余地が生じる。

念のため付け加えておくと、私がここで使っているのは論理学でいう演繹推理である。推論は科学の方法であり、真である前提から妥当な演繹推理によって導かれた帰結もまた真である。その帰結は実見によって認識された命題と同様に真であって、真である度合いにおいて高低はない。

何かを隠すには、それを隠さなければならない理由が必然的に存在する。撰歌の趣向を隠しているのは、それを第三者に察知されたくないからであり、それはまた他人に知られると都合の悪い性質のものであると推定することができる。以上のことからまた、次のことが言える。それは、『百人一首』撰歌の動機が定家の内面の事情にあったということである。なぜなら、第三者に知られることを望まない部分を隠し持つものなら、そもそも撰歌などしなければよいからである。しかもなお定家は『百人一首』を撰歌している。それはどうしても『百人一首』を撰ばずにはいられない動機が定家自身にあったことを物語っている。

この帰結は、蓮生の依頼によって『百人一首』が撰歌されたとする従来の動機説と矛盾する。従来説を検証してみる。従来説は、周知のとおり『明月記』文暦二年五月二十七日条を根拠にしている。そして、まず『百人秀歌』の形で編集され、それを改訂したものが『百人一首』であるとする点でほぼ意見の一致を見ている。しかし、『明月記』に記されている色紙和歌は、天智天皇から「家隆・雅経に及ぶ」ものであって、それは『百人秀歌』のことでも『百人一首』のことでもない。書かれている通りに読めば、『明月記』に記された色紙和歌は『百人一首』『百人秀歌』と似てはいるが別のものである。『明月記』をもって蓮生依頼説の根拠とするには、『百人秀歌』(あるいは『百人一首』)と『明月記』にいう色紙和歌の歌人名に明らかな違いがあるにもかかわらず、なおそれが同一であるとみなしうることを論証する必要がある。その論証は不可能であるから、憶測を論証に代えて、『明月記』にいう色紙和歌を『百人秀歌』と見做すため、「家隆・雅経」(『明月記』)を「定家・公経」(『百人秀歌』）と読み変えている。これは従来説が温存してきた欠陥である。蓮生依頼説は根拠とならないものを根拠としているから、『百人一首』は定家の自発によって撰歌されたという帰結の成立を妨げない。

当然のこととして、定家が『百人一首』を撰歌した動機を探る必要が生じる。それは定家が撰歌の趣向を隠した理由と重なるであろう。植物の歌などが示すように、『百人一首』に隠された撰歌の趣向は、同一語と反意語を重視し、歌をそのようなグループごとにまとめて見ることを求めているのであるから、その方針で歌を分類すると、百首の歌は「風」（十四首、関連語彙を含む）、「月」（十二首）、「桜」（六首）、「紅葉」（六首）、「物思ふ」（六首）、「逢ふ」（六首）、「命」（五首）、「名」（五首）、「鳥」（五首）などにまとめることができ、撰歌に相当の偏りがあることがわかる。分類した上でさらに観察してみると、時代順の配列では見えなかった撰歌の趣向がさまざまにあることが見えてくる。それらがすべて隠されているのであるから、このことが何かの意味を持つのではないかという仮説が成立する。

「舟・船出」の歌は四首ある（11 46 76 93）。そして、42「袖をしぼりつつ」、72「袖の濡れ」、90「あまの袖だにも濡れにぞ濡れし」、92「わが袖は……かわく間もなし」という共通の語句を持つ歌四首はすべて海辺に関係する語句を持つという特徴がある（歌は省略）。海辺と舟・船出は関連性のある主題であり、11歌、90歌、93歌は「あま」で共通するから、「宇治」「吉野」「高砂」などに見られる撰歌方針にしたがって共通する語のある歌を隣接させると、八首の歌によって船出と浜辺で泣く人を連想させる歌群が生まれる。そのうち、初句「わたの原」がまったく同じである篁(11)の歌と忠通(76)の歌を隣接させ、観察する。

11　わたの原八十島かけて漕ぎいでぬと人にはつげよあまの釣舟　参議篁

76　わたの原漕ぎいでてみればひさかたの雲居にまがふ沖つ白波　法性寺入道前関白太政大臣(藤原忠通)

篁の歌は隠岐配流のとき詠んだものであり、その関連によって忠通の歌にも物名と同じ形で「おき」の文字があるのを読み取ることができる。こうして、船出・海辺で袖を濡らす人・隠岐から、前述の仮説は、『百人一首』の趣向を隠した目的は後鳥羽院と関係があるという、より限定された形にしぼりこまれる。他の歌について、この仮説が整合するかどうかを検証してみる。ふたたび紅葉の歌を見る。

24　このたびは幣も取りあへず手向山紅葉の錦神のまにまに　菅家(菅原道真)

32　山川に風のかけたるしがらみは流れもあへぬ紅葉なりけり　春道列樹

道真の歌として紅葉の歌が撰ばれていることから、紅葉を配流の人の象徴と仮定し、32歌と並べてみると、「流れゆくわれは水屑《みくず》となりはてぬ君しがらみとなりてとどめよ」が連想される。『大鏡』によると、これは道真が流されるとき、配流阻止のために宇多法皇の助力を求めた歌である。『承久記』（古活字本）によると、後鳥羽院は隠岐に流されるとき道真のこの歌から引き、「君しがらみとなりて留めさせたまひなんや」という書状を道家に送っている。

29　心あてに折らばや折らむ初霜のおきまどはせる白菊の花　　凡河内躬恒

四種の観賞植物のうち白菊は後鳥羽院が愛した花であり、ここにも物名の形で「おき」の文字を読み取ることができる。以上の考察から、春秋のシンメトリを構成する植物四種のうち、紅葉と白菊は後鳥羽院を象徴するという、さらに限定された仮設が成立する。

四種の植物では春秋の歌数の対応のほか、咲く桜と散る桜、山に映える紅葉と川に散る紅葉というように反意性が濃く出ている。そうすると、紅葉と白菊が後鳥羽院を象徴するものであるならば、桜と梅はそれと同格の〈女性〉を象徴するものでなければならない。また『百人一首』の〈隠す〉という性格から見て、その女性は定家がその思いを隠す必要のある人物でなければならない。定家に関連してこの要件を充たす人物として式子内親王が特定される。

三

限られた紙数で意を尽くさないが、以上概略を述べてきたように、私の所論は、観察によって知り得た事実にもとづく推論の帰結として『百人一首』と後鳥羽院・式子内親王との関係に立ち至っている。論証の過程で必然的に『百人一首』を通常の秀歌撰とする通念、『百人一首』の撰歌動機に関する従来説すなわち蓮生依頼説、『百人秀歌』を改訂したものが『百人一首』であるとする説を否定している（『百人秀歌』との関係についてはここでは省略した）。それらは私の論証を構成する基礎的部分である。

錦氏は私の説を批判するのに、ここに挙げた推論が妥当であるかどうかの検証を避け、前提からいきなり結論へと話を移して、結論部分だけを取り上げ、「やや納得しにくい」、「今一つ合点がゆかな」い、「気にな」る、「少しずれている」など、要するに印象批評をしておられる。演繹推理により帰結が偽であることを証明するには、前提の虚偽性、方法の非妥当性、帰結と矛盾する事実の提示などの方法でなされることが必要である。論理の構成部分の真偽判定を避け、結論について感想を述べても、学術的な意味で批判したことにはならない。

『百人一首』は後鳥羽院と式子内親王に対する鎮魂の歌集であるとする私の仮説について、

錦氏は「もっと確かな証拠を出」さないと「決め手を欠く」と述べておられる。その通りであるかも知れない。「確かな証拠」が具体的にどういうものを意味するのか明確でないが、『百人一首』の撰歌の意図や撰歌方針について定家自身の手によって書かれたものか、それに並ぶレベルの文献的証拠を意味するのなら、そんなものが発見される日が来ることはまず期待できないであろう。『百人一首』の〈隠す〉という性格が文献実証主義では解明できないことを予想させるからである。だから、推論という方法を用いて、定家が『百人一首』に撰歌の趣向を隠した意図を探求し、論証を試みるのである。錦氏は「確かな証拠」が見つかる日が来るまで、「やや危険」だから、発見された諸事実を前にその理由を考えないでいることを、まさか勧めておられるのではあるまい。

『百人一首』撰歌の動機、撰歌の基準を推定するのは定家の主観に分け入ることである。錦氏が併せて諸説を紹介しておられるように、その方法はさまざまにありうる。『百人一首』を本歌とした定家の歌から推測するのも、定家の歌論から推測するのも一つの方法であろう。しかし、何を根拠にするにしても『百人一首』に関して定家の主観に立ち入るには推論に依らざるをえない。『百人一首』の撰者を定家とすることからして推論に依っている。私は『百人一首』撰歌の意図を推定するのに、定家の歌論、本歌取の歌というような間接的なものを根拠とせず、直截に『百人一首』の歌そのものの観察から抽出された客観的事実を根拠にした。どちらの推論の帰結に誤りが少ないかは自明のことであろう。

おわりに

存在が世に知られるようになってから五百年、年山の蓮生撰歌説から三百年という時間は『百人一首』の実態究明に費やされた時間としては、いささか長過ぎるように私は思う。行き詰まった現状を打開するためには方法を開発する必要がある。私は文献実証主義以外にも方法がありうることを提示したのである。私の方法は『百人一首』研究の常識にはなじまないかも知れないが、研究対象の観察による事実の発見、そしてそれらを前提とした推論は科学一般では普通に使われる証明の方法であると理解している。仮に『百人一首』研究にはそういう方法は容認できないというのであれば、理由は何であろうか。

論理に導かれたものではあるが、私の結論が十全のものであるなどとは思っていない。論理に組み入れるべき事実は他にあるであろうし、今後どのような事実が発見されるかも予測できない。それらをすべて包括した上で整合するのでなければ、仮説の域を出ないことは言われるまでもない。織田説よりも優れて合理的な説が今後生まれるかも知れないし、生まれないかも知れない。

ここで特に言っておきたいのは、私は結論だけを主張しているのではないということである。私は『百人一首』に隠された趣向があることを証明している。それは『百人一首』の特殊な性格として見逃しえない事実である。結論が仮説であることと、論証に用いた事実が事実であることとは関係がない。『百人一首』を単なる秀歌撰とみなすことは誤りである。また、撰歌動機の蓮生依頼説も誤りである。謬説の温存は自由だが、一般向の注釈書などでまちがった知識をこれ以上普及してはならない。さしあたってはそのことへの対応が必要であろうと思われる。

（平成四年二月十日稿）

注1　近藤洋逸・好並英司『論理学概論』二ページ

注2　織田正吉『謎の歌集百人一首』七一ページ

（「國文學」平成四年八月号）

＊

〔追記〕

紙数の都合で省略しているが、宇治・吉野・高砂と同じように地名が共通し、かつ反意的に対応する歌群が他にもある。

逢坂（三首）―難波（三首）

逢坂関は都を離れて陸路東国へ旅立つ地点であり、難波は海路西国へ赴く地点。旅立ちの地は別離と再会の地である。

地名の歌だけではなく、その他にも同じような趣向が見られる。例えば風の歌（十四首）は、

山颪《やまおろし》―海凪《なぎ》

の反意的対応がある。山から吹きおろす激しい風は少しずつ姿を変えてそよ風になり海辺の凪に至る。凪の歌（97）は定家自身の歌で、風鎮《しず》めの願望を読み取ることができる。日本海側で北西（乾《いぬい》）から吹く冬の季節風は「タマカゼ」と呼んで恐れられた（柳田國男「風位考」）。定家の小倉山荘から見て隠岐はまさしく北西にある。定家が恐れたのは隠岐の

後鳥羽上皇の呪詛《じゅそ》を運ぶ風であろう。定家が小倉山荘に貼りめぐらせた「小倉色紙」はそれを防ぐ護符のようなもので、定家はその部屋にいて心の平安を願ったのであろう。

一首づつ歌を書いた色紙には二つの働きがある。冊子や巻子本《かんすぼん》（巻物）であれば歌相互の関連は横一列、左右二方向だが、色紙であればこれに上下が加わり四方向になる。

また、冊子では配列が固定するが、一首づつ別の色紙であれば、一度組み立てたものをバラバラにすることができる。定家は撰歌し、いったん組み立てた構図をバラバラにし、配列を並べ変え、撰歌の目的を匿した。それが時代順の配列なのであろう。

定家の小倉山荘近くに蓮生の中院山荘があり、互いに行き来があった。定家の山荘の色紙和歌を知った蓮生は自分の山荘にも同様のものを飾りたいと思い、定家にコピーの染筆を依頼した。定家は蓮生の懇望に負けて気がすすまぬままに（「憖ひに」）色紙をしたためた。小倉山荘の色紙とまったく同じものにせず配列や歌人を入れ替えて不完全なコピーとしたのが『明月記』の記事にある「天智天皇より以来、家隆・雅経に及ぶ」色紙である。

（令和二年四月二十四日稿）

はてなの狂歌

落語『はてなの茶碗』に狂歌が出てくる。聞き流すには惜しい歌なので書きとめておきたい。

清水の音羽の滝のおとしてや茶碗もひびにもりの下露

「音して」と「落として」、「日々」と「罅《ひび》」、「森」と「漏り」が掛け言葉（洒落）になっていて、その連なりがおもしろい。和歌と狂歌は五七五七七の歌体は変わらないが、和歌が四季折々の景物やしみじみとした心境を詠むのに対し、狂歌は衣食住など日常的なものをモチーフとすることが多い。水漏れのする茶碗は和歌には詠まない。

落語ではこの狂歌を関白鷹司《たかつかさ》公が短冊にしたためる。鷹司公がそうであったかどうかはともかく、堂上の人が狂歌を詠むのはあながち落語の虚構とは言えない。むしろ大いにありそうなことなのである。

公家で狂歌の作者としても有名な人に将軍家光の歌の師範だった烏丸光広《からすまるみつひろ》がいる。ある人が光広に狂歌を求めると、

庭の雪にわが跡つけて出《いで》行かばとはれにけりと人や見るらん

と詠んだ。雪の上に足跡をつけて行くと、訪問したことが分かるだろうというのだが、これでは当たり前過ぎる。「どうしてこれが狂歌なのですか」ときくと、光広は「て」の字と「は」の字を濁って読むようにと言った。

庭の雪にわが跡つけで出行かばとばれにけりと人や見るらん

雪の足跡をつけずに出て行くと、家から外までジャンプしたと人は思うだろうという漫画のような歌になる。

江戸時代中ごろの公家で従一位権大納言。正親町公通《おおぎまちきんみち》は風水軒白玉の名で『雅莚酔狂集《がえんすいきょうしゅう》』という狂歌集を残した。伊勢貞丈の『安斎随筆』に霊元天皇と公通の狂歌の贈答が出ている。

公家ならば詠むことの葉のおほきまち狂歌を詠むはいちいらぬもの

これが天皇の御製。「いちいらぬもの」はもっとも無用なものということで、公家ならそ

れらしい歌を多く詠めばよい、狂歌など詠む必要はなかろうというくらいの意味だが、「おほきまち」に「正親町」と「多き」、「いちいらぬもの」に公通の官位「従一位（いちゐ）」を掛けている。公通が返した。

いちいらぬものと思へど狂歌さへ詠まぬ公家の世におほきまち

駄洒落を五七五にする「サラリーマン川柳」がはやっているが、似たようなことを天皇と公家がやっているのが私にはおもしろい。霊元天皇の父の後水尾天皇は寛永文化の中心人物で狂歌も上手だった。

『はてなの茶碗』には油売りから天皇まで多彩な人物が登場する。話の展開、品格、サゲ、どれを取っても申しぶんのない真に名作と呼びたい名作だが、話の大事なところで前掲の歌が千金の釘を打つ。

時代の変化で、落語に出る用語や風俗が分かりにくくなっている。桂吉朝さんがときどきやっている「家族寄席／落語図鑑」は、かんてき、きせる、たばこ盆など、落語ではおなじみだが、日常使われなくなった道具を持ち出し、実際に見てもらうというおもしろい試みだ。狂歌のほうも、くそまじめな短歌ばかりが増え「はてなの狂歌」になっているかと思うので、落語図鑑にならって少し解説を加えてみた。

（「桂吉朝独演会パンフレット」平成十一年五月）

笑いの習俗——古典文学の場合

『外国人による日本語弁論大会』という毎年恒例の催しがあり、選抜された各国のスピーカーによる会の模様はＮＨＫテレビで放送される。話すことを通じて国民性の差が見え、また日本人である私が日本人であることに馴れ、うっかり見落としていることを指摘されてなるほどと思うことも多いので、いつも関心を持って見ている。

ある年、カナダから来日している女子留学生が、母国に帰ったとき、父親に日本人の女性の笑い方で笑ってみせると、「気持ちが悪いからやめてくれ」と言われたという話をしていた。笑うとき手で口元を覆うあのしぐさのことである。日本人独特のこのしぐさが持つ意味について柳田國男は別の解釈をしているが、われわれ日本人は笑いを人に見せたり人に向けたりすることは、特に女性において不作法であるとされたからだと単純に考えるのがわかりやすいようである。

　笑いの社会的な取り扱いに関して、日本人は自由に笑ってよい場所と笑ってはいけない場所とを峻別する特殊な習俗を持っている。公的な場では不用意に笑ったり、人を笑わせたりすることは厳に禁じられるが、特定の場所ではそれが無制限に許容される。そこではふだん謹厳な人も人格が変わったようによく笑い、また笑わせようとする。進んで笑われる側に回り、いつもは慎んでいる笑いの本能を一挙に開放する。笑いに関して人格の二重性を演じ分けるのがこの国における笑いの社会的なルールである。その場所を私は仮に〈笑いの場〉と呼んでいる。具体的に言うと、花見や酒宴などが笑いの場である。酒を酌み交わすことは社会の一角に笑いの場を設定することを意味している。


　このような笑いの習俗が生まれた理由として二つのことが考えられるだろう。

　笑いには、大きく分けて親和性の笑いと攻撃性の笑いとがある。たとえば、親しい人に見せる微笑が前者であり、失敗やばかげた行為に向ける嘲笑が後者である。日本人はどちらかと言えば笑うことの好きな国民だと私は思うが、笑いの中でもその攻撃性、とくに嘲笑だけが強く意識され、笑いの対象になることを極端に嫌った。私が子供だったころ、「そんなことをすると人に笑われますよ」と言って親からたしなめられたものである。他人に笑われることは愚かな行動をするということと同義であった。

この種の笑いは『今昔物語集』に集められている。笑いの対象になるのはことごとくヲコ（嗚呼）の振舞いをする者である。

近衛府の舎人《とねり》茨田重方《まんたのしげかた》は好き心のある男で、二月初午の日、同僚数人と伏見稲荷に参詣し、ゆきずりの女性が彼らを避け木の影に隠れているのを口説く。妻の悪口を言い、妻と別れてあなたと生活したいと言うと、女は重方の髻《もとどり》をつかんでその頰をしたたかに殴りつけた。女は重方の妻だったのである。逃げる重方に向かって妻は「あんたは懸想《けそう》した女の所へ行けばいい。私の所へ来たら足を叩き折ってやるから」と怒鳴りつける。妻は機嫌を直してからも、自分の妻の顔や声の見分けのつかなかった重方を「嗚呼《をこ》ヲ涼《さがし》テ人ニ被咲《わらはる》ルハ、イミジキ白事《しれごと》ニハ非ズヤ」と嘲笑する。

茸を食べて中毒死した僧に道長から手厚い葬祭料が下賜され、立派な葬儀が営まれた。それをうらやましく思った僧が自分も茸中毒で死ねばそういう葬式が営まれると思い、茸をむさぼり食ったが死ねないと言って嘆く。

二話だけを引いたが、『今昔物語集』では、その他、しきたりを知らぬ粗野な者、容貌の醜い者、大の大人で猫や蛇を恐がる者、並はずれた大食漢、強欲者、臆病な武士などが仮借のない嘲笑を浴びせられている。

公式の場で笑いを慎む習俗を生んだもう一つの理由は、笑いが性と排泄に関わるものだからであると思われる。

『古事記』には、天宇受売命《あめのうづめのみこと》が天の岩屋戸の前でほとを露出して踊り、八百万《やおよろず》の神が哄笑する説話がある。『播磨風土記』の大汝命《おほなむちのみこと》（大国主命）と少彦名命《すくなひこなのみこと》の説話では排泄が取り上げられる。屎をしないまま遠行するのと、聖《はに》（赤土）を荷って遠行するのとではどちらが堪え難いかを競い、屎を我慢するほうを取った大汝命が、数日して堪えられなくなり、小竹の上に屎を行い、それがはじけ飛んだことから波自賀《はじか》の地名が生まれたという。原始的な笑いは性と排泄に深く関わり、古典に現れるその例も枚挙にいとまがない。

性に関する笑いについてはことさら言うまでもないであろう。排泄とそれはしばしば同居している。『平中《へいちゅう》物語』の好色な滑稽人物平中は「筥《はこ》（便器）にし入れらむものは我等と同じやうにこそあらめ」と思い、侍従のそれを見て思慕を絶ち切ろうとしたが、「えもいはず香ばしき」イミテーションが用意されていて、そのために平中はいよいよ彼女を思って焦がれ死ぬ。『落窪物語』では北の方（落窪の君の継母）がさしむけた老人の滑稽人物・典薬助《てんやくのすけ》が身もすくむ冬の夜、落窪の君のところへ忍んで閉じこめられ、寒さに腹を下し、「ひちひち」と洩らし、尻を抱えて退散して、女房たちの死に返るほどの失笑を買う。

笑いは人間が本来持っている弱さと関係があり、その弱点を露出することが端的に笑いを誘う。性と排泄は人間共通の弱点であるから、笑いはこの二つと深く関わっている。ユーモアのない者にも生理的に誘発される原始的、本能的な笑いである。性に関する語彙にしばしば「笑」が冠せられるのはその辺の消息を伝えている。

ヲコなる行為、性と排泄を見せることがつつしまれるのと同じ意味で、それらに接したとき見せる笑いも公然とは見せるものではないとする習俗が生まれた。このような笑いだけが笑いのすべてではないけれども、笑いの相当大きな部分を占めるので、その他の笑いもひっくるめて公式の場では慎まねばならない卑しい感情表現とみなされたのであろう。

笑いの場を設定する習俗は日本の文芸にも顕著に現れている。和歌に対する狂歌、有心連歌に対する無心連歌、あるいは正風連歌に対する誹諧の連歌、俳句に対する川柳というように、同じ形態の定型詩を笑いのないものとあるものとに截然と分かち、笑いを持つものを持たないものの下に置いてあやしまない。それぞれの形態の発生当初は笑いのあるものと笑いのないものとが混在しているが、時代とともに両者は分離され、笑いを捨てることによって文芸として完成したとみなされる。和歌においては『新古今集』、連歌においては『新撰菟玖波集《しんせんつくばしゅう》』であり、ともに笑いの要素をあとかたもなく失っている。俳諧がもともと『古今集』誹諧歌《はいかいか》の「誹諧」を取り、それがおかしみ、滑稽を意味するもので、誹諧の連歌は笑いのある連歌を意味した。元来笑いが主導した定型詩もやがて笑いを切り離し、川柳とは別物の表情で一定の距離を置く。この国では笑いは芸術にとって夾雑物なのである。

余談になるが、このような傾向は笑いの芸能である落語にも見られた。江戸時代、民間で催された咄の会から発生した落語を大成したとされるのが三遊亭円朝（初代）である。円朝の落語は速記術によって活字化され、二葉亭四迷、山田美妙らの言文一致運動に影響を与えた。その意義はともかく、円朝によって語られたのは、落語と称しながら実は落語ではなく『塩原多助一代記』『真景累ケ淵《しんけいかさねがふち》』などの人情咄、怪談咄であった。笑いを喪失した話芸によって円朝が成功した結果、落語家が笑いの豊富な咄を演じていては大成せず、真打の演《だ》し物は人情咄、怪談咄でなければならないという本末転倒が生じた。明治十五、六年ごろから二十年代の東京の寄席で、笑いの欠落を埋めることによって人気を集めたのが、四人の落語家のステテコ踊り、ヘラヘラ節など落語と関係のない珍芸であった。

このような笑いの隔離が日本の文芸史を偏ったものにしているのではないかと私は思う。『古今集』は誹諧歌を一つのコーナーとして持ち、言語遊戯そのものである物名《もののな》に全二十巻のうち一巻（巻十）を与えている。貫之は物名に夏歌、冬歌、賀歌、羇旅歌などと同等の場所を与えているのである。現代、『古今集』を享受する者はその位置を少々低く見過ぎているのではあるまいか。

梅の花見にこそ来つれ鶯のひとくひとくといとひしもをる　　よみ人知らず
山吹の花色衣ぬしやたれ間へど答へずくちなしにして　　素性法師

ここに引いた誹諧歌はこんにちの感覚に照らして、笑いの質は高いものとは言えない。しかし初の勅撰集に笑いの歌のコーナーが設けられ、和歌が言語遊戯や笑いとともにあったのはまぎれもない事実である。ここに引用した『古今集』の誹諧歌は「ピーチク」という鶯の鳴き声を「人来《ひとく》」、「梔子《くちなし》」を「口無し」とした同音異義によるしゃれを使っている。平安期の和歌に多用された掛詞《かけことば》、縁語を単に修辞の技法と見てはまちがうだろう。掛詞はこんにち言うところの駄じゃれそのものであり、縁語はその延長にある。かなの発生によって、表記の上で同音異義語が多く生じたために、言葉の機能の遊戯的な面が平安歌人の興味を惹いたのに違いない。掛詞や縁語はしゃれなのだから、それ自体が広義の笑いを含んでいる。その意味では平安朝和歌の基本的技巧がもともと誹諧歌的なのであり、誹諧歌は歌の内実よりもその技巧が突出しているゆえに「誹諧」なのである。それを限界まで求めたのが天明狂歌である。

秋きぬと風が知らすや文月のふうじをきりの一葉散らして　　秋風女房

狂歌は和歌が題材としない飲食、病気、金銭、遊興など日常生活、人事に密着した素材を扱う。笑いは人間そのものの中にあるからそれは当然のことであるが、ここに引いた狂歌には、素材の面で狂歌らしいところはない。しかもこれが狂歌であるのは、「風のたより」という成語をモチーフとして、「知らす」「封じ」「切り」という「文」の縁語、「桐の一葉」の掛詞としての全体へのかかわりが限度を越えて技巧的であるからである。

笑いを隔離する習俗は、笑いや遊戯性を含む文芸についても目をふさいでしまう。千五百番歌合を例に挙げてみよう。この歌合は正治第三度の百首として三十人の歌人が各百首を詠進した計三千首を左右に番《つが》え、十人の判者が判に当たった。主催者である後鳥羽上皇はその一人としてみずから百五十番の判を下しているが、判詞のことごとくを折句に詠んでいる。

見せばやなきみをまつ夜の野べの露に枯れまくをしく散る小萩かな（みきのかち＝右の勝）

瀬々くだす宇治の里びと舟とめて波にすむ月しばしかも見よ（せうふなし＝勝負なし）

千五百番歌合の文学史的意義については言われるが、意識的にか無意識にか、言語遊戯性の濃厚な歌合であったということについて触れられることはない。

笑いの要素のあるものとないものとに峻別される以前の文芸は、同じ形態の中にそれらが混在しているということに注意しないと、笑いの要素を含むものまで誤解することになる。

笑いを卑しむあまり、笑いを笑いとして素直に受け取りたくないという欲求は、ありもしない風刺性を川柳の解釈に加えることになる。江戸の川柳に武士階層を風刺するものは全体の数から見てないに等しいが、その中から、

役人の子はにぎにぎをよく覚え　（『柳多留』初篇）

この一句を取り出し、役人の収賄を諷刺する句であるという。この句の前句は「運のよい事〳〵」であり、作者は役人の収賄を羨み、その子に生まれたことを幸運だと思っているのである。笑いの文芸に関して、武士と町人、権力者と被支配者という対立関係のステレオタイプでとらえること自体がまちがっている。武士が日本の笑いを抹殺したというまことしやかな嘘が信じられているが、黄表紙を開拓した恋川春町、狂歌の四方赤良《よものあから》（大田南畝）、手柄岡持《てがらのおかもち》、朱楽菅江《あけらかんこう》、江戸小咄のスタイルを作った木室卯雲《きむろぼううん》、すべて江戸在勤の武士である。武士は笑いの抹殺者どころか、近世日本の笑いの文化の主導者であった。

文芸が読者の需要に応えるものであるならば、その中に人間の本能的欲求である笑いが幅広く加わるのはむしろ当然のことである。小林秀雄が『平家物語』にある笑いを摘み出し、

諸行無常の響きだけが平家なのではないと言ったのは有名な話だが、『伊勢物語』にも『源氏物語』にも笑いの要素はある。笑いを切り捨て、あるいは軽く見、あはれ、みやび、幽玄、無常、風雅というような面からばかり眺めては日本文芸史の全体像を見誤る。

ひところよく言われた「日本人にユーモアがない」という批判は一面当たってはいるのだが、その意味を深く考えることもなく、日本人自身が素直にそれを肯定した素地には、笑いを雑菌のように隔離した文芸観もある程度の作用をなしていたのではないだろうか。

(東京書籍「高校通信国語」平成三年四月)

千年前の笑劇

狂言は南北朝時代から室町時代にかけてほぼ今日演じられているような形に姿をととのえたと言われる。しかし、いつどのようにそれが発生したかを特定することはむずかしい。

笑いを生むためのシチュエーションを設定するのに、狂言は「存ずる仔細《しさい》あって」という言葉でわずらわしい説明を省略することがある。小道具は使うが大道具にあたる舞台装置は用いない。リアリズムを基盤にしながら、リアリズムの制約から自由であることが骨格の太い笑いを生み出している。このような形式は、喜劇というよりボードビルのコントと呼ばれるものに近い。コントがそうであるように、狂言も観客の反応を確かめながら修正が加えられ、次第に演出が定まるという経過をたどったのではないかと想像される。その意味で狂言は多分に自然発生的であっただろう。

平安時代後期（十一世紀の初め）に成立した藤原明衡《あきひら》の『新猿楽記《しんさるがくき》』は、明衡が猿楽を見物したときの記録である。その中に演目が列挙され、「呪師《のろんじ》、侏儒舞《ひきうと》、田楽、傀儡子《くぐつまはし》、唐術、品玉《しなだま》、輪鼓《りうご》、八玉《やつだま》」につづいて、「独相撲《ひとりずまひ》、独双六、無骨有骨《ほねなしほねあり》、延動大領《えんどうたいりやう》が腰支《こしはせ》、蝦漉舎人《えびすきとねり》が足仕《あしつか》い、氷上専当《ひがみのせんだう》が取袴《とりはかま》、山背大御《やましろおほいご》が指扇《さしあふぎ》、琵琶法師が物語、千秋万歳《せんずまんざい》が酒禱《さかほがひ》、飽腹鼓《あいはらつづみ》の胸骨、蟷蜋《いもじり》舞の頸筋、福広聖《ふくくわうひじり》が袈裟求め、妙高尼が襁褓《むつき》乞ひ、形勾当《けいこうたう》が面現《ひたおもて》、早職事《さうしきじ》が皮笛、目舞《さくわん》の翁体《おきなすがた》、巫遊《かんなぎあそび》の気装貌《けしやうがほ》、京童《きやうわらは》の虚左礼《そらぎれ》、東人《あづまうど》の初京上《うひ》り」と項目だけが並べられている。

「延動大領」と「蝦漉舎人」からあとはすべて二項目で人物が一対になっているから、各項が別なのではなく、二人の登場人物による笑劇であろう。たとえば「京童」と「東人」の組合せは、はじめて上京し様子のわからない東国の男を京の悪童がからかうというものだということがその書き方からわかる。「琵琶法師」と「千秋万歳」という語りの芸能者の組合せは、両者互いに張り合っているうち、演じる芸が混ざりあい、入れ替わるという趣向に違いない。明衡はそれらを見た感想を「すべて、猿楽の態、嗚滸《をこ》の詞は、腸《はらわた》を断ち、頤《おとがひ》を解かずといふことなきなり」と述べている。爆笑したのである。

「福広聖」と「妙高尼」を次のような笑劇であったと私は推定している。福広聖と呼ばれる僧の袈裟が紛失した。探すうちに、それを無断で持ちだしたのは妙高尼と呼ばれる尼であったことがわかる。「どうして私の袈裟を勝手に持ち出したのだ」と詰問されて、尼は「おむつにいたしました。私に赤ん坊が生まれましたので」と答える。

こうしてみると、明衡が見た猿楽は狂言と変わらないものであったことが想像される。『新猿楽記』の復元上演について京都の茂山あきらさんに相談すると、やりましょうと頼もしい返事だった。およそ千年前のファースに現代人の「頤を解」くのが近々実現しそうである。

（「国立能楽堂」平成四年七月号・一〇七号）

台本は本書Ⅲに掲載

川柳　丸腰の文芸

一人の芭蕉の問題

かつて探偵小説と呼ばれた文芸は、現在では推理小説と呼ばれる。戦後の漢字制限で「偵」の字が使えなくなり、「推理小説」はその代替語として生まれた。輿論が世論、涜《とく》職《しょく》が汚職と言い換えられたのと同じ事情である。名が実態を支配するというか、松本清張が登場し、社会派と呼ばれて、謎とトリックだけの探偵小説から動機や社会的背景を重視する小説に実質的な変化を遂げ、読者もひろがった。

探偵小説文学論争は、終戦後、間もなく木々《きぎ》高太郎《たかたろう》と江戸川乱歩のあいだに交わされた論争である。木々は本名、林髞《はやしたかし》、大脳生理学者で慶応大学教授であり、かつ探偵小説の作家だった。松本清張を見出して推理小説を書くようにすすめた人だが、探偵小説はまず文学であ

るべきで、謎やトリックがいくらすぐれていても、文学でなければ意味がないというのに対

して、乱歩は、そうあるのが理想には違いないが、探偵小説に求めるのは謎とそれを解く論

理であって、探偵小説がただの文学になったとき、探偵小説と呼ぶ必要がなくなる。探偵小

説には探偵小説らしさがあり、乱歩はその「らしさ」を愛すると応じた。

乱歩はここで俳諧を例にあげる。江戸時代、市井の俗人のもてあそびものに過ぎなかった俳諧を芸術に仕上げたのは芭蕉だ。探偵小説が文学となるためには一人の芭蕉が現れなければならない。木々にその気迫ありや否や。乱歩はやや皮肉をこめて、論争をそう締めくくった（「一人の芭蕉の問題」）。

それぞれの考え方があり、軍配がどちらに上がったともいえないが、論者自身の作品が残ったかということで判定すると、結果は明らかである。乱歩は現在も読みつがれているが、木々は代表作の『人生の阿呆』すら記憶している人のほうが少ないだろう。木々の見出した松本清張が乱歩のいう「一人の芭蕉」であったかどうかの判断はしかるべき人に任せるとして、ここではこれ以上の深入りはしない。

柳誌（川柳塔）に場違いな探偵小説論争を持ち出したのは、川柳の現状にこれと似た考え方の対立があると思うからである。サラリーマン川柳に眉をひそめる人が詩性の回復を訴え

る。木々と乱歩にはまだしも接点はあるが、サラリーマン川柳と詩性を重んじようとする川柳との間には、むなしい隔たりがあるのみである。

俳句にくらべて川柳は低く見られている。それでも構わない、そもそもそんなことは関知しないというのがサラリーマン川柳であり、その状況にいらいらして、サラ川がその傾向を助長していることに腹を立てているのが詩性派（という用語はないが）ということになるだろう。

川柳を「川柳」と呼ぶこと

川柳が軽く見られるのは今に始まったことではない。文芸形態としての名称を無造作に「川柳」と呼ぶこと自体にそれが表れている。川柳はどうあるのが望ましいかということについて私の考えを述べようと思うのだが、本題に入る前に、用語の整理と確認をしておきたい。

川柳の源流が連歌であることは言うまでもない。五七五七七の三十一音節からなる和歌を、長句（五七五）と短句（七七）に分け、二人で合作するのが連歌の原初的な形である。二人の作者が、長句と短句をそれぞれに詠んで完結する。短連歌と呼ばれる。連歌に参加する人数が増えると長編化し、鎌倉時代には百韻（百句）になった。複数の人の参加で合作するのでルールが必要になる。連歌のルールを式目《しきもく》という。式目に縛られて形式化すると、文芸としての活力を失い、魅力がなくなる。ひらたく言うとおもしろくなくなる。そうすると、粗野ではあるが、とにかくおもしろさを求める連歌が表に出てくる。「誹諧の連歌」である。現在残っているものでは『竹馬《ちくば》狂吟集』『犬筑波集』がある。「犬」は似て非なるもののことで、正風連歌の『菟玖波《つくば》集』のモドキという意味。「犬」のつく表題（正式には『誹諧連歌抄』）は編者とされる山崎宗鑑のつけたものではないだろう。

「誹諧の連歌」を略したのが「誹諧」。表記を変えて「俳諧」になった。誹諧は、『古今集』（巻十九）にある「誹諧歌」から出ている。おかしい歌、笑いのある歌のことである。「俳諧」は元来、おかしみのある連歌のことなのだということを確認しておきたい。

俳諧の連歌は現在では連句と呼んでいる。江戸時代には連俳という呼び方もあった。句数はさまざまだが、三十六句で完結する形で定着した。三十六歌仙にちなんで「歌仙」と呼ばれる。その最初の句が発句《ほっく》。脇、第三と続き、最後の句が挙句《あげく》。その他は平句《ひらく》という。

「俳諧」は三十六句全体にも用い、冒頭の句（発句）だけを指すこともある。俳諧の連歌の発句を独立させたものが「俳句」である。「俳句」という名称を普及させたのは正岡子規だが、子規は連句（俳諧の連歌）を認めず、そこから切り離すために「俳句」という新しい名称を用いた。俳句に季語と切字が欠かせないのは俳諧の連歌の発句の詠み方のルールを引き継いでいるのである。

五七五と七七、交互の付け合いを楽しむ文芸。それが元来の俳諧である。前にある句を前句というが、七七に五七五を付ける場合と五七五に七七を付ける場合とになる。川柳が連用形で句を結ぶのは、後に七七の句がつづくからである。

付句が前句と情景や発想が似ていると流れが悪くなる。離れると途切れる。前句と付句の関係はつかず離れず、不即不離の微妙な間合いが望ましい。その練習として生まれ、後に大衆的な文芸遊戯になったのが「前句付《まえくづけ》」である。元来は俳諧の宗匠（俳諧師）に弟子入りして指導を受けるものだが、宗匠に入門しなくても、点者（撰者）が前句を出題し、それに付ける句を懸賞で公募するようになり、大衆にひろがった。前句付の興行を「万句合《まんくあわせ》」という。投句するには、一句につきいくらの入花料《にゅうか》（参加費）を払う。点料が宗匠の収入になる。その間に取次がいて、宗匠が出題する前句、入選発表の日（開き）などの周知宣伝、集まった句を点者に届けること、入選句の印刷と配布などの事務を引き受けた。

投句数が多いほど点者と取次の収入は増える。前句付の点者は大勢いた。投句する側が撰者を選ぶので、撰者も互いに競い合うことになる。中で抜きん出て人気のあったのが柄井川《からいせん》柳《りゅう》である。柄井川柳に人気があったのは、その撰句眼がすぐれていたというに尽きる。入選句（勝句）といっしょに応募句数を公表した。現在の新聞で短歌・俳句欄の撰者を複数にしているものがあるが、応募数の公表まではしない。

柄井川柳の撰ぶ前句付が川柳点。点は撰のことで、川柳点を略したのが川柳。後には川柳点でないものも川柳と呼び、文芸形態の名称として使われるようになった。それだけ川柳点に人気があったということなのだが、「川柳」が人名を指すのか文芸形態のことなのか、まぎらわしい。宮田正信氏は「川柳風狂句」という名称を提案したが普及しなかった。「狂句」がさまたげたのだろう。和歌に狂歌があり、漢詩に狂詩がある。「狂」は狂体すなわち「おかしみのある」という意味である。それで行くと俳句と狂句を並べて不都合はないのだが、柄井川柳（初代）から時代が下るにつれて句の質が低下し、柄井川柳の名を継承する者が使っていた「狂句」に「質の低い」というニュアンスが付いてしまった。明治時代、阪井《さかい》久良岐《くらき》とともに川柳革新を唱えた井上剣花坊《けんかぼう》の「狂句百年の負債を返す」というフレーズが有名になって、「狂句」の定義は低俗な川柳ということになり、川柳（文芸形態）の蔑称、いわば差別語となった。今となっては川柳という名称は動かせないところまで定着している。

郵便はがき

恐縮ですが、
切手を貼って
お出し下さい

531-007

〔受取人〕

大阪市北区中津3-17-5

株式会社
編集工房ノア 行

★通信欄

通信用カード

頁い

ｿはがきを、当社への通信あるいは当社刊行書のご注文にご利用下さい。
ｺ前は愛読者名簿に登録し、新刊のお知らせなどをお送りします。

求めいただいた書物名

書についてのご感想、今後出版を希望される出版物・著者について

◎ 直接購読申込書

	（価格） ¥	（部数） 部
	（価格） ¥	（部数） 部
	（価格） ¥	（部数） 部

氏名　　（　　歳）　電話

住所　〒

店配本の場合	取	この欄は書店または当社で記入します。
県市区　書店	次	

子規にとっての「俳句」のように、川柳も名称の衣替えをしておくべきだったが、もう遅過ぎる。

川柳の原形「武玉川」

注意を払っておきたいのは、狂歌・狂詩は和歌・漢詩それぞれに付随して生まれるものだが、狂句（蔑視のニュアンスのない元来の意味での狂句）は俳句に先立って生まれ、それが本来のものだということである。俳諧の連歌の本流は狂句（川柳）であり、おかしみのあるのが本来の形なのである。俳句はそこから笑いを削ぎ落とすことによって独立したものだということを認識しておきたい。

前句付は当初、俳諧の連歌の付け方の練習であったから、むずかしい前句が出されたが、柄井川柳のころになると、「にぎやかなこと〳〵」「祝いこそすれ〳〵」など七音のくりかえしで出題された。「黒くて白いものは」というようなことば遊びを「ものは付け」という。柄井川柳の出した前句は「にぎやかなことなぁに」「祝うことなぁに」という「ものは付け」である。その答えを五七五に仕立てる。題が抽象的だからひろがりがあり、どのようにでも付けられる。一句でも多く句を集めたい点者と取次の戦略でもあっただろう。

前句付以前の例だが、「切りたくもあり切りたくもなし」という前句に付けた例が残っている。

さやかなる月を隠せる梅の枝
盗人を捕へてみればわが子なり　（他は略）

こういうものと「にぎやかなこと〳〵」という前句を比べると、どちらが付けやすいか一目瞭然である。

万句《まんく》合《あわせ》の入選句（勝句）は一枚物の刷り物にして応募者に配った。その印刷物が読み捨てにされ反故《ほご》になるのを惜しんで、その中からさらに句を撰び編集したのが『誹風柳多留《はいふうやなぎだる》』（初篇明和二年、一七六五）である。編者は呉陵軒可有《ごりょうけんあるべし》。前句付入選句の選集なのだが、前句がなくても分かるものを撰び、必要なものは添削している。

『柳多留』より先に、俳諧（連句）の高点付句集が出ている。特に評価が高いのが慶紀逸《けいきいつ》撰の高点付句集『誹諧武玉川《むたまがわ》』（初編寛延三年、一七五〇）である。『武玉川』は俳諧（連句）の付合いから、前句がなくても一句独立して鑑賞できる高点句（秀作）を撰んだものである。『柳多留』は前句付の入選句から採っているが、『武玉川』は俳諧本来の付句から秀作を撰んでいるから、文芸としての質は『武玉川』のほうが高い。『武玉川』に掲載された句が

『柳多留』にもある。『武玉川』が柄井川柳撰の前句付に盗用されているのである。

『武玉川』句抄（『柳多留』再掲のもの）

不機嫌な日は音のない台所（初篇）
洗ひ髪脇の下から人を呼び（四篇）
来し方を思ふ涙の耳に入り（十一篇）

川柳の発祥を川柳点の前句付として文芸形態の名称を「川柳」と呼ぶことが間違っているのは、『武玉川』がすでに今日の概念でいう川柳と何ら違いがないからである。『武玉川』には七七句が多く採られている。私の好きなものを掲げる。

雪の深さの知れる大声（五篇）
一人づつ子の帰るたそがれ（七篇）
死んだ話を聞くも養生（一〇篇）
親のむかしを他人から聞く（一〇篇）

七七句が多いのは、俳諧（連句）の平句から採っているからである。『柳多留』は七七を前句として出題したものだから入選句は五七五に限られる。『武玉川』は俳諧の連歌から撰んでいるので、前句が五七五なら付句は七七になる。現代川柳は五七五の句だけになってしまったが、七七句もその一形態だったのである。麻生路郎の句に、

二階を下りてどこへ行く身ぞ
冬は尖って金のことといふ
少女で通すちちははの前

などの例がある。

芭蕉の来た道

川柳と俳句は誹諧の連歌という同じ水源から出て道を分け、俳句は四季や自然を主たるモチーフとし、川柳は人間やその生活を素材にするという住み分けが生まれた。その境界はあ

いまいで、人事を詠む俳句もあれば自然を詠む川柳もある。しかし、詠まれている句数でいえば、この違いは事実として否定することはできないだろう。この住み分けはどうして生まれたのか。

日本では、文芸は笑いをともなって発生し、笑いを捨てることによって完成したとみなす傾向が根強くある。『万葉集』には嗤笑歌《ししょうか》があり、現在でいうナンセンスが無心所著歌の名でみえる。『古今集』には誹諧歌がある。誹諧が誹諧歌の誹諧の表記を変えたものだということは先に述べた。しかし、『新古今集』に笑いの要素はまったくない。連歌では『菟玖波《つくば》集《しゅう》』には笑いがあるが『新撰菟玖波集』にはまったくない。笑いを夾雑物と見、笑いを切り捨てることによって、その形態の文芸は完成したとみるのである。そうして格式のある場では笑いを排除しながら、また笑いが大好きなのも日本人である。

おかしみがあると詩としての評価は低くなる。この傾向に従って、俳諧本来が持つ笑いを捨て、わび、さび、しをりを俳諧の理念としたのが芭蕉である。わびは「侘し」、さびは「寂し」、しをりは「萎る」と同源で、おかしみや笑いの正反対にある。ちなみに「サビ」は現在では楽曲の盛り上がりの部分という意味に使われている。

芭蕉は俳諧師として立つために伊賀上野から江戸へ下った。京都には貞門の総帥松永貞徳、大坂には談林の西山宗因がいて、上方では後進の俳諧師が割り込む余地がないと見たのだろう。開府から七十年、新興の地である江戸に拠点を構えた。住んだのは深川の草庵である。庵は明暦の大火に遭って消失し、芭蕉はわび、さびの生活を身をもって実行することになる。そういう中で生まれたのが芭蕉俳諧である。

芭蕉は、俳諧が本来持つ笑いを捨てることによって文学としての地位を高め、乱歩のいう「一人の芭蕉」になった。川柳はといえば、俳諧本来が持つ笑いの部分、芭蕉が捨てたものを愚直に守りつづけてきたのである。

現代川柳の大衆的普及

浮き沈みはあるが大衆は川柳から離れなかった。現代川柳の大衆的普及に大きな働きのあった人を二人挙げるとすれば、川上三太郎と谷脇素文《たにわきそぶん》ということになるだろう。異論はあろうが、私の体験的実感である。

谷脇素文は戦前の大衆雑誌の川柳ページに漫画の挿絵を描いて人気があった。なつかしく思い出す人も多いだろう。四条派の日本画家だったが、大正七年、講談社の大衆雑誌に川柳漫画を始めた。読者から投稿される川柳に漫画を添えたものである。娯楽雑誌はもちろん婦人雑誌も川柳漫画を掲載し、大衆雑誌には欠かせないものになった。

川柳漫画は川柳の挿絵だが、文字では省略された部分を絵解きしてしまう。たとえば「片袖の子を連れてまた詫びに行き」（鶴江）は、それぞれに男の子を連れた母親同士が笑顔で立ち話をしている場面で、子の一人は母親の後ろにまわってべそをかき、もう一人は泣いている場面を描いている。男の子の喧嘩の後だということは句を読む者が想像でおぎない。それが川柳を読むたのしさの一面でもあるのだが、漫画はそれを描いてしまう。文芸としての川柳愛好者にはなくもがなの漫画だが、素文の絵解きが川柳の読者をひろげたことは否定できない。

そして川上三太郎。久良岐、剣花坊の新川柳からさらに進化し、現代川柳のあるべき姿を示して一つの時代を築いたのが東の前田雀郎《まえだじゃくろう》、川上三太郎、村田周魚、西の岸本水府、麻生路郎、椙元紋太《すぎもともんた》、いわゆる六大家である。中でも三太郎の大衆的人気は大きく、新聞、雑誌の川柳欄の選者としてその名を見ないものはなかった。昭和三十年ごろには三十数種の新聞、雑誌の選を担当していた（林えり子『川柳人川上三太郎』）。私も当時、三太郎に撰んでもらった一人である。

叮嚀《ていねい》にお辞儀をされて妻に訊き　三太郎
母の眼に手術は光るものばかり
夜が明けて鴉《からす》だんだん黝《くろ》くなり
九回裏別に奇蹟もなく負ける

川柳らしい川柳である。ところが三太郎はこういう川柳と文学としての川柳を使い分け、後者を「詩性川柳」と称した。

孤独地蔵花ちりぬるを手に受けず
雨ぞ降る渋谷新宿孤独あり
われは一匹狼なれば痩身なり

晩年の「孤独地蔵」「雨ぞ降る」「一匹狼」の連作からそれぞれ一句を引いた。これが先に掲げた作品と同じ作者の句かと目を疑う。孤独だ孤独だと観念的なつぶやきを押しつけ、川柳に欲しい客観性と余裕がない。それを三太郎の代表句であるかのように言う人がいる。三太郎の本領は川柳らしい川柳、乱歩が探偵小説でいう「らしさ」のある句にこそあるだろう。それが川柳を普及させたのである。三太郎は、笑いを隔離あるいは排除することによって文芸の完成とみる日本伝統の路線、芭蕉の細道を辿ろうとしたのではあるまいか。

あわせて言えば、岸本水府は「本格川柳」を唱えた。大正末期から昭和初年にかけて、田中五呂八らの新興川柳が起こり、型では定型を排して自由律、内容では伝統的に川柳の持つ味を壊そうとした。新興川柳が、定型を守る作品を「伝統川柳」と呼んだのに抗して、水府の唱えたのが「本格川柳」である。水府によると、本格川柳とは「穿《うが》ち、軽味、滑稽の三要素を守るだけでなく、古川柳のよさを讃えながら、その上に近代的な感覚を取り入れ、古川柳になかった物の感じ方、人生観を盛ったもの」(『川柳読本』)である。

サラリーマン川柳の問題

昭和三十年代から四十年代にかけて六大家が相次いで没し、方向を模索しているところへ鬼子のようにでてきたのがサラリーマン川柳である。年間、数万句の投句を集める人気となった。問題はどういうことかというと、元来、おかしみを求めるのが俳諧で、その一形態が川柳なのだから、笑いを求めるのは当然のことではあるが、三太郎のいう「詩性」を求めるあまり、作者の独善的な主観を押しつけて読者を置き去りにし、一般読者にとって川柳はおもしろくもおかしくもないものになってしまった。読む側にいて川柳を楽しんだ者が需要を充たすために自給自足しているのがサラリーマン川柳である。

江戸時代の前句付のように投句料を取るわけでなく、人気投票で句を撰ぶから責任を持つ撰者もいない。句が粗雑になるのは当然のことである。主催する企業は会社の宣伝手段として募集するので、集まる句は多いほうがよい。

それなりの労力を要する小説やエッセイに比べて、川柳はわずかな字数で完結する。俳句は季語や切字、古語の知識など多少の心得が必要だが、川柳にそのような約束事は一切ない。ルールといえば言葉を十七音にはめるということだけである。居酒屋で酒を飲みながらかわす駄洒落や冗談を五七五にすればよいので、入選句を見てこの程度のものならおれにも作れると、川柳を知らない者も投句する。当然、句のレベルは低いが、低いほうが応募句数は増える。句さえ集まれば主催者（企業）の目的は達せられる。サラリーマン川柳も初期にはまだしも佳句がなくはなかった。しかし、近年はこれ以上落ちようもないというレベルまで落ちている。

サラリーマン川柳の困るところは、駄洒落程度のおかしさを求めるのが川柳だという誤解人間を毒ガスのように撒き散らしたことである。人間は、おかしくてかなしい存在だから、人間を詠めば、当然、おかしさをともなうが、笑いはその一面に過ぎないのである。

俳句と川柳

川柳はこうありたいという姿を考える前に、俳句と比較することで川柳の特性を考えてみたい。先に述べたように、おおざっぱにいうと俳句は自然を詠み川柳は人間を詠む短詩である。

十七音節を基本とする定型は同じだが、まず言えるのは川柳より俳句のほうが作りやすいということである。逆ではないかと思われるかもしれないが、それについては追い追い説明する。

俳句は季語と切字という道具を持っている。山眠る、山笑ふ、春隣《はるとなり》、花筏、風光る、青嵐《あおあらし》、木下闇《こしたやみ》、風花《かざはな》など、長い歴史のなかで紡がれ、継承された季語はそれ自体が凝縮された詩である。季語がしっかりと支えるから、あとは少々雑であっても、一応俳句らしい形をなすことができる。

切字は「や」「かな」「けり」などだが、中でも使い勝手のよいのが「や」で、ことばの部品を「や」でつなぐと、二句は一章にまとまり、たちまち俳句になる。四音で一音足りないときは「や」で調節し、五音に加工するのも「や」である。

古池や蛙《かはづ》とびこむ水の音　　芭蕉
名月や池をめぐりて夜もすがら
行く春や鳥啼き魚の目は泪《なみだ》
閑《しずかさ》や石にしみ入る蝉の声
夏草や兵《つはもの》共が夢の跡
荒海や佐渡によこたふ天の河
菊の香や奈良には古き仏たち
この道や行く人なしに秋の暮

芭蕉の句ばかりになってしまったが、なんと便利な「や」であることか。試行錯誤でよい取り合せをみつければ一句が出来上がる。芭蕉の「古池や」の句は、「蛙とびこむ水の音」が先にできていたという。前に何を置くか思案していると、其角《きかく》が「山吹や」を提案した。

山吹と蛙は『古今集』以来、定番の取り合せである。芭蕉は採らなかった。「古池や」としたから句に重みがつき、この句によって蕉風を開眼したということになっている。

「蛙とびこむ水の音」と「古池」。それを「や」でくっつけると俳句になる。俳句でいう「取合せ」は二物衝撃というおおげさな言い方もある。要するに異質のものを二つ組み合わせることによって起きる言葉の化学変化、映画の技法でいうモンタージュである。

ある人が書家を招いて宴を開き、金屏風に揮毫を求めた。書家は酔余、「此所《このところ》小便無用」と書いた。塀などに書く立ち小便禁止の決まり文句である。屏風の主が青くなっていると、同席していた其角がその後に「花の山」と書き足した。「此所小便無用花の山」。二句を合わせることによって尾籠な文句が俳句の構成部分に変化する。

文語と口語

俳句は基本的には文語を用いる。文語はことばの力とでもいうものがあり、リズムを生み、定型になじみやすい。戦前の小学唱歌は文語を基本にしていた。十七音という限られた音節を効果的に使うには、単語は短いに越したことはない。文語、漢語はもっともらしい表情を持ち、句品を装いやすい。「水たまり」といえばよいところを、俳句は「潦《にわたずみ》」という。知らない人はこの一字で恐れ入る。ぶらんこは漢語で鞦韆《しゅうせん》、古語でふらここ。半仙戯《はんせんぎ》という骨董品のような死語を歳時記から掘り出してきた俳句を見たことがある。おたまじゃくしは蝌蚪《かと》で四音の節約になる。こういう言葉を使った俳句をみると、「今朝は風が強いので砂が目に入った」というのを「今朝《こんちょう》は怒風激しゅうして小砂眼入す《しょうしゃがんにゅうす》」という上方落語のセリフを連想してばかばかしいと思うが、それを好む人もいるのである。では、口語は不利なのか。

「この味がいいね」と君が言ったから七月六日はサラダ記念日

俵万智が歌集『サラダ記念日』で鮮烈なデビューを果たしたのは昭和六十二年(一九八七)のことだった。歌集は売れないとしたものだが、この本は発売三カ月で百万部を超えたという。上村《かみむら》一夫の劇画から「同棲時代」という流行語が生まれた。そんな時代の不安定な恋と同棲生活を詠んだ短歌が、タイトルにいうサラダのように新鮮で、およそ短歌と縁の遠い若い世代に迎えられた。俵万智以後、カギ括弧つきの会話体で始めるスタイルが流行している。影響の大きさという点では子規の短歌革新にも匹敵するだろう。口語は不利なのではなく、現代の感性や感情、風俗を表現するには口語こそが適しているのである。

くりかえしになるが、川柳は俳句のように季語、切字、文語という道具に頼らない。取り合せという飛び道具も使わない。用語は基本的に日常語すなわち口語である。道具を揃えた俳句にくらべ、川柳はいわば丸腰の文芸である。現代の空気を吸っている人間を描くには、形に縛られない自由さが必要であり、その自由さを持っていることこそが川柳の大きな武器なのである。

俳句は格調と形を重んじる。川柳が重んじるのはその中身以外にない。具体的にいえば、人間観察による発見、十七音節の言葉でそれを表現する芸ということになる。子規は写実を唱えたが、写実には人事と天然とがあり、「人事の写実は難く、天然の写実は易し」といっている(「俳諧大要」)。人間を写生することのむずかしさが川柳のおもしろいところでもある。俳句では吟行をする。素材を見つけるために、どこかへ出かける。川柳はそういうことはしない。吟行というなら常住坐臥すべてが吟行である。写生するために観察するが、観察をしてもデッサンの基礎ができていなければ人間を描くことはできない。基礎になるのは人生経験と言葉のセンスということになるだろう。俳句よりも川柳のほうがむずかしいというのはそういう意味である。

人間を描く場合、二つの面がある。一つは外側すなわちちょっとした動きや行動におもしろさを見つけ、絵では4Bの鉛筆や木炭で描くところを川柳は言葉でスケッチする。もう一つは人間の内面、すなわち心の動きである。喜び、楽しみ、幸福感など明るい面だけでなく、悲しみ、怒り、憎しみ、嫉妬、恐怖、不安、劣等感、挫折など負の面も描く。そうして人間を描くことにこそ現代川柳の魅力はある。

寝転べば畳一帖ふさぐのみ　　路郎

学校の横に住みて

子を死なし学校に子の多いこと　　路郎

商売は蟹の子持ちをぐさと切る　　紋太

このような句は子供には作れない。

自句自注―結びとして

予定の紙数を大幅に超えてしまった。結語に代えて自作の句を掲げることにする。川柳自選句集『虹色の包帯』（葉文館出版）からの抄出である。自作を並べるのは気の引けることだが、川柳かくあるべしという私の考えを縷々述べるより、自作を見てもらうのが早い。言い残したことの補足を兼ねて、私の川柳観を具体的に示すためのものと思っていただきたい。自注は必要なものだけに加えた。

道聞いてそのあたりまで連れになる
赤ちゃんのあくびも乗せる昼のバス
傘持って傘ささぬ人春の雨
帰宅してまだポケットにある葉書
せんせいが手を取る子の手取る子の手
夕方を過ぎて子の嘘聞いてやる
子には子の言いぶんがある目の光
お名前を省略されて焼香す
花の名を忘れ花屋でまた覚え
分数を言う子になってケーキ切る
女雛《めびな》から何かささやく春の闇

ひっそりと受付にいる画家自身
おおよそは書ける漢字を宙に書き
桃二つ並べてみれば瓜二つ
懐かしい手を取る名前出ないまま
手花火の子に夏の日がまだ暮れず
引っ越しの荷物の中にかぶと虫
夏の子の浮輪を持って風呂にいる
心経を写し夫人は子を持たず
若いめに言ったつもりが歳を当て
みみずにも心があった先が腫れ
みなしごというものになる五十八
子とふたり夕日に立って無言なり
生命はやわらかいもの子の子抱く

「道聞いて」――京都で通りがかりの婦人に西陣へ行く道を聞いたときの情景が句になっ

た。婦人は道を教えたあと、「私もそっちの方へ帰りますので、そこまでご一緒いたしましょう」と並んで歩いてくださった。恐縮しながら婦人にしたがったが、師について教えを受け、やがて師を離れて己れの道を行くのに似て、普遍的な寓意を感じた。

「赤ちゃんの」——たまたまのことだが、この句の冒頭部分は「ア」の頭韻を踏んでいる。開母音の重なりが句と合って効果があったかとおもう。日本語の押韻で効果があるのは頭韻で、戦前の国定国語教科書の冒頭は「サイタ　サイタ　サクラガ　サイタ」でサの頭韻、戦中は「アカイ　アカイ　アサヒ　アサヒ」でアの頭韻で綴られていた。ちらちら、ひらひら、てきぱき、うだうだ、さくさく、へなへななど、擬声語、擬態語の多いのが日本語の特徴だが、音韻やリズムが意味を越えて意味を運ぶという面がある。

「せんせいの」——動物園の近くで、保育園の女の先生と幼児たちが手を長くつないで歩いている。その光景を同じ言葉のくりかえしで表した。映画『二十四の瞳』の大石先生（主演・高峰秀子）を慕う子供たちのイメージもある。句の先に「子の手」のくりかえしが無限に続く。こういう技巧を嫌う人もいるが、無技巧をよしとして表現に工夫のない句に私は興味がない。

「女雛から」——春の宵の何とはないなまめかしさ、エロティックで多少不気味な感じを幻想で描いた。篠原鳳作に「紫陽花《あぢさゐ》の毬より侏儒《しゅじゅ》よ駆け出でよ」という俳句がある。子規以来、俳句は写生写生というが、あじさいの花はこのような幻想が写生を超える。

「桃二つ」――ナンセンスである。ナンセンスの原義は「無意味」だが、ここにいうナンセンスは無意味ではない。あらゆる束縛から想像の中で解き放たれ、自由になるセンスをいう。ナンセンスは米語、英語の発音はノンセンス。ルイス・キャロルの『不思議の国のアリス』には、答えのないなぞなぞ、円形でゴールのない競争コース、顔も姿も消えたのに笑いだけが残る猫が出てくる。萩原朔太郎に「死なない蛸《たこ》」という散文詩がある。自分の体を食い尽くして、遂に何もなくなった蛸が、姿は見えないが、不満の固まりとして水槽の中にただよっている。ナンセンスは川柳の未開の領域である。

「手花火の」――手花火は俳句の季語だが、線香花火より語感がよい。用語について川柳は俳句に遠慮することはない。使って効果があれば「や」「かな」などを使うのも自由だ。橘高薫風の「人の世や嗚呼にはじまる広辞苑」は切字がなくては成り立たない。須崎豆秋の「羊羹をいただいてると地震かな」は私の好きな「かな」である。

「みみずにも」――「一寸の虫にも五分の魂」のリメイク。「心があった」で切る。子供のとき、父に連れられて山歩きをしたとき、「みみずも蛙もみなごめん」と言って草むらにおしっこを飛ばした。性や排泄をあつかうのは敬遠されるが、句品にかかわるかどうかは詠み方による。「音のよいおなら乳飲む子も笑い」。これは麻生路郎『川柳とは何か』に引かれている句。愛に満ちた母子像はまさに川柳の世界である。

「みなしごと」――「五十八」は五十八歳の意。還暦を前にして私は両親に相次いで死なれた。それまで親の存在はあまり意識していなかったが、つっかい棒をはずされたような気がした。「みなしご」は辞書的意味では子供だが、五十八歳であっても、ある日突然、みなしごになるのだ。

（「川柳塔」平成二十六年九月）

洒落の効用——ことば遊びの種々相

日本語はすべて洒落になる

テレビのニュースで知事や市長の発言を聞いていると、自分たちのことを「クビチョウ」と呼んでいる。「首長《しゅちょう》」のことである。地方自治体の長、具体的には知事・市長・町長を包括して言う言葉だが、府県の広域連合が生まれ、個人としての知事や市長でなく、複数の立場でいう人称が必要になったのだろう。「クビチョウ」は耳になじまない。「主張」と聞き違えないようにという配慮だとおもうが、なおさら伝わりにくい。

化学を科学と区別してバケガク、市立と私立を区別するためにイチリツ・ワタクシリツという。科料と過料はどちらも罰金のことだが、刑法の定める財産刑が科料、自治体が条例で規定するのが過料である。音声言語（話しことば）として耳から入るときは、どちらも「カリョウ」で、区別がつかないということへの配慮がまったくない。話しことばとしての日本語はどうでもよく、文書こそが日本語の基本だという役人の考え方が表れている。

「コンプライアンス」「イノベーション」「モチベーション」などカタカナ語が増えつづけるのは、「主張」と「首長」のように聞き違えることがないということも理由の一つだろう。が、そのカタカナ語自体の意味を知らない人にはまったく伝わらない。カタカナ語の意味を取り違えて、それが普及し、間違いのほうが本来の意味を追い払うという結果になる。「アナログ」はその一つ。デジタル時計、アナログ時計からの連想だろうが、「アナログ」を古風なという意味に使っている人が多い。「リストラ（リストラクチャリング）」は企業の再建のことで、人員整理は会社を建てなおす方法の一つに過ぎないが、「クビ切り」の意味で定着してしまった。

日本語は音節の種類が七〇余りしかない。少ない音節で言葉を作るのだから、当然、同音異義語が多くなる。試みにパソコンで「コウシ」を入力すると、公私・行使・講師・厚志・格子・小牛・嚆矢・孔子などが出てくる。前後の文脈からコウシがどのコウシなのかということは推測できるから、実際には取り違えられることはそれほど多くないかも知れないが、科学と化学、科料と過料のように意味が隣接している場合は判断のしようがない。

明治人は文化・芸術・経済・生活・学校・理性など、それまでの日本語になかった概念を表す熟語を作るのに汗を流した。ブックキーピングを発音の似る「簿記」に、クラブを「倶楽部」とする洒落っ気もあった。

ゴム・ガスなど文明開化の新産物は言い換えに悩んだのか、護謨・瓦斯という漢字を当てることで逃げている。この手の言い換えに熱心だったのは太平洋戦争中である。敵性語（敵国の言葉）だというので、たとえばフットボール（サッカー）は蹴球、バレーボールは排球、バスケットボールは籠球と言い換えた。ベースボールは不思議に明治時代から野球のままだ。アナウンサーは放送員、マイクロホンは拡声器、エレベーターは昇降機と言い換えたが、ラジオやケーブルカーは言い換えが出来ないまま今日にいたる。漫才の千歳家今次・今若はそれを取り上げ、ラジオは「物言う箱」、ケーブルカーは「つるべ電車」と言った。

意味の伝達が出来ないのは言語としては根本的な欠陥だが、それをことばの遊びに利用するのが洒落である。「洒落」という言葉の意味範囲は広い。「洒落の分かる人」は冗談が通じる人、ユーモアのある人という意味である。「お洒落」は服装など外見に気を配ることだったが、センスのよいこと全般について言うようになった。ここでは「洒落」をことば遊びの一つの形態という意味に限定する。

洒落の基本的な形は二種類ある。一つは完全に同音で意味の違うもの、もう一つは完全に同音ではないが、イントネーションが似て、母音が共通しているため、響きがよく似ているものである。私は第一のものを同音異義語、第二のものを類似音異義語と呼んで区別している。

例を挙げてみよう。第一の洒落（同音異義語）は「イクラはいくら」「あした晴れるや（ハレルヤ）」の類。第二の洒落（類似音異義語）は「何か用か（七日八日）、九日十日」、「沖の暗いのに白帆が見える」を「年の若いのに白髪が見える」という類。比較的新しいものでは「風邪でまたさぼろう」（風の又三郎）、「あっ九時、線路を走る」（悪事千里を走る）、「チリ・モツ・レバー、山と盛る」（塵も積もれば山になる）などがある。変える音は少なく、意味の変化の大きいものがおもしろい。単なる同音異義語がつまらないのは、変化が小さいからである。

洒落に関する用語は、定義があいまいだが、ひとまず整理してみよう。類似音異義語を東京では地口、大阪では口合いといった。現在では、地口を語呂合わせと呼ぶことが多い。語呂は言葉を声として出したときの続き具合や口調のことで、「語呂が悪い」という語呂はこの意味。現在は「語呂合わせ」を地口の意味で使っている。

落語で「地口オチ」という場合の「地口」は同音異義語をオチとするものを指している。同音異義語、類似音異義語をひっくるめて洒落という場合もある。大阪落語の「口合い小町」は東京では「洒落小町」になる。

「駄洒落」の「駄」は駄菓子、駄馬、駄犬、駄句の「駄」で、くだらない、価値のないという意味。同音異義語を使う洒落をいう場合が多い。ひところは「おやじギャグ」と呼んで軽蔑した。

江戸末期に俄《にわか》（仁輪加）が流行した。その一つ、しろうとが洒落を実演して町の中を流すのを流し俄といった。趣向の一つに、咲いた桜の枝に鍋と釜をぶら下げて歩くのがあったという。「咲いた桜になぜ駒つなぐ、駒が勇めば花が散る」という俗謡の地口で、「咲いた桜に鍋釜つなぐ」というわけだ。

地口を絵に描き祭礼などに行灯《あんどん》として掲げるのが、やはり江戸末期に流行した地口行灯である。閻魔《えんま》大王が床を支えて力んでいる絵がある。賛のように文字で絵解きを添えて「閻魔下の力持ち」。「縁の下の力持ち」の地口である。ナンセンスな絵がなぞの要素を持ち、元の言葉を読んでばかばかしさに笑う趣向。今でも地口行灯をやっている地方があると聞いた。

『万葉集』の戯訓と『古今集』の洒落

洒落がいつ発生したかということは、かなり古いことだろうという以外、特定のしようがない。文字発生以前、書きとめられていないが、話しことばとして同音異義語が自然に生まれ、そのまま消えていったものも多くあったに違いない。『風土記』に残っている地名説話には、地名の由来を洒落で説明したものがある。

文字を持たなかった日本人が外来の漢字を使ってやまとことばを表記したのが『万葉集』である。

春楊　葛山　発雲　立座　妹念（巻十一）

『万葉集』の中でもっとも字数の少ない歌として知られる柿本人麻呂の歌。自立語だけで助詞は表記していない。五七五七七の和歌の形態から類推し、音読するとき助詞などをおぎなって、「春やなぎ葛城《かづらき》山にたつ雲の立ちてもゐても妹《いも》をしぞ思ふ」と読むのである。

東《ひむがし》の野にかぎろひの立つ見えてかへり見すれば月傾きぬ

東　野炎　立所見而　反見為者　月西渡（巻一）

人麻呂の有名な歌だが、原表記をあわせて並べた。定訓となっているのは賀茂真淵の読み方である。旧訓は「月西渡」を「月西渡る」と素直に読んだ。そのほうが冒頭の「東」と末尾の「西」との対比がはっきりする。「月傾きぬ」のほうが格調は高いかも知れないが、これは万葉の訓読でなく添削である。

時代が下ると表記に付属語が加わり、読みやすくなった。

宇良宇良尓　照流春日尓　比婆里安我里　情悲毛　比登里志於母倍婆（巻十九）

「うらうらに照れる春日《はるひ》に雲雀《ひばり》あがり心かなしもひとりしおもへば」とそのまま読める。漢字を草体にくずしさえすれば、平安時代以後のかなで表記された歌と変わりはない。

万葉の表記法は不自由なものだが、それを逆手に取り、洒落で遊んでいる箇所がたくさんある。戯訓と呼ばれる。

たらちねの母が飼ふ蚕《こ》の繭《まよ》ごもりいぶせくもあるか妹《いも》に逢はずして（巻十二）

「いぶせくもあるか」はうっとうしい、心が晴れないの意味。ここは「馬声蜂音石花蜘蟵荒鹿」と表記している。馬声は馬のいななき。現代人は「ヒーン」と聞きなすが、万葉人は「イー」と聞いたのである。「蜂音」は「ブ」、「石花」は「セ」で現代語ではカメノテ。蜘蟵はクモ、荒鹿はアルカ。表記を動物尽くしにしている。「十六」と書いて「しし（猪）」、「八十一」を「くく」と読ませる歌もある。万葉の時代、すでに算数の九九が普及していたことがわかる。「八十一里喚鶏」で「くくりつつ」。「喚鶏」はニワトリを呼ぶ声で、戦前、都会でも家庭でニワトリを飼ったものだが、ニワトリを呼ぶのに「トートー」と言った。万葉の人は「ツーツー」と呼んだのである。

「恋水」を「なみだ」、「少熱」を「ぬる」などは思わず微妙させられる。「大王」は「てし」。これは解読に少し手間がかかる。王羲之《おうぎし》は日本の書に大きな影響を与えた東晋の書家だが、その子の王献之《けんし》も書家として有名だった。父を「大王」、子を「小王」と呼んで区別した。その「大王」である。なぜそれが「てし」なのか。書家を「手師《てし》」と言ったからである。

「山上復有山」は五文字で「で」と読む。山の上にもう一つ山を書くと「出」になるという字謎。実にくだらないが、遊びとは実用を離れてばかばかしいことに手間暇をかけることである。『万葉集』の記録者は、その手間を惜しまなかった。

かなの発生と洒落

平安時代に入ると漢字の草体をさらに崩した文字から仮名《かな》が生まれた。現在いう平仮名である。なめらかな曲線を主体とした仮名が生まれるには、筆と紙の製造技術の発達と関係があるだろう。本家の中国では、近年、簡体字を作るまで草体以上の変化はなかった。日本では表音文字として平仮名とカタカナが生まれている。漢字全体を崩したのが平仮名、漢字の一部分を取ったのがカタカナである。

仮名は表音文字だから、平安時代の和歌には同音異義を使う洒落があふれた。次のようなものである。

はる（春・張る）　あき（秋・飽き）　ひる（昼・干る）　よる（夜・寄る）　とし（年・疾し）　つき（月・便宜）　ゆき（雪・行き）　まつ（松・待つ）　みをつくし（澪標・身を尽くし）

本来、二度使わなければならない同音異義語を、同音の部分で重ねることが多い。

わが背子が衣はるさめ降るごとに野辺のみどりぞ色まさりける（巻一）

「衣張る」は着物の洗い張り。晴天の日の仕事だが、衣はるの「はる」に同音の「春」を重ね、晴天が突然、春雨に変わる。「はる」を両義にかけた変化がこの歌の生命である。

時代は下がって、黙阿弥の歌舞伎「河内山」（『天衣紛《くもにまごう》上野《うえの》初花《はつはな》』）の松江侯玄関先のセリフ、「家中一統白壁と思いのほかの帰りがけ、とんだところへ北村大膳」は「知ら（ない）」と「白」、「来た」と「北」を重ねる。朗々たる七五調と掛けことば、役者も演じて楽しそうだ。

唱歌『仰げば尊し』に「いつしか年もすぎの戸を／開けてぞ今朝は別れ行く」という歌詞がある。「すぎ」は「過ぎ」と「杉」が重なり、杉の戸を「開けて」が「明けて」に重なる。

久保田万太郎の俳句「竹馬やいろはにほへとちりぢりに」は、子供の手習いの「いろはにほへとちり」に「ちりぢり」を重ね、映画のオーバーラップのように言葉が溶けて変化する。芸を感じさせる句である。現代短歌、現代俳句はこういう遊びを切り捨ててしまった。

もう少し『古今集』の洒落を見ておこう。

人恋ふることを重荷とになひもて　あふこなきこそわびしかりけれ（巻十九）

「あふこ」は天秤棒《てんびんぼう》、朸と書く。「おうこ」は大阪弁として上方落語に残っているが、通じないので天秤棒と言いなおしている。天秤棒そのものがなくなったから、言い変えても分からないだろう。歌の意味は「恋の重荷をになう天秤棒のないのがわびしい」というのだが、「あふこ」は「朸」と「逢ふ期」（逢う機会）を掛けている。注釈書に「あふご」と濁点をつけているものがある。それでは「逢ふ期」に限定されて、おもしろさがなくなる。

逢ふことの今ははつかになりぬれば夜深かからではつきなかりけり（巻十九）

「はつか」は僅かという意味と「二十日」を掛ける。「つき」は月と「つき」（手段）の両義。「今日は二十日だから夜が更けぬと月が出ない」という意味と、「あの人と逢う機会が少なくなり、夜が更けないと逢うことができない」という意味の重層性がこの歌の命だが、「つき」を「月」と表記している注釈書がある。それでは「二十日の月は夜更けにならないと出ない」という、当たり前のことをいうだけの歌になる。

「貫之は下手な歌よみにて『古今集』はくだらぬ集に有之候《これありそうろう》」（『再び歌よみに与ふる書』）という正岡子規の一喝を浴びて、和歌の聖典であった『古今集』は「くだらぬ歌集」に転落したが、『古今集』が必要以上に軽んじられるのは、洒落の分からぬ国文学者に責任の一端があるだろう。

「バケツを持ってきてくれ」

「オーケー」

「桶じゃないよ、バケツだよ」

小学生が演じるそんな一口話を聞いたことがある。「向こうの空き地に囲いができたね」「へえ（塀）」という一口話はだれもが知っているが、そういうレベルの駄洒落を平気で聞かせる人が少なくない。親しい間の無駄口ならそれも悪くはないが、見境いのない連発は周囲に迷惑をかける。何を言っても日本語は洒落になるから、取り立てて言うほどのことでもない。思いつくままに同音異義語を吹聴するデリカシーの無さは困ったものである。

駄洒落をそのまま言うのでなく、ひと様に聞いていただくからには、相応の手間をかけて加工をほどこす配慮が要る。その方法はいくつかある。代表的なものがなぞかけである。W

コロンというコンビが、なぞかけで突然ブレークしたことがある。ことば遊びの古典中の古典だが、それを知らない世代には新鮮だったのだ。題を出した途端にできるという速さがこの芸の魅力だが、こういう応答は間髪を入れぬ速さが取り柄で、「頓智《とんち》」の「頓」は禅でいう「頓悟」の頓で、即座にという意味である。

上方落語『兵庫船』に船旅のつれづれになぞかけで遊ぶ場面がある。「破れた財布に銭がいっぱいと掛けて近江八景は瀬田の唐橋と解く。心はぜぜ（銭・膳所）が見える」はその一例。洒落を言う前に、聞き手に考えさせる間を与えるのがなぞかけである。

松竹映画「男はつらいよ」の寅さんの職業はタンカ売《ばい》の香具師（テキ屋）で、流れるように出るセリフが通行人の足を止める。その中に「見上げたもんだよ屋根屋のふんどし、大したもんだよカエルの小便」という決まり文句がある。なぞかけを縮約したもので、見上げたもんだとほめるかに見せて「屋根屋のふんどし」と落とす。「田ィしたもの」は「大したもの」の同音異義。持ち上げておいて落とすという、笑いの別の要素が加えてある。大阪には大阪のしゃれ言葉があった。牧村史陽『大阪ことば辞典』から二、三引いてみる。

妹の嫁入りで、姉ぇ（値）と相談

袖口の火事で、手が出せぬ

センチ場（便所）の火事で、やけくそや
夏のはまぐりで、身腐って貝腐らん

最後に挙げたのは、冷やかしの客をののしる店側のことばで、「（客が）見くさって買いくさらん」の同音異義。

物名と回文

洒落をおもしろいと感じるのは、関連のない二つの言葉が似ているからである。なぞかけは発音の一致だけではなく、思いがけない共通性を見付けるものもあるが省略する。何かが何かに似ることが知性を刺激するのは多分に先験的なもので、理由は思いつかない。コピーした文書や制服などがそっくり同じであっても刺激は受けない。同じであるはずのないもの、同じであってはならないものが似ていると、その類似におかしさを感じるのである。「電車の子母と並んで瓜二つ」（前田雀郎）がおかしいのは、親子が似ていて当たり前だが。限度を越えてよく似ているからである。

ことば遊びの原理を大きく分けると、一つは洒落に代表される類似（アナロジー）、もう一つは制約ということになる。制約は遊び全般に通じる。ルールによって制約を加えないと遊びはおもしろくならない。ことば遊びでは、頭に置く字を決めて詩や文章を作る折句の類がそれにあたる。類似と制約の両方を備えているのが物名《もののな》と回文である。

物名は『古今集』巻十がタイトルとしている用語である。「ぶつめい」と音読されたり、物名歌、隠題《かくしだい》と呼ばれたりする。『古今集』からその例を拾ってみる。

秋近う野はなりにけり白露のおける草葉も色かはりゆく

わが宿の花踏みちらす鳥打たむ野はなければやここにしも来る

「秋近う野はなければや」に「きちかう（桔梗）のはな」を、「鳥打たむ野は」の箇所には「りうたむのはな（竜胆の花）」が隠されている。「きちかう」「りうたむ」は現在のキキョウとリンドウ。『古今集』の歌ではないが同時代のものに次の歌がある。

茎も根もみな緑なる深芹《ふかせり》は洗ふ根のみや白くなるらむ

茎も根も緑色の深芹（根が深く土中に入っている芹）も、洗うと根だけは白くなるだろうというのだが、歌の中身は無いに近い。しかし、「洗ふ根のみや白」の箇所が「荒船《あらふね》の御社《みやしろ》」の同音で、歌の中にさりげなく神社名がはめこまれていることに気づくと驚きを感じる。私の知る限りでは、これが一語の物名でもっとも長い。春と張る、雪と行きなどの掛けことばと原理は同じだが、枝巧のケタが違う。作者は平安中期の藤原輔相《すけみ》。その歌集『藤六集《とうろくしゅう》』はほとんどが物名である。おそらく歌芸人という立場にあった歌詠みなのだろう。

『古今集』には「物名」が四七首採られている。『古今集』が遊びの書でもあることのあらわれた巻だが、四季の歌と恋歌ばかりに目が行き、物名について国文学者は研究を疎外し、放置したままである。それが不満で、私は『笑いと創造』第六集（勉誠出版）に「『古今集』物名わらびの謎」を発表した。

先に挙げたキキョウ、リンドウは秋の代表的な花として、当然、和歌に詠まれていると思うだろうが、『古今集』にそれが一首もない。和歌はやまとことばで詠む。桔梗・竜胆は花の名が字音語（漢字の音で読まれる語）であるために、和歌には扱ってもらえないのである。『古今集』の物名は、そういうかわいそうな花の名を取り上げているというのが拙論の一部。関心のある方はお読みいただきたい。

「伊丹の酒けさ飲みたい」「竹藪焼けた」という風に、上から読んでも下から読んでも同音で、しかも意味の通るフレーズが回文である。単に同音というだけでなく、逆から読んで同じ文章になるということばのアクロバットである。
日本の回文では、元日の夜、枕の下に敷いて寝るとよい初夢が見られるという宝船の絵に添えられた和歌が知られている。

長き夜のとをのねぶりのみなめざめ波乗り船の音のよきかな

「とをのねぶり」は意味不明。著名なわりに出来はよくない。和歌の形では長過ぎて回文にするのがむずかしいが、五七五の俳句形式だと手ごろで作りやすい。江戸時代末期、雑俳の一つとして五七五の回文がさかんに作られた。一部を引いてみる。

孫抱かば太鼓羽子板博多ごま
櫛などを喜ぶころよをとなしく
流しもと虫探さしむ灯《ともし》かな

通常の句として通るなだらかさである。いきなり現代に飛んで、土屋耕一氏の回文集『軽い機敏な子猫何匹いるか』に傑作が多い。その中から数章を引かせてもらう。本のタイトルももちろん回文。

嘘つきの吉相《きっそう》
力士手で塩なめなおし出て仕切り
ブーと煤《すす》が立つは弱ったガスストーブ
焼き茄子《なす》あはれなり　汝《なれ》は明日無きや

島村桂一氏は、かなに換算して五四七字というもっとも長い回文の作者である。都市の緑化をテーマにしたもので、植物名が一一二入れてある。

自作をいうのは気が引けるが、私もある時期、回文に熱中して『四季詩』というのを作った。春夏秋冬の四聯をそれぞれ回文に仕立てた。そのうちの「秋」を引く。

霧流るは　君なき夜

濡れし鳩病《や》み
宿は知れぬ
よき並木　遙かなりき

駄洒落思考の危険性

平方根2の1・41421356を「一夜一夜に人見ごろ」、年号の暗記に平安遷都（七九四年）を「ナクヨうぐいす平安京」と覚える。電話番号の読み替えはテレビのCMなどでおなじみだ。東京スカイツリーの高さ六三四メートルは、武蔵の国にちなんでムサシにしたのだという。

先に書いたように、こういうものを語呂合わせと呼んでいるが、語呂ではなく同音異義の原始的な形、洒落の第一パターンである。日本語は数詞を「いち・に・さん・し…」という漢語系の読みと「ひふみよ…」という和語系の読み方があり、読み方が多いので数字を別のことばに置き換えやすい。洒落の実用化といえる。

洒落は縁起かつぎによく使われる。数字の「四」「九」を忌みことばとするのは「死」「苦」の同音という以外に理由はない。賭博で「する」（負ける）というのを避けて「あたる」という。サル（去る）をきらってエテ（得て）、終わるというのを避けて、正反対の「お開き」を使う。むかしは、学生が受験の前によその家の表札を四枚盗んだという。「試験通る（四軒盗る）」の洒落。今でもＪＲ徳島線「学《がく》」駅の切符五枚をセットで買い、「御（五）入学」で合格のまじないにしている。

全国各地にある人丸神社は柿本人麻呂を祭神とするのだから和歌の神というのが妥当だが、某地の人丸神社は安産の神だという。「人丸」を「人生まる」とした洒落である。防火の神ともいう。こちらは「火止まる」の洒落。信仰に理屈はないというものの、このレベルの低さはいかがなものか。

何かを主張するのに、論理をとばして駄洒落を論拠にすることがある。私が小学校に入学したのは日中戦争（当時は支那事変と呼んだ）勃発の翌年だった。当時、国民病であった脚気防止のために白米をやめて七分搗《づ》きの米を食べるのが奨励された。校長が朝礼で生徒に向かって白米の害を説き、「白米という字をくっつけると粕になる。だから白米は粕だ」と言った。子供心に無茶を言うと思ったものである。こういう理屈が通るのなら、親を切れば親切ということになる。

戦前、「戀（恋）という字を分析すれば糸し糸しと言う心」「櫻（桜）という字を分析すれば二階（貝）の女が木（気）にかかる」という俗謡がはやった。漢字の成立ちを無視して都合のよいように分解し、それを論拠にしているのを今でも耳にする。「親という字は、木の上に立って見ると書く。親は子のすることを横から見守るものだ」という。子育てにおいて親の取るべき態度として間違ってはいないのだろうが、駄洒落が論理を押さえつけた感じだ。

大阪でドケチ教の教祖を称した人物が、金を貯めるには辛抱が大事だと説いて、「金という字は〈人ニハ心棒（辛抱）が一番〉と書く」と言った。

地名はその由来を知りたくなるものらしく、駄洒落でこじつけた説明が用意されている。私は神戸に住んでいるが、ケーブルカーに乗ると、「六甲山」という名の由来をアナウンスして、神功《じんぐう》皇后が六つのかぶとを埋めたという伝説があるという。六甲山は「六甲」と書くが、付近の地名表記は「武庫《むこ》」。「六甲」も「武庫」も元来は「ムコ」で、山名に「六甲」の字を当てたから「ロッコウ」と読まれるようになったのだろう。第一、「甲」は「よろい」であって「かぶと」ではない。

こういうこじつけをフォーク・エチモロジー（民間語源説）という。理路を通した学術的な裏付けは、聞く方に忍耐を求めるが、一言で完結する駄洒落は耳に入りやすい。駄洒落があなどれないのは、縁起かつぎや信仰にみるように、思ったより力を持っているからである。

地名のこじつけ程度のことなら聞き流せばよいが、「白米」や「親」の論理のように、それを真面目に言う人が現れ、多数の人がそれに説得されることがないとはいえない。それが時代の空気になると、理性はその流れに飲み込まれる。その危険性を感じることがある。たばこのパッケージに喫煙の害を書いているように、駄洒落にも「使用上の注意」を掲げる必要があるかもしれない。

（「上方芸能」平成二十三年十二月）

笑う者と笑われる者

笑いの感情を誘発されるという意味で現在使われている「おかしい」と大体においておなじ意味の「をかし」は『枕草子』『源氏物語』にはじめて現れる。平安期の「をかし」は意味の幅がひろく、関みさを氏によると、『枕草子』『源氏物語』に現れる「をかし」には三種類の用法があり、物の明るい優雅美、それを受け取る者の心の働き、それに、微笑を誘われるようなことに対して起こる感情の三つについて用いられているという。

『枕草子』を「をかし」の文学というのは、もちろんこの三つの意味に用いてのことであるが、笑いの感情を誘発するという意味の狭義の「をかし」を使って、日本の文学はもともと「をかし」の文学として出発しているといっても言い過ぎではない。『竹取物語』にしても『伊勢物語』にしても、読者の笑いを誘うことが十分に意識されている。笑いが露出している『竹取物語』については、たびたびいわれても、『伊勢物語』については、笑いの要素が多いにもかかわらず、これを笑いの文学という面から見るのをなぜかはばかるようなところがある。

時代を下げて、西鶴の『好色五人女』のように、あきらかに読者の笑いを誘うことを意図して書かれている小説でさえ、封建制下の女性の恋愛の悲劇性ばかりが強調され、まるで悲劇小説であるかのように取り扱われるのが私には理解できない。日本の古典を扱う場合、笑いを誘うという意味での「をかし」は暗黙のうちに敬遠しておく傾向があるというのは私の考え過ぎであろうか。

笑いの文学の様式を、笑われる側の文学と笑う側の文学に二大別したのは柳田國男であった。同一の催笑の説話を記録する態度にも二種類あり、中世の『今昔物語集』に採られた「ヲコ」の物語は笑われる側の文学であり、『宇治拾遺物語』は笑う側の文学、「楽しみの糟のような」「笑ってやりましょうの文学」といっている（『戯作者の伝統』）。「ヲコ」とは、ばかげたこと、愚かなことであり、常識にはずれたばかげた言動をする者を「ヲコの者」と呼んだ。ヲコの表記はさまざまだが、「尾籠」として音読したのが「ビロウ」である。

柳田の分類にしたがうと、笑いの芸能についても漫才と落語の差を説明することができる。

みずからのおろかさを演じる漫才は笑われる芸能であり、自分ではないおろかな者の擬態を演じ、その話を取りつぐ落語は笑う者の側に立つ芸能である。

『今昔物語集』には、芥川龍之介の『鼻』に材料を提供した禅珍内供《ぜんちんないく》の話をはじめ、自分の影を見ておびえる臆病な武士、食事の作法を知らない侍、ひそかに米を隠して食べていた穀断ちの聖《ひじり》など、「ヲコ」なる人の説話が数多く集められている。柳田は、ここに記録されたヲコの物語を高く評価した。そこに書きとめられたヲコの者が、笑われる側に立ち、人びとに笑いを与えたということを評価したのである。

「事滋く気遣いの多い時代に際して、心ゆくばかりの好き笑いを味わわしめるということは慈善事業である」。周辺の空気をなごやかにするため、身を晦まして愚者を装い、人びとを満足させる者が現れてもよい。しかし、馬鹿になりきれないのか、上品な文学の宿命なのか、ともすると「おれは笑ったという記録になりやす」い傾向がある。柳田はこういって、身を挺して笑われる側に立つ者をたたえ、擁護したのである。

笑いの質についていえば、『今昔物語集』の「ヲコ」の物語の笑いは、それほど質の高いものではない。他人の失敗、無知、不作法など、知性や行動の欠陥を笑うには、さほどの知性を必要としない。人が転ぶのを笑うのは性や排泄を笑うのとそれほど大きな差はない。

『今昔物語集』に採集された「ヲコ」の者の説話は、その嘲笑が露骨であり、仮借《かしやく》なく笑っている。私には『今昔物語集』も笑う側の文学としか見えない。

柳田は人を笑わせる者をひっくるめてヲコの者としているが、『今昔物語集』などにいう「ヲコ」なる言動は、「可咲《おかし》キシ物言ヒ」をする者、すなわち、ウイットのある者とは区別されており、ヲコの者は今日でいう馬鹿なやつというのと大体同じレベルの言動が記録されているのである。柳田が「ヲコ」の者の記録を擁護した『烏滸の文学』は昭和二十二年、敗戦直後の暗い、貧しい時代に書かれた。みずからヲコの者となり、人に笑いを提供しようとする者がいなくなり、笑いの文学がさびれてしまったことを嘆くあまり、柳田はヲコの者を持ち上げすぎたようである。

柳田は人を笑わせる者を「ヲコの者」とし、「人を笑わすことをまだ技能と認めて居りながら、一方には人から笑われるのを大きな侮辱のように思い、それを避けることに心力を傾けているということは、私たちにはまだはっきりとせぬ謎である」といい、ヲコが馬鹿に下落し、現在でいう「馬鹿ばかりを寄ってたかって、我々の笑いの種にしようとした風習の産物かも知れない」(『烏滸の文学』)ともいっている。

古典の中の「ヲコ」の者の説話を読むと、「ヲコ」は「馬鹿」に下落したのではなく、ややその意味は広かったかもしれないが、嘲笑の対象となる言動をする者、すなわち、今日の意味でいう「馬鹿」とほぼ等しいのが「ヲコ」そのものであったと思われる。笑いの中で「ヲコ」に対する嘲笑だけが特別に意識されてきた結果、理由のいかんを問わず、笑うことはその対象となる人を「ヲコ」の者と見なすことになり、笑われることを極端に嫌い、笑うことはつつしまなければならないという、日本独自の笑いの習俗を生んだ。笑いには、「ヲコ」の者への嘲笑も含めて人を攻撃する笑いと、そして人を楽しませる笑いとがあり、この二つは区別されなければならないのに、ひっくるめてひとつの笑いとみなされ、それがこの国の文化全体に笑いの滲透をはばんできたというのが、私の仮説である。古典の中の笑いの部分からなるべく目を逸らせようとする傾向も、そういうところに理由があるのかもしれない。

笑われることが恥辱であり、笑われたくないという人がいなくならないかぎり、そして笑うことは侮蔑をくわえることであり、笑いはつつしむべき感情であると考えている人がいなくならないかぎり、この国の文化に笑いとユーモアの豊穣をもたらすことは不可能に近い。

柳田の二分類は、笑いを向ける方向による分類である。もう一度ここでそれをなぞると、笑いを向ける方向は二つあり、他人を笑うのと、他人に笑われるのとである。柳田の二分類は、自分と他人とのあいだに、笑いの方向について往復二本の線を描く。この図式は単純でわかりやすいが、笑いの図式はもうすこし複雑になるはずである。

私の考えでは、笑いの方向について、往復二本のほかにもう一本の線が加わる。自分が他人を笑う。他人が自分を笑う。そして、もう一本、自分が自分を笑うという笑いの方向である。自分を「ヲコ」の者として認め、第三者の目をもって、自分を笑うのである。

他人を笑うのが風刺、嘲笑であり、他人に笑われる。あるいは他人を笑わせるのが娯楽としての笑いであり、自分が自分を笑うのがユーモアにかかわる笑いである。

このユーモアが日本に現れるのは意外に早く、平安時代の『土佐日記』である。日記体の紀行文を書くのに、紀貫之は第三者である女性の目を設定し、船客のひとりとして自分を眺め、歌のへたな歌人として笑っている。かなによる散文の最初の作品がこういうユーモアを持っていたのである。この種のユーモアは日本の文学の中で伝統として受け継がれず、歴史を通じて笑いは豊穣であったが、底の浅いまま千年を経てしまった。

(『日本のユーモア2 古典・説話篇』昭和六十二年六月)

おかしさの基層

横山やすし・西川きよしの漫才に「同級生」というのがある。あるとき、きよしがバスに乗った。「西川やないか」と声をかけてきたのはそのバスの運転手。中学の同級生で「まあここへ座れ」と運転席を譲ってくれた、というところから漫才は始まる。このあと、バーのママが同窓生だった、かかった医者が同窓生だったという風に話が展開する。やすしが亡くなったとき、テレビで何度も放送されたので、聞かれた方も多いとおもう。

この台本は私が書いた。もとは十二、三分のものだったが、くりかえし演じているうちに、同窓生に飛行機のパイロットやストリッパーまで付け加えられて、三十分以上にふくらみ、やすきよ漫才の代表作の一つになった。

このアイデアは私の経験がもとになっている。市バスがワンマンになる以前、女性の車掌が乗っていたものだが、自宅の近所に車掌をしている娘さんがいて、たまたま彼女が乗務するバスに私が乗り合わせたことがあった。彼女ははにかむように「どうぞ」と言って、こっそり無料で私を降ろしてくれた。これが男の運転手だったら…と想像がひろがったのが漫才「同級生」である。

笑いを送る側と受ける側の間と笑いのキャッチボールの基層にあるのは、話題の共通性だ。「そうそう、そういうことがある」という共感が笑いのベースになる。共感だけでも笑いが生まれる。居酒屋でだれかのうわさをしながら大笑いしているサラリーマンの話を聞いても少しもおかしくない。話題になっている人物をこちらが知らないからだ。

ある商社員がアメリカへ出張し、ニューヨーク行きの切符を買おうとした。窓口で「ツー・ニューヨーク」というと、アメリカ人の係員が切符を二枚出してきた。乗物の「〜行き」というのは「フォー」を使う。それを思い出して「フォー・ニューヨーク」と言い直すと四枚出してきた。思わず日本語で「えーと、えーと…」とつぶやくと、切符を八枚出してきた。

このジョークも実感がある。「ツー・ニューヨーク」程度の失敗は、海外へ行ったことのある人はだれでも経験している。日本語の「えーと」と英語の「エイト（8）」の音の一致から思いつき、だれかがそういうオチを付けたものに違いない。

何がおかしいといって人間ほどおかしいものはない。人間がいるところ、笑いの材料はいくらでも転がっている。笑いは作り出すものではなく発見するものなのだ。自分も含めて人間を観察することから笑いを拾いだすのである。

そうして発見した笑いをだれかに伝えるには多少の技術が必要になる。そのノウハウをよく知り、職業としているのが、対話では漫才師、一人だけのスピーチでは落語家である。そのまま真似《まね》をせよというのではないが、職業的に訓練された笑いの伝達技術は学ぶべきだ。ゴルフも運転も、すべて練習によって技術を身につけるのに、笑いのコミュニケーションだけは練習不要だと思っている人がいるのではあるまいか。

日本では、ジョークを語るのが落語家という職業になり、その技術は芸にまで高められている。「大阪の人が二人寄れば漫才になる」というのは、笑いの会話の技術を日常体験的に身につけている人が多いということであろう。


（「京都新聞」平成十年二月）

笑いとユーモアの境地

ある女性がゴッホの絵の展覧会を見にいった。絵はガラスのショーケースの向こうにおさまっている。照明の加減でこちらの顔がそのガラスに映るので、絵よりも自分の顔の造形や髪ばかり気になり、そっちのほうを鑑賞することになってしまった。そういう場面を詠んだのが、俵万智の『サラダ記念日』の中にある次の短歌である。

　ゴッホ展ガラスに映る我の顔ばかり気にして進める進路

二〇〇万部を超えるベストセラーになったこの歌集には、若い女性の初々しい感性もさることながら、こういうユーモアが多分に含まれていることも見落とせない。

我が髪を三度切りたる美容師に「初めてですか」と聞かれて坐る

五分間テレビに出演する我のために買われたビデオ一式

短歌形式によるユーモアは、昭和初期の少年が愛読した講談社の雑誌『少年倶楽部』の「滑稽和歌」という読者投稿欄にもあった。数首引用してみよう。

兄さんが出かけるときの忘れ物靴のままにて座敷はうなり

遅刻してきまり悪さに下向いて顔を上げれば違う教室

紙芝居自分と同じ名前出てみんな一度にわれを見るなり

歌に詠むかどうかは別にして、私たちの身の回りはこういうユーモアに満ちている。そこに人間がいる限り、どんな時代にも笑う材料には事欠かないのである。

しかし、私などが幼いころは、よく両親から「そんなことをすると人に笑われますよ」とか「人に笑われないようにしなさい」と言ってたしなめられたものである。はしたない言動やおろかな行為を注意することばが、「人に笑われる」であった。

当然、無闇に人を笑うことは不作法とされた。女性は笑うとき、口をできるだけ小さく、いわゆるおちょぼ口に開き、その口を手で覆った。笑いを見せること自体を不作法とする習俗が生んだたしなみである。人の言動におかしみを感じて笑う場合、笑いを抑制しようとする気持ちが働くのである。

NHKラジオに『上方演芸会』という長く続いている番組がある。全国各地を廻って漫才を公開録音している番組だが、その構成を担当している中田明成さんの話によると、笑いの反応には地域性があり、日本の主として南側の海岸地帯、たとえば九州の日南地方、和歌山、名古屋などでは観客は大らかに笑うが、奈良、滋賀県のような山間部に属する地域では観客は笑いを押さえようとする傾向があるというのである。

日本全部を世界の中の一地域と見ると、笑うことを抑制しようとするのは、いわば山間部的習俗であるといえるだろう。こういう習俗はどこから生まれたのか。そのヒントを与えるのが、「そんなことをすると人に笑われますよ」という子どものたしなめ方である。

平安時代後期の説話集『今昔物語集』は芥川龍之介の『鼻』が題材をそこから得ていることで知られているが、『今昔物語集』にはたくさんの「ヲコの者」の話が集められている。

笠で顔を隠して神社参りに来た妻を他の女性だと思って口説き、妻に殴られる舎人《とねり》。月明かりに照らされて壁に映った自分の影を侵入してきた賊だと思い、おびえる臆病な武士。猫を極端に恐がる人物。亀に吸いつき、唇に嚙みつかれて泣きながらもがき苦しむ男。失敗したり、物を知らなかったり、不作法であったりして他人に笑われる者が「ヲコの者」である。

「そんなことをすると笑われますよ」というのは、「ヲコな振舞をすると人から嘲笑される」という意味である。しかし、すべての笑いが嘲笑であるのではなく、笑いにはさまざまな種類があり、決して一様ではない。

笑いは攻撃の笑い、同情の笑い、娯楽としての笑い、の三つに分けることができる。娯楽としての笑いについてはここでは省略し、攻撃の笑いと同情の笑いについて考えてみる。

こういう逸話がある。バレリーナのイサドラ・ダンカンがバーナード・ショウに、「あなたと私が結婚すれば、あなたの頭脳と私の肉体を受け継いだすばらしい子ができるでしょう」というと、ショウが「もし、私の肉体とあなたの頭脳を受け継いだ子どもが生まれたらどうするのです」と答えた。バーナード・ショウは痩せた肉体の持ち主の代名詞として、ジョークに登場する。この逸話も、おそらくショウとダンカンに付会したジョークであろう。

この話は、攻撃の笑いである。こういう笑いに比較すると、さきに挙げた短歌や滑稽和歌のおかしみは多少おもむきが違う。忘れ物を取りに帰ったときは、靴を脱いで家に上がればよいのに、その手間を惜しんで靴を履いたまま座敷を這う。表面に出さずにいるだけであって、他人が見ていないところでは、ほとんどの人が似たようなことをしているに違いない。滑稽和歌の「兄さん」はたまたま大勢の人の代表として靴のまま座敷を這っているのであって、読者は「兄さん」の上に自分の姿を重ねている。「兄さん」を笑いながら、自分を含めて人間共通の弱点を笑っているのである。嘲笑の要素がないではないが、より多くは同じ愚行に対する共感が笑いとなって表現されるのである。自分を含めて、愚かな行動をする人間共通の弱点を認め、それを許容しようとするのが同情、共感の笑いである。

攻撃の笑いは、笑う者と笑われる者がはっきりと分かれ、いっしょになって笑うことはない。しかし、同情の笑いは、笑いながら同時に笑われる者の側に立つ。笑われる者といっしょに笑うのである。

日本人にとって、笑われることはヲコの者とみなされることと同義であって、「笑われますよ」というのは、ヲコな振舞をすること、ヲコの者となることをたしなめたのである。笑いは種類を問わず社会的な制約を受けることになり、笑いの取り扱いについて特殊なルールが生まれた。笑ってよい場所、笑ってはいけない場所というふうに、笑いを許容する場と笑いを許容しない場を明確に区別するのである。私はそれを〈笑いの場〉と呼んでいる。

〈笑いの場〉については、私の旧著『笑いとユーモア』（ちくま文庫）でも述べたことだが、要点を述べると、われわれ日本人にとって酒を酌みかわすのは、そこを自由に笑ってよい場所（笑いの場）とするという暗黙の合意を取り交わすことである。四季の行事では春の花見が公認された笑いの場になる。その合意がない場所で笑うことは不謹慎であり、そこで笑いを人に向けると、笑われた者はヲコの者とみなされたことになり、怒る。笑いはすべて攻撃の笑いとみなされる。しかし、いったん笑いの場を設定すると、そこでは少々度の過ぎた笑いも容認する。

具体的な例でいうと、あらゆる式典は厳粛そのものに取り行われ、挨拶にユーモアが入ることを許さないが、そのあと開かれる宴席では、乾杯の後、一転して笑いに包まれるのが日本の習慣である。笑いの場では、ふだん謹厳な人もみずからヲコの者になることを積極的に買って出ることさえする。この日本独特の笑いの習俗について、ほとんどの人は意識していない。当然のこととして違和感もなく守られてきたからこそ、ルールが意識されることもなかったのである。

しかし、笑いに対する日本人の意識も変化している。それを感じさせるのは、俗に「落研」と呼ばれる落語研究会や演芸研究会が各大学に生まれ、その中から職業として落語家や漫才師が多数生まれていることである。私が学生であったのは今から五、六十年も前のことだが、そのころはこういう形で笑いが校門をくぐるということは考えられもしないことだった。

落語は以前から一定の格式を持ち、「笑わせる」職業であったが、漫才は舞台でヲコの者を演じてみせる「笑われる」職業という面が多分にあった。それも「笑わせる」職業に変わり、青少年のあこがれの職業になっている。

笑われることはすなわち恥辱であるという日本伝統の笑い観は若い世代の意識から消え、同時に〈笑いの場〉の習俗が取り払われつつある。現在は世代間の笑いの認識の差による混乱期であり、笑いの習俗をめぐるトラブルなどが起きているかもしれない。しかし、それは笑いを必要以上の束縛から解放する過程での、よい方向に向かうための混乱であると私は考えている。

話題をユーモアに移す。ユーモアということばの定義にもよるが、笑うこと、人を笑わせることがそのままユーモアにもつながるのではない。また、「人間はユーモラスな存在である」ということと「あの人はユーモアがある」というのとは同じではない。忘れ物を取りに帰ったとき、靴のまま座敷を這っているのはユーモラスな光景だが、その人にユーモアがあるとはいえない。「ユーモアがある」というのは「ユーモア感覚がある」という意味で使われる。すべての人はユーモラスな存在だが、すべての人にユーモア感覚があるとは限らない。

ユーモア感覚はユーモアを感じる能力とユーモアを感じさせる能力とに分けることができる。ユーモアをユーモアとして受信する能力とユーモアを発信する能力とである。二つの能力はもちろん別のものではなく、ユーモアの発信装置にはかならず受信装置がついている。しかし、発信装置にも受信装置にも、人によってその性能、感度に歴然とした差がある。性能の悪い発信装置を持つ人は、性能がよいと自負するという困った傾向がある。

ユーモアの発信と受信について、ひとつの例を挙げてみよう。動物園の檻に「餌を与えないでください」という掲示がある。この掲示はもちろんユーモアとは関係がない。そして、これは知人からの伝聞だが、ロンドンの動物園のワニの檻の前に「餌をやらないでください。やった人は自分で拾ってください」という掲示が出ているということである。これはユーモアである。この掲示を出した人は、ユーモアの発信装置を持っている。これを読んで笑う人は、ユーモアの受信装置を持っている。

この掲示を読んで「入園者に危険なことを要求しては困る」と園長に抗議したり、実際にワニの檻の中に入り、餌を回収しようとする人は、ユーモアの受信装置を備えていないのである。自分が投げた餌を回収するため、中に入ろうとしてワニの檻によじ上る人がいたとする。それを見た人は笑う。しかし、生理的反応として笑いを見せた人がかならずしもユーモアの受信装置を持っているとは限らない。

私は生まれてから現在まで、ずっと神戸に住みついている。六甲山系の南部にある神戸(旧市街)の地形は、方角がわかりやすい。市街地全体が坂であり、どこからでも北を示す山が見える。こういう地理的環境に長く身を置いていると、方向感覚がだめになる。使わない感覚は確実に退化する。同じように、ユーモア感覚も絶えず働かせていないと退化する。笑いを公式の社会生活から隔離してきた日本の習俗が、笑いを通じてユーモア感覚を磨くことを妨害してきたことは否定できないようである。

結婚して間もない共働きの夫婦がある。帰宅してから夕食を作るのは妻、その料理を二つに分けて盛りつけするのが夫の分担である。ある夜、夫が肉を二つに切り、めいめいの皿に盛ろうとすると、妻が涙を浮かべて、「結婚したばかりのころ、あなたはいつも大きいほうを私にくれたわ。今はその反対ね。もう私のことなんか愛していないのね」というと、夫は笑って答えた。「そうじゃないんだ。きみが料理を習っていないからなんだよ」。

このジョークは切れ味がよくないので、オチが伝わりにくいかもしれない。ジョークを説明するのはつまらないことだが、つまり、妻の料理がへたで食べられたものではないので、心やさしい夫が犠牲になっていたのである。

こういう話もある。ある青年が恋人の女性の誕生日にバラの花をプレゼントした。花屋に頼んで届けてもらい、「誕生日おめでとう。年齢の数だけバラの花を贈ります」というカードを添えた。すると、次に出会ったとき、その女性は青年に平手打ちを食わせた。花屋がバラの花を四、五本サービスしていたのであった。

肉を二人で分けるとき、大きいほうを取るのは利己的である。花屋が花をサービスすることはよいことである。社会通念としてはそのとおりであり、ほとんどの場合はそれが正しい。しかし、そういう通念や常識がいつの場合にも正しいとは限らない。ユーモア感覚はこの「とは限らない」場合をつまみ出してみせる。常識や通念に支配されず、あらゆる可能性を瞬時に判断する能力がユーモア感覚の大きな部分を占めている。

このあたりで小休止を兼ねて、パズルを一つ提供する。レストランで医者と弁護士がいっしょに食事をしていた。そこへ一人の女性が血相を変えてとび込んできた。彼女は医者の妻だった。医者が弁護士にそのことを告げると、弁護士はいきなり持っていたピストルで医者を射殺した（これは海外の話である。ただし、問題には関係はない）。なぜ、弁護士は医者を射殺したのだろう、というのが問題である。すぐに答えを言ってしまっては興味がうすいと思うから、先で書くことにして話を進める。

通念となっているため、信じて疑わないことはずいぶん多いと思われる。最近、姿を消してしまった芸能に、曲技の一輪車乗りがある。以前は寄席の舞台でよく見たものだが、一輪車が小学生のあいだに普及し、すこし練習すれば幼い子どもにも乗れることがわかってしまったから、曲芸として見る人はいなくなった。ついこのあいだまで一輪車に乗るのは常人には不可能なことであるというのが通念であり、観客は感心して一輪車乗りを見ていた。曲芸師は一輪車ではなく、観客の思いこみに乗っていたのである。

ここで、先のパズルの答えを言うと、この弁護士というのは女性だったのである。二人は結婚を前提に交際している医師と女性弁護士で、医師に妻がいることがわかったので、裏切り者を射殺したのである。「医師と弁護士」と並べると、ほとんどの人は二人の男性を思い浮かべる。こういう思いこみは、自覚がないだけで、人の相当深いところを支配していると思わなければならない。

戦時中、モールス信号の記憶法として合調音《がっちょうおん》というのがあった。「ア」のモールス信号は「――・――」だが、これを「あーゆーとこーゆー（ああ言うとこう言う）」と覚えるのが合調音である。私はユーモア感覚について考えるとき、「ア」の合調音を思い出す。通念や常識がああ言うとユーモア感覚はこう言う。桜の花は満開のときがいいと言うと、いや散っているのも風情があると言い、月は満月が美しいと言うと、いや、欠けた月もいいと逆らう。ユーモア感覚には、こういう気むずかしさやへそ曲がりの一面があることも否定できない。

「花は盛りに、月は隈なきをのみ見るものかは」というのは、兼好の『徒然草』である。『徒然草』を貫くのは、要するに「ああ言うとこう言う」ユーモアである。兼好は常識的な価値観を全部ひっくりかえしてみせた。子孫はいないほうがいい。長寿は恥をかくばかりである。金《こがね》は山に捨て玉は淵に投げよ。他人よりすぐれた能力を持っているのは欠点である。

『徒然草』はそう言う。

子孫は多いほうがよく、長寿は結構なことであり、財産も多くあるに越したことはない。

他人よりすぐれた能力を持つのはよいことだ、というのが通念である。兼好はこの通念に対してモールス信号の「ア」を発信する。

兼好は鎌倉幕府の滅亡から南北朝時代にかけての激動の時代を生きた人物だが、早く官職を捨て、一栄一落に神経をすり減らすのをやめ、人生のアウトサイダーになった。生活はさすがに苦しかったらしく、友人の頓阿《とんあ》に「夜もすずし／寝ざめの刈穂／手枕《たまくら》も／真袖も秋に／へだてなき風」という歌を贈っている。この歌の頭の字を一字ずつ読むと「よねたまへ（米賜へ）」、最後の字を後から逆に一字ずつ読むと「ぜにもほし（銭も欲し）」になる。秋の夜寒を詠むのは、実は米と銭を無心する歌だったのである。

「金は山に棄て、玉は淵に投ぐべし」と言った兼好が当座の入り用に事欠き、友人に無心したというのがおかしい。チャップリンは『ライムライト』の中で、人生に必要なものは勇気と想像力とサム・マネー（おかね少々）といったが、財宝を否定する兼好にも「サム・マネー」は必要だった。財宝を否定しながら金を必要とするのは矛盾のようだが、財宝は要らないということも、当座の入り用は欠かせないということも、両方正しいのである。

人よりすぐれた才能があるのはいいことではあるが、なまじ才能があるために他人の嫉妬を買ったり、競争に身をすり減らしたりするのは不幸であるとも言える。「とも言える」のである。プラスとマイナスはヤヌスの顔のように背中合わせになっていて、両方が混在しているのがほんとうのところである。

ユーモア感覚は、一種のバランス感覚である。極端を嫌い中庸を求める。バランスを求める精神が、どちらか片方に行き過ぎることを否定する。通念や常識もしばしば行き過ぎ、一面しか見ないから、通念が通念であることに安住しているとき、ユーモア感覚は「しかし、こうも言える」と逆の面を指摘して見せる。ユーモアが時に皮肉に聞こえるのは、通念になっていることは言うまでもないこととして、「こうも言える」という面だけを取り上げて強調するからである。

昭和初期に小鳥ブームが起きた。ブームが去った昭和四年には、まったく売れなくなってしまった。小鳥を販売促進するには大いに宣伝して、飼う人を増やそうというのが常識である。ところが、各地の小鳥屋が相談して取った方法は、小鳥を逃がすことだった。セキセイインコのオスばかりをいっせいに放つと、インコを捕らえた人は家で飼い始める。餌が売れ、鳥籠が売れる。一羽ではさびしいだろうというのでメスが売れる。ジュウシマツも放って商売を盛り返したという（『雪』昭和六十二年九月号）。

「損して得取れ」ということわざを地で行った話だが、小鳥の需要を増加させるために小鳥を放す、という発想はおもしろい。小鳥飼育の需要を増やすために小鳥を逃がすというのは、一種のユーモア感覚である。「とも言える」発想が常識外の方法を発見させるのである。

価値観の多様化ということが言われてひさしいが、これまで常識や通念が価値の一面を固定してきたのであって、価値というものはもともと多様なのである。日本の笑いは「場」から開放されつつあるが、常識や通念は逆にいよいよ固定する方向に向かっているように思われる。

人の平均身長や平均体重があるように、標準的な幸福というものを想定することはできる。しかし、一人づつ違う人間にとって生き方や幸福に一定の形があろうはずもない。ある人にとっての幸福は別の人にとっての不幸であるかもしれない。人さまざまである。人の生き方にとっても、小鳥を逃がすことがプラスになるかもしれないのである。一定の枠が人の生き方まで窮屈に閉じこめようとする時代にこそ、ユーモア感覚の生む自在な価値観が必要なのではないだろうか。

（「こころの科学」21　昭和六十三年九月）

死に臨むためのユーモア

阪神大震災の体験

平成七年（一九九五）一月十七日未明、私は阪神大震災を現地で体験した。被災地のほぼ中心地、神戸市灘区に私は住んでいる。寝床の中で熟睡中、ゴオーッという地鳴りとともに、トランポリンにでも乗ったように体を下から激しく突き上げられ、同時に大きな洗濯機の中で攪拌《かくはん》されるような横の揺れを感じた。私の知人は真っ暗な天空に発光現象を見たと言う。幸い家屋の倒壊を免れ、家族に死傷者を出すなどの被害がなかったから言えることなのだが、都市直下型の激震に遭遇したことは私にとって得難い経験だった。

全くの不意うちだった。だれが言ったというわけではないのだが、阪神間には地震が起きないという迷信のようなものがあり、住人のほとんどがそう信じていたのである。ある地震学者は、巨大地震発生の可能性から言えば、阪神間は日本で三番目にランクされる危険地帯であると事前に警告していたということである。しかし、人々は警告に無関心というより、そういう警告があるということすら知らされていなかった。マスコミも無関心、行政も地震に対する準備をしていなかった。

神戸市は、昭和十三年七月の阪神大水害で市街地が土砂に埋まり、死傷者一、六〇〇人、家屋の流失、全半壊一万六千戸、浸水家屋八万戸という大災害を経験している。神戸市の場合、防災意識は他都市より進んでいたと思うが、その目はもっぱら六甲山系の山津波がもたらす水害に向けられていたのである。東海地方や東京都のように地震に対する心の準備があれば、阪神大震災の被害状況はもう少し良いほうに違っていたであろう。

私の家族は、祖父の代から四代、九十年間、神戸市に住んでいるが、その間、大きな地震を経験していない、私は祖父からも両親からも地震の経験を聞いたことがない。阪神間に住む人はだれもがそうであったのだが、地球規模で考えると一〇〇年程度の年月など何ほどの時間でもないのに、ただそれだけの経験で阪神間に地震はないという神話が生まれていたのである。

思い込みと固定観念

阪神大震災の場合、地震に先立って多くの動物にその予兆とみられる動きがあったことが報告されている。動物は本能や欲求にしたがって行動するが、人間はなまじ脳が発達しているために、行動のかなりの部分が理性によってコントロールされる。動物の行動より人間の行動のほうが理性的であるというのではない。理性が常に正しく働くのであれば問題は起きないのだが、思い込みや先入観に支配され、間違った方向づけをされた理性が人の行動を規制するため、多くの場面で人は間違えるのである。

戦後五十年間、土地価格が右肩上がりの状態が続くと、そのトレンドが永久に続くという思い込み、いわゆる土地神話が生まれた。バブル経済の崩壊によって、それが虚妄のものであったことがさらけ出されたが、その後遺症は大きく、日本経済を根底から揺るがした。バブル経済崩壊の後を襲った都市直下型の大地震は、人間の思い込みに対して自然が発した重ねての警告であるかのように私には受け取られた。

人間の頭は思い込み、先入観、固定観念の固まりである。例えば、テレビドラマで新幹線が走っている場面を見ると、新大阪方面から東京方面に向かう上り列車は、必ず〈左↓右〉の動きで撮影されている。下り列車は〈右↓左〉の動きでとらえられる。ホームや線路の反対側から見れば、左右の方向は逆になるが、テレビはそういう撮影をしない。右は東京・東北方面、左は大阪・九州方面。小学生の時から地図を見ることで刷り込まれた東西＝左右という聴取者の固定観念に、テレビの画面は合わせている。

外見からも人は判断を誤る。日本人は近視が多いというのが常識になっていたが、その根拠は、外国人に比較して眼鏡をかけている人が日本人に多いからというのである。眼鏡をかけているという外見から、ただちに近視が多いと判断することはできない。なぜなら、すべて眼鏡をかけない人の視力は良いとは限らないからである。文字が読めない人は眼鏡を必要としない。世界には識字能力のない人が多く、先年、国連が国際識字年を設けたほどである。貧困で眼鏡が買えない人も眼鏡を持たない。地球上をおおう貧困についてはいまさら言う必要もないだろう。眼鏡をかけない理由はほかにもさまざまに考えられる。日本人に眼鏡をかける人が多いのは、識字率が高く眼鏡の需要が多いこと、そして眼鏡を買うことのできる経済力があるからである。視力の良し悪しは検眼によってわかることで、眼鏡をかける人が多いか少ないかは、眼鏡の普及率を表すに過ぎない。

名は体を表すと言うが、名称や外見がその内容を正しく表すとは限らない。大阪名物の「たこ焼き」にはタコが入っているが、「鯛焼き」にタイが入っているのではない。「きつねうどん」にキツネが入っているわけではない。「鯛焼き」や「きつねうどん」の中身をまちがえる人はいないだろうが、「アルコール温度計」の中にはアルコールが入っていると思っている人がほとんどである。「アルコール温度計」とネーミングされたものの中に入っている液体はアルコールであると信じて疑わない。アルコールは78℃で沸騰するのに、アルコール温度計で100℃以上の測定ができるのは、「アルコール温度計」の赤い液体がアルコールではなく灯油だからである。[1] 有名ブランドであることと品質は必ずしも一致しない。ピカソやマチスの絵にも駄作はあり得る。しかし、「アルコール温度計」の中身はアルコールであると思うように、名称や外見は中身についてある種の思い込みを生む作用をする。本能と白らの感覚に頼り、理性に左右されない動物は、人間のように思い込みにとらわれない。

自由な価値観

人は、あらゆることについて思い込み、偏見、先入観の支配を受けていると思わなければならない。思い込みは思い込みにとどまるのではなく、考えを歪曲し、間違った方向に行動を規制する。当たり前と思い込んでいることについては、それが正しいかどうかを問うことさえしなくなる。

ユーモア感覚は、このような思いこみを破壊する知性、弾力に富み自在な発想ができる能力のことであると私は考えている。常識や通念としてはこうだが、こういうふうにも考えられる、というように複眼で物を見ることのできる能力である。通念や常識はしばしば偏るが、ユーモア感覚はその偏りを補正し、理性のバランスを保つ働きをする。常識としての見方は言うまでもないこととして、「しかし、こうも言える」と別の見方をひょいとつまみ出してみせる。ユーモアがしばしば皮肉や意地悪の色合いを帯びるのはそのためである。

『徒然草』に「友とするに悪《わろ》き者」として、高貴な人、若い人、酒を好む人、嘘つき、欲深い人など七つを挙げる中に、兼好は「病《やまい》なく身強き人」を入れている（百十七段）。病気を知らない健康体の主は友達にしたくないと言うのである。健康は絶対的に善であるという通念を兼好は揺さぶる。それがどういう理由によるのかということには触れていないので、推測するほかないのだが、実際に病気を経験してみると思い当たることがある。病気をすると内省的になり、弱者の立場から物を見るようになる。晴天ばかりで雨の降らない土地に作物が育たないように、健康しか知らない体は人間としての潤いに欠ける、と兼好は見たのではないだろうか。

常識的な価値観を兼好はことごとくひっくり返してみせた。長寿がよいとするのが常識だが、兼好は「命長ければ辱《はじ》多し」という『荘子』の言葉を引き[2]、四十歳未満で死ぬのが見苦しくなくていいと、どきっとするようなことを述べている（七段）。

年を取るということ

日本社会の高齢化とともに、老後をいかに生きるかということに高い関心が寄せられている。老いることは、通念としてはマイナスに評価される。「いつまでも若く」と若さが賛美され、「お若いですね」というのはすべての老人の耳に快いお世辞である。どこから見ても老人としか見えない人が、「内臓は若い者と変わらない」と真顔で自慢するのを聞いたことがある。体の外側だけ老化し、内側は若いままという肉体など存在するとも思われないが、うそやお世辞とわかっていても若さにすがりたいという心根が理解できぬでもない。

老いを素直に受け入れようとしない心理の底には、若さはプラスだが、老いはマイナスであるという価値観の図式があるようだ。サラリーマンは六十歳の定年で会社をお払い箱になる。年齢と共に賃金がかさみ、能率は低下し、ポストをふさぐので、会社は年齢が高いことをマイナスと見るが、それは企業側の物差しであって、年齢が持つ全体的な価値に、若さはプラス、老いはマイナスという単純な二分法は当てはまらない。若さには若さのプラス面とマイナス面があり、老年には老年のプラス面とマイナス面がある。若さには若いがゆえの煩《はん》悶《もん》や懐疑があり、老いには老いゆえの醜さや我執《がしゅう》がある。青春は美しく輝く人生の午前だが、年を取ることにもまた黄昏《たそがれ》の輝きがある。そういう風に四分法で人生の価値を見ることが必要であろう。

ミステリの終末近く、探偵が登場人物を一堂に集め、咳《せき》払いをして、「さて」となぞ解きをする。年を取るということはそれに似ている。人生の途上、見たり聞いたりしたさまざまななぞが、年を取ることによって自然に解けるのは楽しいことである。老いることのプラス面だろう。

一例を挙げてみる。子供のころ、老人が新聞を広げるのに指先を舌で湿らす動作がうとましく見えたものである。紙幣を数えるのに唾《つば》をつける人もいる。老人はどうしてあんな卑しいことをするのだろうと子供心に眉をひそめたものだが、私自身がその年齢になり、理由がわかった。老化によって皮膚の脂気が抜け、指先を湿さないことにはページを繰るのが難しいのだ。自分がその状態になり苦笑している。

「早起きは三文の得」ということわざは、勤勉な日本人には耳なじみである。発育盛りの子供にはつらい早起きだが、老人はそれを物ともせず、冬の早暁も暗いうちから起き出し、雨戸をくり、うがい手水の音を立てている。老人の生活はストイックで、その象徴的行動が早起きである。そういう目で見ていたが、私自身その年齢に達して、それが誤解であることがわかった。年を取ると、早く目が覚めるようになり、じっと寝ていられないというだけのことである。早起きは道徳ではなく老人の生理に過ぎない。これも私自身の高齢化によって自然にわかったことである。

余談になるが、では「早起きは三文の得」ということわざがどうして生まれたのかということに触れなくてはならないだろう。「早起きは三文の得」というのは、本来、早起き奨励のことわざではなかったと思われる。衆人が価値を認めるものは、千両役者、目千両、価千金など「千両」や「千金」で表し、価値のないものは、二束三文、三文判、三文小説など「三文」で表すのが日本語の慣例である。用例から、「三文」とは価値がないに等しいという意味であることが帰納される。早起き奨励なら「早起き千両」というところだが、「三文」の得というのだから、早起きに価値を認めていないのである。「早起きは三文の得にもならぬ」の末尾を省略したのが「早起きは三文の得」であり、もともとは、ムダな早起きをするより寝ているほうがましという意味であったのが取り違えられ、意味が変化したのだと私は推測する。

〈良いこと〉は良くない

しわが寄るほくろができる背が屈む頭が禿げる毛が白うなる
手はふるう足はよろつく歯は抜ける耳は聞えず目はうとくなる

横井也有の作といわれる「詠老狂歌」から二首を引いた。赤瀬川原平氏は老人がこうなることを「老人力がつく」と表現した。そのユーモアが通じず、「老人力」を老人が元気に活動することだと取り違えられている。

年を取ると、視力、聴力は衰える。そうして五感の働きの鈍ることが不幸せであるかというと、そうばかりとも言えない。逆に、五感が優れて鋭敏であることが絶対的に幸せであるとも言えない。人の目が顕微鏡のように微細な物まで見えるとしたら、あらゆるものが黴菌《ばいきん》や埃《ほこり》にまみれているのが見え、握りずしなど食べられたものではないだろう。

私の母は、晩年、耳が遠くなったが、補聴器を使うのを嫌った。「音が全部聞こえるから、煩わしい」と言うのだ。人間の耳は適当に感度が鈍いのでいいのである。何もかも聞き取る高感度の耳を持っていたら、うるさくて仕方がないだろう。「見ぬもの清し」と言うが、適当に見えないことによって、また適当に聞こえないことによって、どれほど救われているか知れない。

通念としては、記憶がよいことはプラスに評価される。しかし、失恋のような悲しみは忘れることによって癒される。記憶のよいことが絶対的に良いものであるとは言えず、忘れることもまた人間の大切な能力である。脳のメカニズムに記憶装置だけがあり、忘却のボタンがなければ、記憶の引き出しは過去の思い出であふれかえり、その重圧に押しつぶされてしまうだろう。

私が老齢に達してわかったことをもう一例挙げてみよう。

ある時、地下鉄の車内で立っていると、後ろから私の肩をたたく人がいた。振り向くと見知らぬ女性だった。彼女は空いている座席を黙って指さした。席が空いたから私に座れと勧めているのだと理解するまでに時間がかかった。私は、他人に座席を譲っても、譲られるような年齢ではないと思っていたからである。私に座席を勧める老女が、どうしても私より年上にしか見えないのはショックだった。こうして、私は初めて座席を譲られる老人の気持ちを体験したわけだが、感想を一言で言うと、不愉快そのものだった。「むやみに席を譲らないでください」という看板を背中にぶら下げておきたいと思ったくらいである。高齢者に席を譲るのは通念としては善行だが、あらゆる人、あらゆる場合にそれが善であるとは限らない。小さな親切が時には大きなお世話であるということも、私自身が年を取ることによって実感的にわかったことである。

老いること死ぬこと

紀元前三世紀、秦の始皇帝は、海中の三神山から得られる薬物により不老不死の仙薬を作ることができるという徐福《じょふく》にそれを探させた。徐福は童男童女数千人を乗せ、船で蓬萊国へと旅立ったが、ついに帰国することはなかった。徐福は日本へ来たという伝承があり、和歌山県新宮市にその墓というものがある。始皇帝が権力と財力にあかして求め、手に入らなかった不老不死の仙薬を、人々は今も探し続けている。日本人の平均寿命は八十歳を超え、十分長寿になったが、不老不死の幻想を追う人々のために、健康食品や健康法はさまざまに装いを変えて流行している。

人が老いることを嫌うのは、老いが死と隣合っているからだろう。仏教では、生老病死という人間の根源的な苦悩を「四苦」と呼び、生きることから派生するもう四つの苦を加えて

「八苦」とする。慣用句「四苦八苦」の原義だが、中でも最大の苦は死である。死は生の反意語ではなく、生の中に死は含まれている。生まれたその日から人は死に向かって歩んでいる。

赤ん坊は死の恐怖を知らない。老人はぼけることによって赤ん坊に戻り、死の恐怖から逃れる。ぼけない人は、刻々近づく死の恐怖に耐えなければならない。そのために、仏教は浄土を想定する。浄土には薬師仏の浄瑠璃世界、観音菩薩の普陀落山《ふだらくさん》、阿弥陀仏の極楽浄土などがある。もっとも知られているのは西方十万億土にある極楽浄土である。

私自身はそれほど宗教心を持たないのだが、先祖以来の仏教徒ということになっている。宗派は浄土真宗である。仏教にはキリスト教のように宗派共通の聖典というものがなく、それぞれの宗派がそれぞれの経典を持っている。浄土教（浄土宗、浄土真宗）の中心となる経典は『無量寿経』『観無量寿経』『阿弥陀経』で「浄土三部経」と呼ばれる。その中に西方極楽浄土が詳細に説かれている。[3] 浄土を西方に想定したのは、落日の美しさからの連想だろう。極楽浄土には苦しみというものがなく、楽しみのみがある。自然はことごとく金銀宝玉でできており、七重の欄干、珠玉で飾られた網で囲われ、四宝で飾られた七重の宝樹がいたるところにめぐらされている。その金ピカの描写は装飾過剰の仏壇を思わせる。極楽の蓮池には八功徳《はちくどく》の水が満ちている。この水は渇きを癒し、健康を増進するなど八つの効果がある。池中の蓮華は車輪ほども大きく、美しい音楽が流れ、一日中、美しい花が舞い落ち、孔雀《くじゃく》・鸚鵡《おうむ》・迦陵頻伽《かりょうびんが》などの美しい鳥がいい声で鳴いている、といった理想世界である。

浄土には、無限の光と無限の生命を持つ阿弥陀如来がいて、衆生を救うために四十八願を立て、臨終の人を迎えに来てくれる。仏画のモチーフになっている阿弥陀来迎《らいごう》、いわゆる「お迎え」である。浄土教では、人は死ぬのでなく浄土に生まれるのだと教える。これが「極楽往生」である。「往生」の原義は、極楽浄土へ〈往《い》って生まれる〉ということである。病気、貧困、飢餓、闘争。不安に満ちた現世は汚れた世界である。そんな現世を嫌い、極楽浄土に往生することを願う。厭離穢土《おんりえど》、欣求浄土《ごんぐじょうど》である。生物学的な死を観念の中で生に転換し、この世を穢土あの世を浄土と考えることによって、死の恐怖から逃れるばかりか、すすんで死を受容するのだ。

他の人は知らないが、残念ながら私は極楽の存在を信じる気持ちになれない。あの世のユートピアの存在を信じるには、小賢しく知恵がつき過ぎた。私は曲がりなりにも浄土真宗の信者なのだから、浄土思想を持たなければならないのだが、経典に説かれた浄土の案内から、ディズニーランドや江戸川乱歩『パノラマ島奇談』の「パノラマ島」を連想する始末である。

宗教が浄土を想像したのは、病気には加持祈禱以外に有効な対策がなく、飢餓と戦乱が屍《しかばね》の山を築き、この世に地獄を現出した時代のことである。僅々数十年のことではあるが、日本人はある程度まで病気を克服し、平和を保ち、飢餓のない世の中を作り出した。エアコンのお陰で環境は寒からず暑からず、LEDで夜も明るく、音楽は絶え間なく流れ、花は年中咲いている。八功徳水ならぬミネラル・ウォーターは、コンビニへ行けばいつでも手に入る。物欲渦巻き、道徳観念が低下した現社会は、精神的には穢土であるかもしれないが、物質的環境は、仏典の説く極楽浄土に近づいた。現世すなわち極楽ならば、十万億土の彼方にある浄土に「往生」を願う必要はなく、足下の極楽に一日でも長くとどまりたいと願う人が増える。健康法や健康食品に異常な関心が向けられているのはそのためだろう。

死の下の平等

現世が極楽であっても、死の恐怖は厳然として存在する。長寿とは、短命の人よりも長くその恐怖に耐えなければならぬということである。日本が世界一の長寿国になったということは、世界一多くの国民が死の恐怖におびえているということである。人が死を恐れる理由の一つとして、死後がどうなるかわからないということが挙げられるだろう。不安は〈わからない〉から生まれる。臨死体験なるものに関心が集まるのは、どのようなものなのかわからない死について、あらかじめ知っておくことにより不安を解消したいからだろう。臨死とは、おおかた死ぬところだったということであって、死とは似て非なるもの、生の一形態である。その体験を聞いても死がわかったことにはならないが、それでもいいから死に関してあらかじめ知識を持つことによって安心を得たいというのだろう。

若さはプラス、老いはマイナスというのと同じ単純な価値観の図式によって、生はプラス、死はマイナスととらえることが、必要以上に死を恐れさせているのではないだろうか。私が浄土の思想から教えられるのは、死は悪いものではなく、より良い生を享《う》けることであるという、通念と逆の価値観を説いていることである。そこに兼好の「病なく身強き人」の否定と共通するものを見る。

死のシステムは、考えるほどによくできていると感心させられる。死はだれもが一度経験し、また経験しなければならないことである。偉大な業績を残したとか、資産があるからといって死を免れることはない。生前、悪業を重ねたから、怠け者であったからといって、二度、三度死ななければならぬということもない。たいていのことは、人に押しつけるなどして避けようと思えば避けることができ、あるいはくりかえし経験することができるが、死に限ってはすべての人が必ず一度経験しなければならず、また希望しても二度くりかえすことはできない。人生のあらゆることは不公平、不平等だが、死だけは完全に平等である。見事に完全なその平等性によってあきらめが生まれ、あきらめによって人は死の苦悩から救われている。

死のもう一つの特色は、それがどのようなものであるか、本人以外にはわからないということである。宇宙旅行の体験は宇宙飛行士から聞くことができる。しかし、死後の経験だけはだれからも聞くことはできない。宗教家は死後の世界を語るが、その通りであるかどうかは死んでみなければわからない。生ある限り、「死後はどうなるか」の正解を得ることはできないのである。

世の事象のほとんどは相当の教養や専門的知識がないと理解できないが、死がどのようなものであるかということは、教養や予備知識の有無にかかわらず、死にさえすればわかる。死ぬことによって、おそらく何ごとも起こらず、あの世というものも存在しないと私は考えているが、根拠があるわけでなく、生きているときは想像もしなかった特殊な次元がひかえているかもしれない。その想像が正しいかどうかは死んでみないとわからない。死について知るには死ぬ以外に方法がない、ということについてもすべての人に平等である。

老人になることに人生というミステリの最後のページを読むような楽しみがあると言ったが、死に関しても私は同じことを思うのである。老いることが初めての経験であり、発見に満ちているように、死ぬことによって死がどのようなものであるか知ることができると思うと、待ち遠しい気がしないでもない。その気持ちがこの先どう変わるかわからないが、人生というミステリの最終ページにあるなぞ解きの楽しみを、できるだけ先に延ばすために、ゆっくりと生き、今日の無事を守るというのが現在の心境である。

参考文献

1 板倉聖宣『科学的とはどういうことか』仮説社 一九七七。
2 「堯曰く、男子多ければ則ち懼れ多し。富めば則ち事多し。寿なれば則ち辱しめ多し」（『荘子』外篇「天地」）
3 中村元、早島鏡正、紀野一義訳注『浄土三部経（上下）』岩波文庫 一九九〇改訳。

（日総研『システム論による看護の実践』平成八年十一月）

III

シンプソン英語学校

［前記］「シンプソン英語学校」は六十年以上も前（昭和三十年）の作である。当時の世の中について多少注釈が必要かと思うので先に付記する。

英語ブーム　終戦後、米国の占領軍が日本に進駐してくると、英語（米語）ブームが起きた。『日米会話手帳』という小冊子は発行部数三六〇万部に達したという。熱しやすく冷めやすいのは日本人の常だが、十年たつかたたぬかでブームは去った。

少年工　当時、義務教育は尋常小学校（国民学校初等科）が六年、その上に高等小学校（国民学校高等科、二年制）があった。義務教育を終えて働く少年は大勢いた。

南米移民　大正末期から政府は日本人のブラジル移住を奨励し、現在とは逆に日本から南米へ移住した。昭和三年（一九二八）現在の神戸市中央区山本通に国立移民収容所を開設している。移民船で出発するまでの滞在施設である。第一回の芥川賞を受賞した石川達三の「蒼氓」は「一九三〇年三月八日。／神戸港は雨である。」という書き出しで始まる。神戸港からの南米移住は昭和四十六年（一九七一）まで続いた。

すでにその頃すたれる兆《きざ》しは見えていたが、ひところの浮わついた英語熱というものは、まだ残っていて、書店の店先にも相かわらず安手の英語会話の本などが、幾種類も並べられてあった。私がシンプソン英語学校の生徒になったのも、あるいは、そうした名残りの英語熱にうかされたのであったかもしれない。

シンプソン英語学校は、海に近い川沿いの住宅街にあった。G・E・シンプソンというほとんど色あせた表札に並べて英語学校の小さな看板が掛けてあった。シンプソン氏がずっと以前から住んでいるその日本建築の平屋は、学校というより、昔風に塾という方が、よほどふさわしかった。六畳と八畳の間《ま》の襖をとりのけた日本間が教室で、そこからは、庭を越して、海を眺めることができた。十何人かの生徒たちは、座蒲団に正坐して、粗末な木の長い机に向かうのである。そういう教室に六十歳を少しこえた教師のシンプソン氏一人、長身白髪の外人であるのが、なんともちぐはぐな感じだった。

「君は十三人目の生徒や、縁起《えんぎ》が悪い！」

シンプソン氏が最初に私に言ったのは、そういう見事な関西弁であった。私はこの銀ぶちの眼鏡をかけた外国の老人の口から関西弁が出ようとは、想像もしなかった。シンプソン氏は、ずいぶん以前から日本に住んでいるということだったが、それにしても、老外国人の関西弁は、その都度、私を驚かすに充分であった。

「冗談や、心配するな。十二人目の次に十四人目の者が来《こ》れないからね」

大きい手で私の手をとり、ぽんぽんと肩を叩いた。こうして、シンプソン氏はほとんど一人ぎめに、私の入学を決めてしまった。

英会話を中心に、和文英訳・英文法という授業は、他と大して変わりはなかったが、シンプソン氏の授業ぶりは恐ろしく激しいものだった。週三回の授業を一日でも休むと、シンプソン氏は次の日、欠席した者に、その理由をするどく追求した。私が初めて出席した日のしかも冒頭にそれがあって、そこでまた私は驚かされたのであった。

「ヤマヒラ！　スタンダップ！」それからつづいて、「弁解！」

矢のようなシンプソン氏の言葉が、折って投げるように前回の欠席者にとぶ。弁解はすべて英語でしなければならない。そして、欠席に充分な理由がないと、

「あほたれ！」

シンプソン氏はあたりをふるわせて大喝するのだった。

シンプソン氏が、私を十三番目といったように、その時、生徒の数は、私を入れて、十三人だった。私のほかに五人の高校生と一人の少年工と、女性をまじえた六人の若い一般人であった。高校生たちはともかく、他の一般の勤務している者にとって、午後六時三十分開始の授業に、週三回、欠席せず遅刻もしないというのは、かなり困難なことだった。しかし欠席するものは、ほとんどと言っていいくらい、なかった。みんな一様にシンプソン氏の「あほたれ！」という叱責を恐れるせいであった。

授業も万事そういう厳格さをもって行われた。教室にいる間はみんなおそろしく緊張していた。慣れないうちは、二時間あまりの授業がすむと、グッタリ疲れ果ててしまうほどだった。小学校の教師をしている私は、現在の、どちらかと言えば、放任的な教育の風潮に慣れきっていたから、そういうシンプソン氏の授業のやり方は、それが半分以上大人の生徒を相手にした、しかも私塾であるだけに、むしろ異様な感じでもあった。

こういう授業のきびしさは、間もなく生徒のうちに脱落者を出した。昼間、会社に勤めている二人の生徒が同時に無断退学したのである。シンプソン氏は彼等の退校については、とくに何も言わなかったが、生徒たちはかなり動揺した。

三人目の退校者が、引きつづいて出た。それがさらにみんなを動揺させた。

いつも私は帰る方向が同じなので、戸村《とむら》というミシン工の少年と特に親しくなっていたが、戸村君はある日、私に、

「伊能《いのう》さん、高校生の連中がいよいよ近いうちに叛乱を起すそうですよ」

と少し冗談めかして言った。

「――今のような授業じゃ、ちょっとやりきれないでしょう。だから授業をもっとゆるくしろって要求するんだそうですよ。きょう、僕にも加わってくれって相談しに来ました。ついでにからかい半分に授業料もまけろってミスタ・シンプソンを一度困らせてやろうなんて言ってるんです。あの人等もやめちゃう腹なんですよ。――とにかく他所《よそ》の英語学校だったら、休んだってさぼったって自由なんですからね。ちょっとここは厳しすぎるんだ」

戸村少年工によると、私が入る少し前にも、どんどん生徒がやめていったことがあったということだった。現在残っているのはむしろ意志の固い生徒たちだった。

次の日、五人の高校生たちは、シンプソン氏に対して戸村少年工の言う〝叛乱〟を起した。シンプソン氏がいつものように出席をとり始めると、高校生の一人が立上って、

「ミスタ・シンプソン！」と叫んだ。

つづいて英語で彼は「われわれ五人の高校生は、貴方に対して幾つかの要求を持っている」と言った。

シンプソン氏はその高校生の顔をじっと見て、それからゆっくり「イエス」と答えた。高校生は、あらかじめ用意した英文の草稿を朗読した。

「授業の保守性をなくすこと。

欠席の自由を認めること。

設備を改善すること。——そして、授業料を値下げすること。

以上をわれわれは要求する」

シンプソン氏は、その草稿を受け取って、改めて目を通し、大きい指で英文の誤りを二カ所、指摘した。それから、

「本当に授業料は高いか」と言った。

五人の高校生はそれには答えず、うつむいて少し笑っている者もいた。

「ヤマモト……サガワ……キノシタ……クニハラ……ヨシノ！」

シンプソン氏はゆっくり一人々々を指名した。誰も答える者はなかった。

「ヤマモト」

「イエース・サア」

すこしふてくされた口調で、その高校生が答えると、シンプソン氏はしばらく目を閉じていたが、やがて、低い声で言った。

「認める。来月から値下げする。ただし他の条項については認める必要はない。設備の改善をするには、お金が足りない。私は授業のやり方を改める気持はない」

授業料は決して高いものではなく、入学金も要らなかったし、月々の授業料は、他の営利的な英語塾の二分の一にも足りなかった。シンプソン氏は昼間、当時のＣＩＡの関係の仕事にたずさわっていたから、その授業料を生活にあてるというより、シンプソン氏の目的は日本人の間に少しでも、英語を普及させようというのにあった。そして、授業のきびしさはシンプソン氏の人柄によるのはもちろんだったが、一つは営利を無視したその目的のためでもあった。他の生徒たちの話によると、主に日本の図書を海外に紹介するのがシンプソン氏の昼間の仕事だったが、すでにシンプソン氏には日本の古典の抄訳や、和歌・俳諧などの日本の固有文芸を紹介した著書も幾冊かあるということだった。シンプソン氏自身、俳句をつくるということも、私は後になってから知った。

次の日から、五人の高校生は、一斉に姿を見せなくなった。高校生がやめたのにつづいて、一人、二人と学校を去ってゆく者が出た。一般の風潮としても、それはやむをえないものであった。中には、シンプソン氏の前で大きなあくびをして教室を出ていく者もあった。

大きな波が引いたあとのように、教室はにわかに寒むざむとしたものになった。五人の高校生がやめた時に、何も言わなかったシンプソン氏は、残された私たちを見て、初めて悲しそうな表情を見せた。

「四人の生徒がここに残った。減ることはあっても、これ以上ふえることはないだろう。私は実に悲しい。しかし、ここに残った諸君にして、私の許《もと》を去ろうと思う人は、今すぐからでもよい、どうか去ってもらいたい。私はその人を引きとめようとは思わない。――私は生徒がたとえ一人になろうとも、決して授業をやめはしない」

シンプソン氏の悲しそうな、そしてはげしい怒りをこめたこの言葉を忘れることはできない。

残った四人の生徒は、私の外に、戸村少年工と、山崎というタイピストをしている女性と、もう一人は中谷君《なかや》という無口な背の高い青年だった。私より後に入ってきた生徒は、わずか二人だったが、中谷君はその一人だった。

八畳の間《ま》は廃止され、黒板は、六畳の壁に立てかけられた。四人の生徒はひっそりとそこに集まって、シンプソン氏も腰を掛けるのをやめ、座蒲団に坐った。

翌月から授業料は、これまでの半額になった。いつも通りに納めようとしても、シンプソン氏は「約束した、約束した」と笑いながら、私の肩を叩いて受け取らなかった。授業はこれまでと少しも変わりなくつづけられたが、あの凛とした独特の気魄というものは、もう迫ってこなかった。

私が初めて欠席した次の日、

「イノウ、スタンダップ」と例の如く指名されたが、つづいて、「弁解」というシンプソン氏の言葉には、もう前ほどの鋭さはなかった。しかし、それはそれだけに、私の心にしみるものがあった。私は少しためらったすえ、うっかりして日を一日、とり違えていたせいですと正直に答えた。

「何か間違えるような原因があったのか」

とシンプソン氏は静かに訊ねた。

「いいえ、ありません」

そう答えながら、つづいて飛んでくるはずの「あほたれ！」という言葉に、シンプソン氏が近頃失ったきびしさを、半ば期待する気持もあった。――しかし、シンプソン氏はすぐ厚い本に目を落としたまま、何も言わなかった。

その後、戸村少年工は、シンプソン氏が酔っぱらって夜の街を歩いているのに出会ったという話をした。戦争中、日本で夫人を失ったシンプソン氏は、現在、通いのメイドを傭っていたが、時々一人で日本風の料理屋などにも姿を見せるというふうな噂は聞いていた。しかし、戸村少年工が見かけたのは工場街を少しはなれた場末の露路だったそうである。

シンプソン氏は何か低い声で英語の唄をうたいながら、大きなガスタンクのある電車通りに向かって歩いていた。長身の後姿が、すぐシンプソン氏だとわかった。本当に一人ぽっちみたいだったと戸村少年工は言った。声をかけると、シンプソン氏は誰か探していた人にめぐりあったような喜びようで、両手をひろげて駆けより、頬ずりしながら、戸村少年工を抱きあげようとしたそうである。

四人の教室は、何としても淋しいものだった。シンプソン氏の声も時に途切れがちになった。生徒はこれ以上ふえるあてもなかった。シンプソン氏はずっと以前から広告するのも、やめていたのである。

間もなく、四人の中で一番古い、タイピストの山崎さんがお嫁にゆくことになった。

彼女が退校する日、教室でささやかなティ・パーティがひらかれた。その席上シンプソン氏は、

「ミス・ヤマサキは私が叱らなかった唯一人の生徒である。大人しく勤勉であった。一度も私の授業を欠かさなかった。私はミス・ヤマサキを生涯の記憶に残すことだろう。私は彼女のような子供を一度でよいから持ちたいと思っていた。どうか、いつまでも幸せな家庭生活を送られるよう、お祈りする」

と言った。英語で挨拶しながら言葉をつまらせて彼女がすすり泣くのを、シンプソン氏は娘をいたわるように肩に手をかけて、やさしくうなずいていた。

中谷君が、二度つづけて欠席したのは、山崎さんがこうして退校したすぐ後であった。

「まさか、やめるんじゃないだろうなあ」

と戸村少年工は心細そうに言ったり、

「二人じゃますますつまらない――いっそ、僕らもやめてしまおうか」と少しなげやりな調子で言うこともあった。

「病気でもしているんだろう」と私は戸村少年工をなだめるように言いながら、自分の言葉が、そらぞらしかった。無口な中谷君は、タイピストの山崎さんが好きであったらしいことに、私はうすうす気づいていたのである。

中谷君は、やはりその後とうとう学校に姿を見せなくなった。シンプソン氏は、中谷君が来なくなったことについて、私たちに何も言わなかった。しかし戸村少年工には、そんな中谷君のやり方が不満でならない風だった。

「半年もつづかなかったじゃないか！」

とたびたびあからさまに怒りを見せた。

二人きりの授業がつづいた。戸村少年工は決して欠席しなかった。前よりもひたむきな、というより何かにつっかかって行くような、一種の気魄があった。

いつとはなく、テキストを使う授業は少し短縮されて、授業が終わったあとは、シンプソン氏と私たちでしばらく雑談することになっていた。

授業は独得の厳しさを保って行われたが、雑談になると、シンプソン氏は、他愛ない世間話をして私たちを笑わせた。日本語と英語を掛けた洒落《しゃれ》が、シンプソン氏の得意だった。自分の名前をもじった「酔夢村《すいむそん》」――酔う夢の村――というのが、シンプソン氏の俳号であった。シンプソン氏は始終私たちにも、なかば無理矢理に俳句をつくらせた。シンプソン氏のつくる句は素朴すぎて、お世辞にも上手とは言えなかったが、私や戸村少年工のつくった句を何度も口の中でくりかえしつぶやいては、やや右上りの字で添削した。

みんなで興じていても、時々、戸村少年工はなにか心が浮かない様子だった。一緒にはしゃいでいても強いてそう見せているようなところがあった。

ある日、戸村少年工は、突然、私に、

「ひょっとしたら、家族全員で南米へ行くかも知れないんです」

そうして私の顔を見て、困ったように笑顔をつくった。

「伊能さんはどう思いますか」

それから少年工は黙って歩いていたが、

「じゃ、さよなら」と言葉を残して、身を翻《ひるがえ》すように暗い露路へ駆けこんでいった。

戸村少年工はその後、何も言わなかった。少し無口になったと思うのは、私の気のせいかもしれないと思った。気に懸りながら、その話を忘れるともなく忘れていたころ、私は戸村少年工から私の小学校あてに一枚の葉書を受け取った。

「やはり南米へ行くことになりました。大分反対したけれど、家がやりきれないのです。はずかしいしだいです。伊能さんと先生をおきざりにする僕の心をおさっし下さい。ごあいさつに行かねばならない所ですが、つらいので失礼します。シンプソン先生にも、手紙で失礼しました。では、さようなら。僕も手紙を書きますから、伊能さんもきっとお便りを下さい」

そして、最後に「春の雨やわれは移民の人となる」という句が記《しる》されてあった。

「――とうとうイノウ一人になった」

シンプソン氏は縁側に立って、暗くなりかけた海の方を見ながら淋しそうに笑った。

「イノウは覚えているか。私が昨年六月に、たった一人でも授業を続けると言ったことを。あの時は、まさか一人になるとは思わなかった。しかし、本当に君一人になった。イノウ。私は自分の教授方法には決して誤りがなかったと信じているが、君の考えはどうか。率直に言ってよい」

誤りはないと思います、と私は答えた。

「君は本当にそう思うか」

シンプソン氏は顔を輝かせて私の肩に手をおいた。ずっしりと重い手だった。

「では、私は授業を続けようと思うが、君は受けてくれるね」

シンプソン氏はいつもの場所に坐り、静かに英文の朗読を始めた。何度か途切れた末、シンプソン氏は本を閉じてそばに置いた。

「だめだ。私はたった一人でも授業をすると言ったが、本当はできない。何か空虚で、とらえ所がない」

シンプソン氏はそれから目を閉じて、長い間、何かを考えていた。

「イノウ。二人で飲もう。――やはりシンプソン英語学校はきょうで閉鎖しようと思う。私のなすべきことは終わった。君はこれから、私の生徒ではなく、友人としてたずねて下さい。今夜は大いに飲んで、ささやかな最後の式としたい」

ほんとうにささやかな宴会であった。庭のテーブルでシンプソン氏と私は、静かに酒を酌みかわした。上りそめた大きな月に照らされて、若木の桜の早い花が、一つ二つ夜空に白く浮き上っていた。

「君は十三人目の生徒だったが、決して私を裏切らなかった」

シンプソン氏はすぐに酔って、そんなことを言った。そしてテーブルについた片方の肘で顔を支え、目を閉じたまま眠ったように動かなくなった。

やがて、ふっとうすい目をひらいて、

「トムラは一番遠い所へ去った。私はこの年になって、また一人、子供を失った」

と言った。

シンプソン氏はそれから、しきりに口の中で数《かず》を読みはじめた。それは去って行った生徒の数かもしれない。あるいは、失った子供の数だったかもしれない。あるいはまた、戸村少年工の長い船旅の日数であったかもしれない。

シンプソン氏は、突然、低い声で、

「あほたれ！」

とつぶやいた。肘をついた片方の手で顔を蔽ったまま動かないシンプソン氏が、無言の嗚《お》咽《えつ》にむせんでいるかのようだった。

——やがて、シンプソン氏はかすかな、いびきを立てはじめた。長い闘いを終えた人の、本当にやすらかないびきであった。

（NHK放送物語入選作　朗読・宇野重吉　「放送文化」昭和三十年五月号）

雨の自転車

1

子供が産まれるという報らせがあると、ウメは直ぐさま木綿の黒いズボンを穿いて、つばの広い帽子をかぶり、そのリボンを女学生のようにひらめかせて自転車に乗った。

それが三十年あまり助産婦をしてきたウメの一番得意なときであった。

「五千七人……五千とび七人目……」

ウメはこれから取りあげようとする赤児の番号をぶつぶつと口に出して何回もくりかえす。

ウメが戸棚の手箱の中に大切に蔵っている何冊かの手帳には、おびただしい人名が克明な文字で書きつけてあった。正確にいえば、ウメのつぶやくように、五千七人である。すべて、ウメが五十六歳の今日までに取りあげてきた産児の姓名だった。名前には通し番号を打ち、そして、生年月日、出生時間、出産の様子、母胎の状況などを丹念に記録してある。手帳は身寄りのないウメの、いわばかけがえのない宝だった。

——ウメはその手帳を見ないでも、ほとんど一人一人の出産の状況を正確に思い浮かべることができた。とりわけ、死産かと思われた子が何時間かの人工呼吸とマッサージののち、突然、産声をあげたときの嬉しさなどは、何度くりかえし反芻しても、きのうのことのように新しい喜びが湧いてくる。死んだ子の年を数えるというが、ウメはそんな子供たちの年を繰ってみては、どんな立派な大人になっているだろうかと、一人寝床の中で想像してみるのだった。

戦中戦後の混乱で、そのころまでに取りあげた子供たちの消息は、ほとんどわからなくなった。しかし、生まれたときは猿のように赤い小さな子供たちも、今はきっとそれぞれに成長して立派な大人になっているに違いない。そして、それぞれに自分たちの子供を持っていることだろう。

「——会社に勤めてる者もおるやろね。先生になったのもおるやろね……」

八百屋の肥ったおかみさんの子は女の子のくせに一貫十匁もあったが、年頃になって、やっぱり肥満で苦労しているのではなかろうか。二カ月も早産だったお寺の子は、立派に育ったかどうか。四十過ぎての初産だった小唄の先生の子は……。警官になった子もあれば、ひょっとして、その警官に捕まえられる泥棒になった者もあるのではなかろうか。

「いやいや。みんな立派に成人して、立派な子供産んでるに違いないわね」

そんな想像が楽しかった。手帳を取り出しては何時間でもくりかえしくりかえし思い浮かべて、一人楽しんだ。一万人の名前を手帳に書きつけようと、ウメはいつの頃からか、ひそかな祈りにも似た願いを立てていた。

「一万人。一万人。一万……」

ペダルの一踏みごとにその悲願に近づいてゆく自分を、本当にけなげだと思うことがあった。

ウメは五十六歳の今日まで、とうとう一度も結婚せずに通してきた。もともと親戚が少なかったが、戦争前に父も死に、現在ではまったくの孤独である。淋しくはなかった。というより、そう思わぬよう努めてきた。そして、たった一人の生活にも慣れていた。

ウメが助産婦になったのには、ちょっとした理由があった。

ウメは子供のころから、少し臍が突出の気味で、師範学校の先生だったウメの父が、女の子のことだけにひどくそれを気にかけて、風呂に入るたびにウメのお腹を心配げに眺めたり、湯舟にひたりながら、じっとウメのお臍を親指でおさえたりした。その時、父が低い声で唱えていた呪文のような唄を、ウメは今でもよく覚えている。

「まんどり、まんどりー。じょいやのじいや、しっかりせえよい、わーいわい。どっがらがっちゃ、どっがらがっちゃ、ほうれつらっぽじゃ、つーれつ……」

ウメは四十になる年まで、時々、夜なかの床に起きなおって、その唄を低い声で唱えた。天保銭に紐を通し、それで幼いウメの臍は常に押えられていたが、一向にくぼむ様子もなかった。

「くそたれ産婆が。女の大切ない臍をば切りそこないよって」

父が一人ごとのように、そんなことを吐き出すような口調でいうのを、ウメは何度も聞いた。実感にとぼしかったが、それが非常に不幸なことなのだとウメは思い、幼いながらに、自分は大きくなったら偉い産婆になって、こういう悩みを抱く人をなくしようと、決心した。

十九歳のとき、縁談が起った。相手は陸軍中尉の青年で家柄も良かったが、父が固辞して受けなかった。先方が熱心で、縁談としては申し分なかったけれども、父は終始断りつづけ、とうとう仲人を怒らせて義絶したほどだった。父はその話をウメには一言もしなかったが、事の経緯はウメにもうすうすわかった。そして、話を断った父の気持がよくわかるような気がした。別に悲しいとも思わず、ウメはその時、一生結婚はしないのだと心にきめた。

そのころ、父の昔の教え子で、小学校の先生をしている佐々木という青年が、時々、父を訪ねてくることがあった。身寄りがなく、師範の学生時代に苦学しているのを、父がずいぶん世話をして学資や生活の費用を与え、学校を卒業させた青年だった。

そうしたある日、佐々木が帰ったあとで、父は庭木をいじりながら、ウメに、「どうや。佐々木君をウメはどう思うかいな」

と言った。

「よう出来た人間や。――婿にもらう気持はないかいな」

うすうす予期していたことではあった。しかし、ウメは黙って答えなかった。父はウメの欠陥と夫となる青年の資格とを天秤にかけていたのである。佐々木に学資を出していたのも、そんなウメの夫となる代償だったのかとウメは悲しかった。そして、佐々木の善良そうな童顔を思い浮かべるにつけても、この縁談は自分で断ろうと思った。

縁談は父が一方的にすすめた。佐々木はすでに承知していたのか、しげしげと訪ねてくるようになった。父はウメを呼んで、自分は時に座をはずし、二人きりにすることがあった。ウメはいつ自分のことを打ちあけようかと思い惑った。

悶々とした日を送っているうちに、結納が形ばかりに取りかわされ、正式に仲人が立った。裾模様の晴着一式も準備された。結婚の日の近づくのが、恐ろしくてならなかった。恐れながら、ウメは佐々木をほのかな気持で愛していた。

ウメが家を出奔したのは、大安吉日の日取りも決まり、挙式を二日の後にひかえた日の夜である。それ以外に道はないと思われる駅までの夜道を、ウメはトランクを提げて必死に走った。何度も転びそうになった。

「式場から花嫁消える——傷心の花婿自殺未遂」そんな新聞記事で、小さな町は大騒ぎになった。自殺未遂というのは嘘で、たまたま左手首に包帯を巻いていたのを、そういう風に書いたものである。この事件の後、佐々木は故郷へ帰り、父はただちに教職を去った。

ウメはそのまま大阪へ出て雑貨問屋の女中になり、翌年の春、看護学院に入学した。入学がきまってから、初めて父に手紙を書いた。駆けつけてきた父が恐ろしくやつれ、帽子を持った手がぶるぶるふるえているのを見て、ウメはさすがに胸を衝かれた。

「馬鹿者」

枯木のような手が、ウメの頰を打った。打ったというよりも、辛うじて触れたというほどの弱々しさだった。

ウメは自分の決心を父に話した。父は黙って聞いていたが、帰り際にウメの肩に手を掛け、目を閉じた。

「それでは立派な助産婦となるよう、しっかり勉強に励んでや」

すっかりあきらめたような口調だった。

ウメは必死に勉強した。看護学院を卒えてから、病院に六年余り勤めた。――青春といえば、それがウメの青春だった。

産婆術を学んで臍帯の切断と臍の突起とはまず関係はなく、ウメの場合はヘルニアによるものらしいことがわかったけれども、すでにウメの決心はゆるがなかった。

二十九歳の時、故郷へ帰ってウメは助産院を開業した。当時としてはハイカラな助産院という名前の看板にウメは自ら筆を揮った。ちょうど神社の夏まつりの日で、夜空に打上げられる、とりどりの花火が、ウメの門出を祝うかのようにきらびやかだった。

ウメの助産院は連日、盛況だった。荷物台に黒いカバンを載せ、まっすぐ背を立てて、帽子のリボンをひらめかし、自転車で街をかけるウメの姿は、まことに颯爽としたものだった。

若いからという懸念も町の人々の気持からなくなり、やがて若いのに達者なという評判で、ウメは先生と呼ばれた。

五百人、千人と手帳の名前が増えていった。

戦争中にウメは二度、表彰を受けた。少国民の出産に貢献し、大いに銃後の責を果たしたというのである。表彰式にもウメは、やはり自転車に跨って颯爽と式場に臨んだ。四十を越え、少し肥って、先生と呼ばれてもちっともおかしくない貫禄も十分に備わっていた。

「——戦局ますます熾烈をきわめ、一億国民の責任たるや、更に重大なるこの時にあたって、井戸原先生には……気をつけ。天皇陛下の、休め。赤子《せきし》を取りあげられ、その国策に沿うや、まことに我々銃後をあずかる国民の誉れであると考える所以《ゆえん》であります」

町内会長の挨拶を正面の最前列で聞いたときの嬉しさを、ウメは長い間、忘れることができなかった。陸軍大臣の署名入の大きな表彰状をもらうとき、しびれるような感動が背中を這いのぼって、これで亡くなった父への不幸の償いもできたと思った。

「一万人、一万人……」

ウメは毎日、忙しく自転車のペダルを踏んだ。

戦災を受けてからも、疎開したあとの小さな家を借りてこの町にとどまり、栄養のわるい赤児を何人もとりあげてきた。

とりわけ、敵機の飛びかう夜の防空壕の中で、懐中電燈をたよりに女の子を取りあげたときの記憶は、今なお生々しくよみがえってくる。

天職という言葉がたえずウメの頭にあった。

2

「どうですかいね、奥さんの工合は。あさってはお産やというのに、ちょっとも連絡がないもんやで、寄ってみましたわね」

「ああ、お産婆さん……」

二週間ばかり前に最終的な診断をあたえた家を訪ねたウメに、出てきた家政婦がエプロンで手を拭きながらいった。

「あのう……。えらい悪いことでしたがね」

「ええ？　奥さんの様子でも悪いんですかいね」

「いえ、お産婆さん、実はそのう……」

「一体、何ですかいね。じれったいね」

「若奥さんは、藤原医院へ入院してでしたがいね」

「藤原医院へ？」

「はい」

「いつィね」

「おといです」

「………」

「二遍もお産婆さんには親切に診てもろうたけど、旦那さんがやっぱり、あっちの病院で産むように手続きして、奥さんを連れて行ってでしたんやがね」

「――そうね」

「旦那さんの知合いの保健所の人が、その方がええというてやったらしいです。ほんまにお産婆さんにゃ悪いが、どうか悪う取りなさらんように、くれぐれもということでした。何しろ、お初めてのお子やから、旦那さんもえらい心配なんですわね」

ウメはいいようのない憤りのこみあげてくるのを覚えた。

「なにかいね、私やったら頼りないというのですかいね」

「そんな、そんな、お産婆さん。滅相もない」

「滅相ものうて、わたしにゃ診せられんのかいね」

「………」

「わしにゃ取りあげさせられん、ちゅうのやね。——わかりましたがいね。それやったら引き下りましょう」

「どうか、お産婆さん。悪う思わんでください。そない言われたら、私の立つ瀬ものうなりますがね。わたしゃ、井戸原先生ならば、絶対大丈夫やからと念を押したんですわね。わたしが、ここの奥さんに先生をすすめたんですがね」

「………」

「わたしは昔の井戸原先生をよう知っとりますわね。大勢らの人に、お産婆さんやったら、ぜひとも井戸原先生がええからお願いするようにいうて、方々らへいうとりますわね。ほんまに、悪う思わんでください」

「もうよろしいわね。何とも思やせん。五千七人目のお子が取りあげられなんだのが、心残りなだけですわね」

「五千七人目……。お産婆さん、そない沢山も取りあげてやったんですかいね。へえ……」

「絶対育たん子も三十人以上、生育させましたがいね」

「そうですかいねえ……」

「全部、手帳にちゃんと控えとりますわね」

「そうですかいねえ。五千人も……。五千人も取りあげてでしたら、もう眼をつぶってでも、手さぐりでも取りあげられましょうねえ」

「そんなことはありませんわいね。五千人が六千人でも、第一人目と同じ気持ですわね。冷汗もかきや、五体そろうて、おぎゃあと泣いた時は、ほっとしますがいね」

「へえ、まあ……」

「まあ、ええお子を産みなさるよう、お祈りしとりますわね。また何か相談があったら、いつでも来ます。遠慮なしにいうてくださいや」

ペダルを踏む足が重かった。

思えば、あの表彰を受けた頃が、ウメの全盛時代だった。最近では、助産の依頼が月に一件や二件ということも珍しくない。それもひどい時には堕胎の相談だったりして、ウメを一層、嘆かせることもあった。

駅前に清潔なコンクリート建築の専門病院が出来てからは、それがなおさら、ひどいものになった。子供たちの集まっている露路の駄菓子屋や質屋の裏口にある近い小さな〝助産院〟よりも、白い手術衣と白いマスクに身を固めた若い医者が、てきぱきと出産の処置にあたる病院の方へ人気のあつまるのも、無理はなかった。

市会議員の選挙が始まって、町は騒しかった。商店街の入口や、広場にトラックがとまって勇ましく向う鉢巻をしめた人々がマイクの前に立って、交々《こもごも》、怒号していた。自転車で通りすぎるウメにも、メガフォンの声が飛んできた。

ウメはその一台で、しきりに応援演説をしている洋服の女に気がついた。芦屋かね子である。かね子はウメと一緒に戦争中表彰を受けた助産婦で、経歴もウメについで古かった。そして、現在では県の助産婦会の副会長をしているが、もう何年も前から婦人会の集会などで家族計画や受胎調整の指導にあたり、たしか連合婦人会の顧問にもなって、新しい衣食住の指導で婦人の衆望を集めていた。ウメはついこの間も、かね子が市長夫人やミス何々と呼ばれるこの町の美人たちにまじって、街頭募金に立っているのを見かけた。

トラックの上で、襷がけの男たちにまじって、白い手袋をはめた手をかざしながら、周囲の人々に頭を下げているかね子を、ウメは自転車をとめて、遠くからにらみつけた。

トラックが動きはじめると、その周囲に立上っていた人々も去っていった。ウメはのろのろと自転車を押しながら、トラックを見送った。脚の腓《こむら》がひどくだるかった。

公園のそばを通るとき、真新しい自転車に乗った四、五人の女学生が、明るく笑いながらウメを追い越していった。

川の方へ出てウメは堤に腰を下ろし、煙草を吸った。五十を過ぎてから覚えたただ一つの楽しみである。

「しかし、一万人はやっぱり、無理なことかいね……」

風に乗って煙草の煙が運ばれてゆくのを見送りながら、ウメはふとつぶやいた。

3

助産の依頼がない日でも、ウメは一日に一度は必ず自転車に乗り、帽子のリボンをひらめかして街を走った。時には急産に逢ったかのように真剣なまなざしで、きっと前方を見据えながら、軋るペダルを懸命に踏んだ。六十近い女のそんな風態を振り返る人があれば、ウメは顔を引きしめて、なおさら懸命に自転車を飛ばせてみせた。そうしないではいられないような気持だった。ペダルをゆるめると、いいようのない空しさがウメを襲った。

街をぬけると、例の川原に出て腰を下ろし、ウメはそこでいつものように煙草を喫った。時には寝ころんで、小一時間もしてからようやく腰を上げ、ズボンの前にきちんとたたんで下げている手拭をとって額の汗をぬぐい、それから助産を終えた人のように、夕方近い日ざしを背に受けて、ゆっくりとペダルを踏んで帰るのだった。

「ない！　ないがいね！　ここに置いといたわしの自転車が、ないがいね！」

その日、傍に自転車を倒したまま、川原の日を浴びて、ついうとうとと眠っていたウメは、いつの間にか自転車のなくなっているのに気がついて、がばと身を起した。

「誰ぞいね！　盗ったのは誰ぞいね！」

遠くの方から、「ひっひっ」という子供たちの奇声が聞こえた。振返ると、五、六人の小学生が家のかげから顔だけ出して、ウメをうかがっていた。

「いねむり婆あ！」

「狸婆あや、ほーい、ほい」

ウメはぜいぜい息をつきながら、子供たちを追った。

「どこの子ぞいね！　わしの自転車を、どうしたんかいね！」

「ひっひっ」と逆の方角から子供たちの奇声が起こった。

「これ！　わしの自転車を返さんかいね！」

四つ角まで走って立止り、ウメは辺りを見まわしながら、大声で叫んだ。

選挙のトラックが土煙りを立てて通った。それきり子供たちの声は、聞こえなくなった。

「あの子らは一体、どこの子かいね。この辺の子供ですかいね」

ウメは近所の人をつかまえては、荒い息をつきながら同じことをくりかえした。

「自転車を子供らに盗られて、難儀しとるんですわいね。どこの学校の何年生かいね」

「さあ、どんな子供じゃったかね、わたしゃ見なんだけど……」

「向うの禅ノ谷校の生徒じゃないかいね、この辺へ時々組んで遊びに来よるよ」

表で立ち話をしていた近所の女も、同情と半ば好奇心をまじえた目で、ウメの奇異な風態を見た。

ウメは禅ノ谷小学校へ行き、校長に面会を申しこんだ。

「――現在の教育では、まさか人の物を盗れとは教えてはおらんでしょうがね。どないですかいね」

校長の代りに応接室へあらわれた背の高い教育主任に、ウメは激しい権幕で、事の経緯を述べた。

「残念ですわね。子供がこんなことをするとは、ほんまに残念ですわね……」

「しかし、あなたのお話だと、まるでその子供が自転車泥棒をしたかのようですが、果してその子供たちが盗んだものかどうか。それは一概にいえないと思うんですがね」

「いや、わたしが気のつくのを見ておって、狸婆ぁ、ほーいいうて、逃げよったです。間違いない」

「しかし、仮に——仮にですよ。その子供たちが盗む、という言葉は語弊があるが、盗んだとしても、ほんの悪戯《いたずら》心からであって、ちょっと乗ってみてからすぐに、目のつきそうな所へ乗り捨てておりそうなものですがな」

「とにかく、そうにせよ、人の物を盗んだは盗んだですわね」

「——はっははは、弱りましたな」

教務主任は片手を頭の後に当てて苦笑した。

「あなたのように、そう向きになって盗んだ盗んだとおっしゃられては、困りますね。第一、あなたのいわれることが事実としても、その子供たちが果して本校の生徒であるかどうかもわからんのに……」

いわれると、その通りだった。ウメは黙って溜息をついた。

「――まあ、一応、次の朝礼の日に全校生徒にこういう事件があったということを話して、訓戒しておきましょう。しかし、これは私一個人の考えですが、やはり大人の計画的な犯行のように思いますなあ。子供の仕業にしては悪質に過ぎる」

黄昏の迫った校門は閉されていた。ウメはその横の通用門をくぐりながら、怒りと悲しみに胸が一杯になった。

交番の赤い灯が見えた。

交番の前に佇んで、中をうかがっていると、不意にウメは後ろから肩を叩かれた。

「なんやね、おばさん」

振りむくと、若い警官だった。

「心配ごとかいね、それとも家出かいね。――黙って留守の家見とると、泥棒と間違えられるで。はははは」

ウメは自転車を盗まれたことを話した。

「――それはどこの生徒やね。玉宮校かいね、禅ノ谷校かいね、それとも……」

「それがようわからんのですわね。禅ノ谷校の教頭先生に一応いうてみても、あれが役人根性というか、知らん知らんばっかりですわね」

「そら、自分の学校の生徒かどうかもわからんのに謝りゃせんわね。僕らでもその立場なら、知らんというわね」

「そうですかいね」

「しかし……」と警官は、改めてウメの服装を仔細に見ながら、机の上でぽんぽんと煙草を叩いた。

「子供のわるさとしたら、ちょっと性質《たち》が悪いな」

「あんたも、そう思うてですかいね」

「いや、そら子供の仕業かも知れんわね。最近の子供は、ちやほやおだてられて、結構、大人なみのわるさをするのが時々おるわね。どいつもこいつもひっくるめて最近はみんな〝ヨイコ〟やがね」

「………」

「相当、兇悪なヨイコがその辺にうようよしとるわね。先生も大抵やない」

「そうです」

「ま、とにかく被害届出しとくか、おばさん」

警官は煙草をゆっくりともみ消してから、用紙を取り出した。

「自転車一台、と。どんな形状かいね」

「こんな風にこう……」

ウメは手まねでサドルの前が大きく湾曲している女物の自転車であることを表そうとした。

「――つまり、女性用やね」

「そうそう。女性用ですわね」

「あんな型の自転車、今ごろでもあるのかいね。ここ二、三年、僕ら見たことがないがね。うちの妹なんかも皆、男と同じやつに乗っとるがね」

「ほんまに、女も男も、一緒やさかいね」

「スカートがまくれて中のパンツが丸見えや。風俗紊乱やね、ほんまに。自転車一台、女性用、と……。いつごろ買うたやつ？」

「もうかれこれ八年になりますかいね。開業してから二台めですわね。戦災で前のが、ぼろぼろに焼けまして、終戦後に中古買うたんやが、わりに痛まんと、よう乗れましたわね」

「開業というと、すると商売は何かいね」

「助産婦ですわね。助産婦の井戸原ウメですわね」

「産婆さんの名前がウメとは、看板も要らんぐらいやな。――一体、ようはやるかいね。最近はバース・コントロールが盛んやから、おばさんとこも不景気やろ。この向うの岡田美代という産婆は、とうとうやめて家かわりよったね」

「——しかし、わたしは、三十年ほど開業しておりますので……」

ウメは、あやふやな声でいった。

「お陰さんで、ようはやりますわね」

「そら結構やね。産めよふやせよいうわけやね」

「毎日、自転車とばして、くたぶれてくたぶれて……」

「それで昼寝しとったんかいね。しかし、三十年もしておれば、もうベテランやね。ひとつ僕とこもおばさんに頼もうかいね」

「そら、わたしの方から頼みますわね！」

ウメは眼を輝かせて若い警官を見た。

「井戸原なら安心と、どなたもいうてくれてですわいね。きっと立派なお子、取りあげて進ぜますわね！」

「しかし、その前に、おばさん。僕に嫁さんを世話してもらわにゃならんわね。わはははは……」

外はもうすっかり夜になった。

「みんな寄って馬鹿にしくさって……。あんまり人を馬鹿にせんといてほしいわいね」

ウメは、とぼとぼ暗い露路へ入っていった。

4

ウメは、街を通る自転車を一台一台、執念ぶかく見て歩いた。古い自転車を置いてありそうな自転車店を見かけると、何台となく置いてある古自転車を丹念に観察した。いつかはきっと、この手で自転車を取りかえしてみせる、とウメは心に念じた。

十年近く乗った車だから、僅かな特徴もよく覚えている。ちらとでも見れば、決して見逃しはしない。ウメは交通量の多い駅前に佇んで、一台一台を凝視した。一概に自転車といっても、ずいぶんいろいろな型があることを知った。

弁当を持って、毎日、街の中を徘徊した。

その日、ウメは空しく家へ帰る途中で買物籠を提げた若い女の少し大きくなったお腹を見て、ふらふらとその後をつけていった。

（あと四カ月やな……）

その若い女のお腹は、普通の人にそれとわかるほど大きくなっているわけではない。しかし、ウメは見逃さなかった。お腹の感じよりもむしろ、顔のつや、肌の色、歩き方——いや、その全身を包んでいる何かから妊娠していると感じとってしまうのだ、とウメは思っている。そして、ウメは自分の感に絶対の信頼を持っていた。

一定の間隔をたもって仔細に女を観察しながら、ウメは自分の直観のはずれていなかったことを知って満足だった。女が妊娠しているかどうかは、横からお腹を見るより、後から歩き方を見た方がよくわかる。足運びの微妙な違いをウメは拡大鏡で見るように感じとった。

（この人は誰に取りあげてもらうつもりなんやろかね。もう保健所で診断してもろうとるやろね……）

どこまでもその女のあとをつけてゆくうちに、ウメはふとあることを思いついた。

妊婦をせっかく見つけておいて、このまま見過してしまうことはない。いっそのこと家を見定めておいて、そのうちにこちらから訪問してはどうだろう。

風呂屋の通りを下って、理髪店のかどを曲り、物干の沢山の洗濯物を干した家へ入るのを見とどけて、ウメはその表札の名前を二、三度、口の中で唱えてから紙を出し、ちびた鉛筆でその所番地を控えた。

「このたびはおめでたでございます」

「……」

「もうすぐ、赤さんがお産まれでしょうがね」

相手は一瞬はっとするが、やがて嬉しさの隠せない表情になる。しかし、見知らぬウメが何故それを知っているのか、解《げ》せない面持だ。

「実は……」とウメは相手に謎を解いてやる。「ほう」という相手やその家族の驚異の声、それからウメが語る長い助産の経験、安産の談話、取りあげてきた子供たちの話、そして一万人の念願……。

ウメは夜、時々は本当にぼそぼそと声に出して、そんな場面を想像した。

一万人の願いもかなえられる、と不思議な勇気が湧いた。

ウメは新しい手帳を買った。それを胸のポケットにおさめ、心の中で鉛筆をなめながら、妊婦を物色した。

人の混雑する夕方の市場へ、ウメは始終でかけた。目的の女が意外に少ないのを知って、ウメは少し気を落したが、十日ばかりで三人の名前と大体の妊娠状況を記すことができた。

まず、幸先は良かった。

これは、と思うとウメは、獲物を狙う犬のように、心もち身をかがめて後をつけ、その家をつきとめるまで決してあきらめなかった。女が電車に乗るとウメもつづいて乗った。

ウメは気がつかなかったが、そのうち身もちの女を見ると、その後をしつこくつけまとう六十近い女がいるという噂が立ちはじめた。妊婦でなくてもそれは余り気持のいい話ではなかった。ウメの妊婦さがしはつづいた。

買物をするつもりで、混雑する時間の過ぎた市場へ入っていったウメは、突然、飛んできた柔いものを顔一面に受けて、一瞬、棒立ちになった。そっとぬぐった手を見ると、それはウメの顔で無残に砕けた豆腐だった。口といわず鼻といわず、白く柔いものが、しずくと共に垂れた。

「誰ぞいね！」

市場のまばらな人通りが一瞬止って、ウメの方に視線が集まった。

「誰が、ぶつけ……」

びしゃっ、と次の豆腐が後からウメの背筋に当った。

「何をするんね！」

周囲の店舗の若者たちが、にやにや笑いながらウメを見ていた。ウメは精一杯の憎悪をこめて、その一人一人を睨みつけた。

豆腐のかけらを後手に持っている野球帽の店員の方へつかつかと寄って行くウメの肩ごしに、大根の葉が飛んできた。

「婆さん、もう帰れ。さあ……」

同情した卵屋の男が肩に手をかけるのを、ウメはふりきった。

「何ぞいね！」

「わかった、わかった」

「どうして、このわたしを、みんな寄ってたかって、そうするんぞいね！」

手で掬《すく》ったバケツの水がウメの顔に正面からかかってきた。後から伸びた竹が、ウメの着ている帽子を高くはね上げた。

「気違い、さっさと去《い》ね！」

「気違いやと」

「女のくせして女の尻を追っかけまわしよって」

竹が風を切ってウメの腰に飛んできた。

「こんど来よったら、バケツごと水かけたるど！」

5

何をするということもなく、ウメはいつもの川原まで歩いていって、ゆっくりと煙草を喫った。自転車もなくなったし、助産の依頼もないし、妊婦を探す気力も、もうなかった。葦の生えた川面を眺めながら、ウメは今までになく、心が静かだった。これまでの何十年という長い間、一体何を気負っていたのだろう。家を飛出して、暗い夜道をひた走りに走った若いころの自分の姿を、ウメはふと頭に浮かべた。婚約した佐々木の顔が浮かんだ。

（ああ、わたしはもう、くたぶれたわね……）

帽子のないウメの油気の抜けた髪をなぶって、風が吹き過ぎた。漠然とした生活の不安だけがあった。――それも、もう大したことではない。ウメ一人死んだところで、誰も悲しんでくれるものもいはしない。いるとすれば狭い庭に飼っている三羽のニワトリだけだろう。

僅かな預金も残り少なになった。父の愛蔵していた花瓶を手放す日も、そう遠いことではないだろう。そのうちに、今の小さな家を追われる日も来ることだろう。その時はどこへ行こうか。

死ぬならば、この川辺で静かな風に頰を撫でられながら死んで行きたい、とウメは思った。初めて、ウメは煙草を二本、つづけて吸った。心は穏やかだった。

「おーい。こないだの産婆さんやないかいね」

声の方をゆっくりと振り返ると、この間の警官が、パトロールの自転車を手で押しながらやってきた。

「こんな所へのんびり坐って、何しとるんかいね。——自転車がパンクしてしもうて、えらいことや。こっち方のパンクは、産婆さん、癒してもらえんかいね。はっはは……」

「……」

「なんやら元気がないやないかいね。一体、どうしたかいね」

「別に、どうもせんわね」

「自転車盗まれて、まだ悲観しとるのかいね」

「もう、あきらめとるわね、何とも思うとりはせんわね」

ウメはうるさそうに立上って服のほこりを落した。歩きかけると、警官もウメと並んで歩きだした。

「調査はしてみたけど、自転車なんかは現行犯でもなきゃ、なかなか挙《あが》らんわね。余罪として、ひょっと白状しよっても、現物はまず返ってこんわね」

「そうかいね」

「ま、そう気を落すなって」

「何も、自転車くらいで気を落したりはせんわね」

「そうすと、老いらくの失恋でもしたんかいね。わははは……」

「――自転車のことは、もうよろしいわね。別に乗らにゃならんということも、ありませんわね」

「そうあきらめられると、こっちも責任上つらいがね。探す努力は決してずるけてはおらんわね。――こないだなんか、この向うの煉瓦工場の裏に四、五軒バラックがあろうがね、あそこで女用の中古自転車を見たと僕の妹がいうもんやから、急いで行ってみたけど、別にそんなかけらもなかったがね……」

「この向うのバラックですかいね」

「うん」

「あんな方《ほう》なんか、一遍も行ったことありませんわね」

「何というか、ようあんな所に住めると思うけど、落ちぶれたら僕らでも結構あそこで暮しよるかもしれんね」

ウメはふと自分のことを思った。

警官と別れてから、ウメは煉瓦工場の裏の方へ歩いていった。空地の雑草の中に、思い思いに建てられたバラックには、汚れた洗濯物が沢山干してあった。天気のよいせいだろう。夕方近い青空に白い雲が浮かんで、中の一軒から夕餉《ゆうげ》の煙が細くたなびいているのも、それなりに一つの趣きがあった。

子供が一人、横に寝ころんで、声を立てながら仔犬とたわむれていた。ほんとうに楽しそうなその姿を、ウメはしばらくあきずに見惚れた。

仔犬を追って立上ったその子が、紐を通した自転車のランプを肩からぶら下げているのにウメは気がついた。そのランプに見覚えがあった。たしかにウメが盗られた自転車につけていたものである。

「それ、どうしたね?」

犬を追ってこちらへ走ってくるのを待って、ウメは子供を呼びとめた。

「――それ。そのランプ」

「もろた」

「誰に？」

子供は黙ったまましばらくウメを見ていたが、一番奥にある一軒を指すと、一散に走ってバラックの一軒へ入っていった。犬が子供の後を追った。

ウメは、ちょっと迷いながら子供の指さした家に近づいていった。家というには、余りに粗末な建物だったが、半びらきになった戸の隙間から、中をそっとうかがった。薄暗くて、湿った匂いが鼻をついた。

「今日は」

答がなく、戸に手をかけると、はずれかかった蝶番《ちょうつがい》が、ぎいっと音を立てた。その音に人の起き上る気配がして、暗い小屋の中から若い女の声がした。

「どなた？」

「今日は、お邪魔します」

ウメはおそるおそる声を掛けた。

「どうぞ」

若い女が寝ていた半身を蒲団ごと起こして、不審げにウメを見ていた。

片手を後へやって起こした身体を支え、もう一方を乱れた着物の襟にあてている女の全身の腫《むく》みと、汚れた歯を見て、ウメは妊《みごも》っているな、と思った。しばらく食い入るような目で女を見た。

「何か、御用でしょうか」

女の声は疲れて弱々しいが、口調の正しいのが意外だった。

「――実は、自転車のことで、ちょっと伺うたんですわね」

「自転車……」

「ときに、さっき表で遊んでおられたお子は、お宅の……」

「うちは子供はありませんが……」

「そうですかいね。ま、ま、横になってくださいね」

「――では、ちょっと失礼します」

女は疲れきっているのか、だるそうに横になった。

「もしや、あんた。初めてのお子が産まれるのやありませんかいね」

えっ、という風に女はウメを見た。ウメはにっこりと笑ってうなずいた。

「ええ……」

ウメはもう一度、大きくうなずいた。

「――それで、自転車のこととおっしゃるのは？」

「ええ、表のお子がちょうどわたしの自転車につけておったと同じランプを持って遊んでおりましたで、訊ねてみたら、こちらで貰うたというんですわね。実は、わたし大分前に自転車を……」

盗られまして、といいかけてウメは女を見た。

「なくしましたんやがね」

「するとうちの人はあの自転車を……」

女が身を起しかけるのをウメは制した。

「あの自転車を盗んできたんでしょうか」

女の激しいまなざしを受けて、ウメは目を伏せた。

「安く手に入れたと私にいうておりましたけど、やっぱり盗んできたのですわ……」

ウメは取りかえしのつかないことをいってしまったような後悔を覚えた。

「いや、お宅の自転車がわたしのとは限りませんわね。ランプも似たやつがありますわね。どうか、……もう気にせんでくださいや」

ウメはそうして、女に蒲団を着せかけてやった。

「ほんまに気にせんで、その自転車に乗ってください、ほんまに……」

「――その自転車かどうか一度、見てもらったら私の気持もすみますのに、自転車を売ってしまって……」

「そうですかいね」

ウメはやさしいまなざしで、大きく開いている女の目を見た。

「今日、主人が帰りましたら、ようたずねてみます。お金が要るものですから、……ひょっとして、人様の物を……」

「もうよろしいわね。ほんまによろしいわね」

ウメはつぶやきながら、狭い小屋を改めて見まわした。それから、話題を変えるように、

「もう産婆さんには診てもらいましたかいね」

「――まだです」

「そりゃいかんわね」

「医療保護の手続きをしてもらってるんですけど……おはずかしいことです」

「——そうですかいね」

ウメはふと改まって、女の顔をのぞきこむようにした。

「よかったら、わたしに任せてもらえませんかいね」

早口に、きっぱりといった。

「——失礼ですけど、どなたですか」

「これは、えらい失礼なことでしたわね、名乗りもせんと。わたしは産婆の井戸原、井戸原ウメという者ですわね」

「ああ、井戸原先生……」

女は表情を明るくした。疲れた目が急にやわらいで懐しそうにウメを見た。女は手を伸ばして紙箱の中から、古い繻子《しゅす》の袋でつつんだお守りを取り出した。

「ああ、それは……」

開業してから何年かの間、女の子が産まれるとその子につけて渡していた安産のお守りだった。袋には梅の模様と、小さな井戸原助産院という刺繍の文字が、汚れてはいたが、はっきりと見ることができた。お守りにつけた鈴が、ウメの手でチリチリと鳴った。

「あんたのですかいね、これはあんたのお守りですかいね！」

「ええ」

「お名前は、あんたのお名前は何といいなさる……」

「清浦紀子です。今は大川ですけど」

「清浦――紀子。ノリは紀元節の紀という……」

女はうなずいた。

「おぼえとるわね、ようおぼえとりますわね」

「………」

「誰が忘れたりするかいね　ようまあ……」

ウメはふと涙があふれそうになった。

「こんな有様で、お恥しいことです」

「何をいうてかいね。姿見せてもろうただけでも、どれほど嬉しいことですかい。あんたが産まれたときは、そうそう、ちょうどえらい雪の日やったわね。寒い寒い日で、わたしゃ長靴をはいてお家まで行きましたよ。よう覚えとります。忘れやせん……忘れやせんわね。ほんまに、ようまあ、こない大きゅうなられましたわいね……」

「――母もようお産婆さんのことを話しておりました。弟もお世話になりましたそうです」

「御両親はどうしとってですかいね。あんたのお母さんにお逢いしたいと思いますわね」

「引揚げの前に死にました」

「そうですかいね……。御家族は外地へ行っとってでしたんかいね」

「弟が産まれてからすぐ、満州へ行ったんです」

「弟さんは……」

「予科練に入って、戦死しました」

「なんと、まぁ。――ほんまに、みなこのたびはえらいことでしたわいねえ……」

女は蒲団に顔を埋めたまま、いつか声を忍んで泣いていた。

ウメは立ち上って裸電球のスイッチをつけた。その薄暗い灯りが、ひどくうらぶれた感じだった。

「ほんまに、苦労しておりなさるね……」

ウメはしみじみそういった。

「御主人は……」

「働きに出ています。けど、御覧のとおりです」

「そうね……」

しばらく黙っていた紀子が、静かに顔を上げた。濡れた眼でウメを見た。

「産婆さん」

「……」

「――いっそ、お腹の子を処置していただけませんでしょうか?」

「馬鹿いうもんでない!」

言下にウメは厳しい声で叱りつけた。

「――心を大きゅう持つのよ。わたしが、何とか力になりますわね。あんたにきっと、立派なお子を育てさせてみせますわね。安産のお守りをあらためてその子に譲らせてもらいますわね」

6

翌る日から、ウメは毎日、紀子の家をたずねた。朝、家を出るときに、ニワトリの産んだあたたかい卵を持っていった。

妊婦は普通の人の三割多く栄養を摂らねばならないが、紀子はそれどころか、かなり栄養の不足がめだっている。歯の虫食いがひどく、身体の腫《むく》みがひかなかった。妊娠腎ではないかと心配だった。

夜になって紀子の夫が仕事から帰ってくるまで、ウメはほとんどつききりで、食事の支度はもちろん、紀子の身体を拭く世話から、洗濯、掃除までしてやった。自分の蒲団を運びこんで、それに紀子を寝かせた。蒲団につけて新しい寝巻も与えた。

「ええ子を産まさにゃならぬ。きっとええ子を産まさにゃならぬ」

新しい野菜と、小魚と、果物と……。買物をしながらも、そればかりが頭にあった。

ウメは煙草もやめた。元来、粗食だったが、自分の食事を押麦ばかりのほとんど米の入らない麦飯にした。恥辱に耐えて芦屋かね子を訪れ、小麦粉袋修理の内職を世話してもらった。わずかな貯金が貯ると、ウメはそれでバタを買って紀子に食べさせた。

「ほんとに申しわけありません。申しわけありません」

紀子の夫は、ウメに会うとそういってうなだれた。

「わたしは勝手に世話をしとるんやから、何の申しわけが要ろうかいね。好きで世話さしてもろうとるんですがいね」

紀子の夫は人に欺されて履物商の店を人手に渡してから、職を転々とした挙句、今のような生活に落ちこんでいるのだとウメに語った。船から上げた荷を倉庫まで運ぶという仕事も、船が入らないで何日もあぶれる日のつづくこともあった。それも仕事の奪いあいで、早朝四時頃には家を出なければ、小一里の道を小走りで駆けても間に合わなくなる。そのため、人《ひと》気《け》のない川原の鉄橋近くに乗り捨ててあった女物の自転車を見たとき、ついそれに乗ってしまったのだと話した。金に困ってすぐそれも手放した。

「――初めて人様の物を盗みました……」

ウメの前に手をついてうなだれている紀子の夫の首筋に、生活の疲れがのぞいていた。

ウメは、それを咎める気持にはなれなかった。

「ええ人には住みにくい世の中ですわね」とウメはいった。

「人も当てにできんし、わたしはとうとうこの年まで一人で来てしまいましたわね。ほんまに、一人で来た……」

「………」

「人一人、生きて行くのも、しんどいことですわね。あんたらに逢うまで、もうつくづく、くたぶれとったところでしたわね」

産褥にはまだまだ期間があったが、紀子の身体は衰弱しているため、起き上って表に出るのがやっとのことだった。浮腫もなかなか引かなかった。

「睡眠をようとるのよ。ずぼらやなどと思うたらあかんよ」

紀子の感謝に満ちたまなざしを、うなずきながら受けとめて、ウメは母親のように励ました。

聴診器を当てると胎児の心音（鼓動）が聞こえた。そして、手に伝わるかすかな胎動に、ウメは眼をかがやかせた。

蒲団、おむつ、氷嚢、腹帯、洗面器、たらい……雑多な道具を何カ月も前から用意をして、ウメは手落ちがないか何度も点検した。

二カ月近い日が経った。

紀子の健康もわずかづつ恢復していった。一日に一度はウメと近くへ散歩に出るようになった。

ウメは若い頃の羽織を取り出し、赤い模様の産衣を夜通しかかって縫った。女の子が産まれそうな気がした。産衣を縫いながら、あれこれと子供の名前を考えたりした。

出来上がった産衣を風呂敷に包んで、ウメは紀子の小屋へ行った。「そらっ」といってひろげてやれば、どんなに喜ぶことだろう。弱々しい妊婦に新しい産衣は、きっと素晴らしい励ましになるにちがいない――そう思ったウメの期待ははずれた。

小屋には誰もいなかった。そして、片隅にウメの与えた蒲団がきちんと畳んであった。ある不安がウメをおびやかした。

表へ駆け出そうとして、土間に一台の古自転車がもたせかけてあるのに気がついた。その荷台に四つに折った紙片が置いてあった。ウメは恐る恐るそれをひろげた。


このたびは私どものため、親身も及ばぬ御親切にあずかり、お礼の言葉もございません。これ以上、もう御迷惑をおかけすることも忍びず、夫がどうにか自転車を手に入れることができましたので、相談の上、これを機会にこの地を去る決心をいたしました。

ひとかたならぬ御厚志に何ひとつとしてお報いすることもできず、黙って立ち去ることをお許しください。違う自転車ですが、置いておきますから、何卒これでお許しください。

人様の御親切をこのたびほど身にしみて感じたことはありません。ただ涙があふれてお礼も言い尽くせません。本当にありがとうございました。どうか、この後もお仕事に御精励くださいますよう、主人とともに陰ながらお祈り申し上げます。

「馬鹿！　馬鹿な人やね！」

ウメはその自転車にとび乗った。まだ二人がその辺にいそうな気がした。

そのまま、必死にペダルを踏んだ。

「どこへ行ったんやね！　一体、どこへ行ったんやね……」

いつか降り出した小雨が、涙のようにウメの頬を伝った。


（「第五十回サンデー毎日大衆文芸入選作　新秋臨時増刊」昭和三十一年九月）

狂言　袈裟求　けさもとめ　―「新猿楽記」による―

人物・初演配役

住持（福広聖）　茂山正義（五世・千作）
新発意　茂山千三郎
檀家　茂山真吾（現・七五三）
尼（妙高尼）　茂山あきら

補訂・演出　茂山千之丞
初演　平成四年十二月一日　国立文楽劇場
花形狂言会

（住持、新発意《しんぼち》登場。座につくと檀家登場）

檀　家　これはこのあたりに住まい致す者でござる。今日《こんにった》は志す日に当たってござるによって、檀那寺のお住持とお新発意を斎《とき》に申し入りょうと存ずる。先ず、そろりそろりと参ろう。いやまことに、こう参ってもお寺に御座ればよう御座るが、もしござらぬときは、参った詮もないことでござる。いや参るほどに早やこれじゃ。まず案内を乞おう。物申《ものもう》、案内申。

新発意　イヤ表に物申とある。案内とは誰そ、どなたでござる。

檀　家　私でござる。

新発意　エイこなたならば、案内に及びましょうか。なぜにつっと通りはめされいで。

檀　家　私もさように存じてはござれども、もし、お客ばしござろうかと存じ、わざと案内を乞うたことでござる。

新発意　それはいつもながら御念の入らせられたことでござる。して、ただいまは何と思し召してのお出でござる。

檀家　ただいま参るも別なることではござらぬ。今日は志す日に当たってござるによってお住持においでくだされ、お斎《とき》を召し上がってくださりょうならば、ありがとうござる。

新発意　これはちかごろ奇篤なことでござる。今日は幸い暇に居られまするによって、定めて参らるるでござろう。

檀家　また、こなたもおいでくだされい。

新発意　それはありがとうござる。愚僧も暇でござるによって、同道いたすでござろう。

檀家　さて、私はこれで待たせていただきまする。おこしらえができましたならば、ご案内いたしましょう。

新発意　それでお待ちくだされまするか。それならば急いでこの由をお住持に申し上げましょう。

（住持に）イヤ申し、申しお住持ござりまするかござるか。

住持　エイ、新発意お出やったか。

新発意　ただいま、□□殿の見えられてござるが、今日は志す日に当たってござるによって、こなたにも、また愚僧にもお参り下され、お斎を召し上がってくださりょうならば、辱《かたじけ》のうござると申して参られました。

住　持　やれやれそれは奇篤なことじゃ。幸い今日は暇に居るによって、定めて行くと言うてやったであろうな。

新発意　いかにもさよう申してござる。おこしらえができましたならば、案内いたそうと仰せられて、あれにお待ちでござる。

住　持　それならば、さっそく身ごしらえをしておくりゃれ。

新発意　心得ました。

（住持に衣を着せ、数珠を渡す。袈裟は着せない。）

これで一段とようござる。□□殿もお待ちでござるによって、さっそく参りましょう。

住　持　いま一つ、要るものがありましょう。

新発意　はて、いま一つ、要るものとは何であったか知らぬ。

住　持　一山《いちざん》の住持が檀家のお斎に呼ばれるのじゃ。要るものと申せばわかっておりましょう。お百姓にあっては鍬《くわ》、僧にあってはそれ、袈裟じゃ。

新発意　これはうかといたしておりました。
住持　ずいぶんきれいなをお出しゃれや。
新発意　ずいぶんきれいなと申して、お寺に袈裟はただ一領よりございません。
住持　三衣《さんね》と申して、三領あるはずじゃ。
新発意　それは並みのお寺の話でござる。はて、袈裟はどこへ蔵うたかしらぬ。(探す)おう、それそれ袈裟は確か眠蔵《みんぞう》の棹《さお》にかけて置いたはずじゃ。ははあ、ここにはない。さては唐櫃《からびつ》のなかであったかしらぬ。いや、唐櫃の中にも蔵うてはおらぬ。
住持　なにをぐずぐずしているぞ、さあさあ早う袈裟を出しなされ。
新発意　(袈裟を探す。)さてさてせわしないお住持じゃ。はて袈裟はどこに蔵うたことじゃかしらぬ。さてもさても合点の行かぬことじゃ。
檀家　(覗いて)何とおこしらえはできましたか。
住持　へぇ、□□殿、いこうお待たせいたしまする。ほどなうこしらえもできまするほどに、いましばらく待たせられて下されい。
檀家　なるだけ早う、お願い申しまする。
住持　やいやい新発意、□□殿も待っておらるる。早う袈裟を持って来ぬか。

新発意　ずいぶん探しましたが、袈裟は見当たりませぬ。
住　持　見当たらぬはずはない。狭うはないが、別段、広い寺でもない。寺中、隈のうお探しゃれ。
新発意　寺中、隈のう探してみましたが見当たりませぬ。
住　持　おのが睫《まつげ》は見えぬと申す。手近なところをかえって見落とすということもある。重ねて念をいれて探さしめ。
新発意　重ねて念を入れて探しましたが、見当たりませぬ。
住　持　袈裟がのうては、お斎に出かけることがならぬではないか。
檀　家　（覗いて）おこしらえはできましてござるか。
住　持　おっつけできまする。いましばらく、お待ちくだされい。
檀　家　早うお願いいたしまする。
住　持　今一度、寺中を探せ。
新発意　もはや探すところはござりません。度々のお斎でござるによって、一度くらい袈裟がなうても大事ござりますまい。
住　持　一山の住持がお斎によばれるに、袈裟がなうては済まされぬ。今一度、念を入れて探せ。

新発意　これ以上、念の入れようもございませぬ。

住　持　よい加減のところで手を抜いてはならぬ。

新発意　よい加減のところで手を抜いてはおりませぬ。

住　持　ははあ、そのように探しともなうするのは、さてはそなたが袈裟を持ち出し、酒などに替えたのであろう。

新発意　これは滅相もないことを仰せらるる。私が袈裟を持ち出し、酒に替えるなど、いたすものでござるか。

住　持　いやいやそうじて因果と申して、この世に物が現るるにはかならず現れる理由があり、物が失《う》せるについてはまた、失せる理由があるものじゃ。理由もなく袈裟が失せる道理がない。

新発意　さてさて、むつかしいお人じゃ。

檀　家　（覗いて）おこしらえはできましてござるか。

住　持　お急ぎならば一足先にお帰りくだされ。こしらえができ次第、後から参りまする。

檀　家　お住持様が参られいでは、お斎もいたされませぬ。とてものことに、今しばらくお待ちいたしましょう。さりながら、何としてかようにおこしらえに手間取っておられるのでござるぞ。

新発意　お住持のお袈裟が見当たらぬのでござる。

檀　家　なに、お袈裟が見当たらぬ。

新発意　なかなか。お住持は袈裟がなうてはお斎に呼ばれることはできぬと仰せられまするが、袈裟は今日中に出てくるものやら、明日になるものやら、あるいは今年中には見つからぬかも知れませぬ。

檀　家　何と今年の暮れまで待っていらるるものでござるぞ。今日のお斎は袈裟なしでもようござる。なにとぞ袈裟なしでお出かけくだされ。

新発意　□□殿もあのように申されまする。今日のところは袈裟なしでお出でなされい。

住　持　いやいや袈裟なしで参ることはできぬ。袈裟は功徳衣《くどくえ》、如来衣《にょらいえ》、また阿耨多羅三《あのくたらさん》藐三菩提衣《みゃくさんぼだいね》とも申して、袈裟はすなわち仏のみ心じゃ。仏心なくして檀家のお斎がいただかれようか。器ありて水はその形を現すとも申す。僧に七条の袈裟なきは、また池中に蓮華なきも同然。――今日はもう参るまい。袈裟が出ましたときに、参るでござろう。

檀家　これはいかなこと。それではせっかく整えました斎がむだになりまする。ひらに袈裟なしでおでかけくだされ。

住持　今日はええ参らぬと申すに。日を変えてお呼びくだされ。（奥に去る）

檀家　さてさて苦々しいことじゃ。さりながら是非に及びませぬ。今日はこのまま帰るといたしましょう。

新発意　長うお待たせいたしましたに、ちかごろお気の毒にござりました。

檀家　さらばさらば。

新発意　静かに行かせられい。

檀家　はーあ。（帰りながら）さてもさても長う待たされ、無益なことをした。袈裟が斎を召すものでもあるまいに、こだわるお人じゃ。さりながらお寺の袈裟が消えるとは妙なこともあるものじゃ。

（思いついて）イヤ、それについて思い当たることがある。（引き返し）イヤ申し申し。ござりまするか。ござるか。

新発意　えい、□□殿。まだこれにおられましたか。

檀家　お袈裟につきまして、いささか思い当たることがござりまするによって、立ち戻りましてござる。

新発意　それは如何《いか》ようなことでござるぞ。

檀家　されば そのことでござる。夜前、私がお寺の裏手のあの竹藪のあたりを通りかかりましたれば、何者かがお寺の背戸《せど》より、ひそかに立ち去るのを見ました。

新発意　何者かがひそかにお寺の背戸より、立ち去るところを見られましたか。

檀家　あたりを、きょろ、きょろきょろと見回し。

新発意　あたりを、きょろ、きょろきょろと見回し。

檀家　人影のないのを見届け。

新発意　人影のないのを見届け。

檀家　そそくさと立ち去りました。

新発意　そそくさと立ち去りましたか。

檀家　今にして思えば、その者のふところのあたりが、このようにふくらんでいるように見えました。

新発意　ふところのあたりが、このようにふくらんでおりましたか。

檀家　あれは大事なお寺のお袈裟をふところに隠し、持ち出したのではござりますまいか。

新発意　いや、それに相違ござらぬ。して袈裟を持ち出したのは何者でござるぞ。

檀家　それは定かには存じませぬ。

新発意　さてさて迂闊《うかつ》なお人じゃ。不審の者を見たのであれば、その後などつけてみさせられいはせいで。

檀家　それに抜かりはござりませぬ。寺の背戸より出ました者の後をばつけてまいりましたれば、その怪しい者は尼寺へ入りました。

新発意　何と、尼寺へ入りましたか。

檀家　なかなか。袈裟については、恐らく、尼が仔細《しさい》を存じておりましょう。

新発意　あの尼寺には、妙高尼と申す尼が一人《ひとり》住もうております。そうあれば早速私がこれより尼寺へ行き、袈裟の仔細を吟味してまいりましょう。こなたは今しばらく、これにてお待ちくだされい。

檀家　心得ました。（幕へ入る。）やれやれ。思い出《だ》さいでもよいことを思い出《だ》いたばかりに、またここで待たさるることになってしもうた。こりゃ今日のうちに家に戻れるか知らぬ。

住持　（奥より出る）また□□殿の声がいたす。えい、こなたはまだそれにおられましたか。今日はお斎にはえ参らぬと申してござるに。

檀家　さればそのことでござる。お袈裟のありかについて、私いささか思い当たることがござりまして、それゆえいま、新発意殿が袈裟を探しに参られました。

住持　すれば袈裟のありかがわかりましたか。

檀家　もしお袈裟が出で参りましたら、さっそくお出かけくだされ。

住持　袈裟が出て参りましたら、さっそくお斎に参りましょう。

檀家　いや、さればこそ新発意殿があれから戻って参りました。

（幕より新発意が手に袈裟を持ち、尼を引き立てながら登場。）

新発意　さあさあ妙高尼殿。寺へ来て袈裟の仔細、つつまず申し上げさしめ。

尼　なにとぞ許させられてくだされい。袈裟のことはこなたからよいよう申し上げて下されい。

新発意　いやいやそれはなりませぬ。こなたの口から直《じ》きに申し上げなされい。

尼　何とぞ許いてくだされい。

新発意　さあ、これに待っていさせられい。かならず戻られてなりませぬぞ。

（尼を橋掛に待たせ、袈裟を持って本舞台へ入り）いや申し申し袈裟がございました、袈裟がござりました。

檀家　さればこそ袈裟はござりましたか。

住持　それそれ、その袈裟じゃ。（新発意から袈裟を受け取り）これはずいぶん見苦しうなった。（袈裟を着けながら）してこの袈裟はどこにあったぞ。

新発意　尼寺にございました。

住持　なに、尼寺にあったと申すか。はて、何故に尼寺に袈裟があったのであろう。

新発意　その仔細は、妙高尼殿が直きに申されるでござろう。さあさあ妙高尼殿、これへ来て袈裟の仔細を申し上げてくだされい。

尼　（舞台へ入ってぼそぼそと）このたびはお寺の袈裟を持ち出し、赤子《あかご》のむつきになどいたし、まことに申し訳ないことをいたしました。

住持　なに赤子のむつきに。

檀家　こなたのおかげで、ずいぶんと待たされました。何として袈裟など持ち出されたのでござるぞ。

尼　はい、それがその赤子の、む……。

住持　エヘン、エヘンエヘン……。

尼　（言い渋って）む、む、夢想に観世音菩薩が枕元に立たれ、「供え物が少ないので、何か嵩《かさ》のあるものを供えよ、袈裟などが良い」と仰せられましたによって、それでお住持のお袈裟を供えました。

住持　なるほど観世音菩薩の仰せならば、お供え申さずばなるまい。仔細はわかりました。さっそくお斎に参りましょう。

新発意　いやいや観世音菩薩が、供え物が少ないので何か嵩のあるものを供えよ、袈裟でも良いなどと、仰せになるはずがございませぬ。お住持はかねがね妄語《もうご》は五戒に背くと申されませぬか。

住持　いやいや観世音菩薩が袈裟など供えよと仰せになるはずがあるまい。妄語は五戒に背くぞ。

尼　お袈裟は、赤子のむ……

住持　エヘン、エヘン……

尼　む、む夢想に夜叉神《やしゃ》が立ち現れ、袈裟をつけてみたいゆえ、袈裟を出せ、出さねばおのれを取って食おうと申しました。取って食わるるが恐ろしさに、袈裟を差し出しました。

住持　なるほど、夢想に夜叉神が立ち現れ、袈裟を出さねばおのれを取って食おうと申したか。それならば、袈裟を差し出さねばなるまい。仔細はわかりました。さっそくお斎に参りましょう。

新発意　いやいや夜叉神が立ち現れ、袈裟を出さねば取って食おうなどと申すはずがございませぬ。隠さずありようを申されい。

尼　もはやこの上は、隠さずありようを申しまする。お袈裟は。

檀家　お袈裟は。

尼　赤子のむ、む、むつきに致しました。

檀家　なに。赤子の身の下を包む、むつきに致したと申されるか。

尼　はい、当座の布に事欠きましたによって、お袈裟をむつきに致し、赤子の身の下をくるみました。

住持　脱ぎましょう。脱ぎましょう。（袈裟を脱いで捨てる。）なにやら見苦しうなったのはそのせいであったか。洗うて不浄が落ちるか知らぬ。

檀家　すれば、こなたに赤子があると申されるか。

尼　はい。
檀家　尼殿に赤子があるとは、異なことでござる。
住持　尼殿はまた嘘を申しておるのじゃ。尼はもとより仏に仕える身、赤子などあるはずはおりやらぬ。
新発意　いやいや。尼と申しても、その身は女でござる。ならば赤子がいぬとも限りませぬ。（尼に）こなたに赤子がござると申されたが、それはまことのことでござるか。
尼　恥かしながら、まことのことでございます。
新発意　尼の身でありながら、何故《なにゆえ》赤子があるのでござるぞ。
住持　それはこうであろう。尼寺の門前と申すところは、赤子をぽい、ぽいぽいと捨てとうなるところじゃ。いつぞやも籠にいれた子が捨ててあったと聞いている。尼殿には慈悲心をもって、門前に捨て置かれた赤子を拾われたのであろう。そうであろう。そうに違いあるまい。仔細はわかった。さっそくお斎に参りましょう。
新発意　まず待たせられい。むつきに事欠くほどならば、赤子をよそに捨てこそすれ、拾うことなどかなわぬはずでござる。赤子は拾うたものではござりますまい。ありようにおおせられい。

尼　　まことは先の月に、私が生んだのでござります。
檀　家　そなたが赤子を生んだと申されるか。
尼　　はい。（恥じ入る。）
新発意　仏に仕える身でありながら、おのれの赤子を抱く身になられたと申されるか。
尼　　はい。
檀　家　その赤子ゆえ、お寺の袈裟を持出し、むつきにされたのでござるな。
尼　　赤子がヤアヤア泣きまするに、むつきにする布とてなく、お寺の袈裟を暫時お借りいたしました。
新発意　滅相もないことをいたされる。（住持の顔を見ながら）袈裟は功徳衣、如来衣、また阿耨多羅三藐三菩提衣とも申し、袈裟はすなわち仏のみ心じゃとお住持はかねがね仰せられる。むつきにいたした袈裟を着けては仏を汚すことになりまする。赤子の父親にかけあい、袈裟を元通りにいたさねばなりませぬ。その赤子の父親と申すのは誰でござる。
住　持　その詮索はもうよかろう。袈裟の不浄は洗えば落ちることじゃ。袈裟を持って赤子をくるむは、み仏の慈悲を持って包むことじゃ。仏衣の功徳により、尼の邪婬も清浄になった。それこそ、袈裟本来の用い方というものじゃ。この上の詮議は無用、さっそくお斎に参ろう。□□殿もよほど待ちくたびれておられるでござろう。

檀　家　いやいや父親の名が知れぬうちは、私はいつまでも待たせていただきまする。

新発意　お住持はよい加減のところで手を抜いてはならぬと仰せられました。手を抜かず、なお念をいれて詮議致しましょう。

住　持　（苦い顔で無言）

新発意　（尼に）そのお人はお寺に住んでおられよう。

尼　はい。

新発意　頭を丸めておられよう。

尼　はい。

新発意　衣をまとっておられよう。

尼　はい。

新発意　（分かっていながら）はて、そのお人というのは誰じゃ。

尼　かたく口どめされておりまするによって、赤子の父親がお住持じゃなどと、私の口からは申すことができませぬ。

新発意　（笑って）さてさて口の固いことじゃ。思うた通り、赤子の父親はお住持であられたか。のう、お住持。それならば、尼殿にむつきの一つもおやりなされずばなりますまい。
檀家　このお住持はなんというお人じゃ。
住持　ははーっ、面目もおりゃらぬ。許さしめ。許さしめ。許さしめ。
（幕へ逃げ入る。）
新発意　尼殿にむつきをおやりなされ。尼殿にむつきをおやりなされ。
檀家　尼殿にむつきをおやりなされ。尼殿にむつきをおやりなされ。
（新発意、檀家、住持を追って幕へ入る。）
（尼一人しょんぼりしているが、ゆっくり立ち上って幕へ入りかける。つと立ち止まって引き返し、落ちている袈裟を拾い上げ、大事に抱えて幕へ入る。）

*

自筆年譜

凡　例

(1) 演芸台本、出演テレビ・ラジオ等は主要なものに限った。
(2) ＊印を付けてその年の象徴的な出来事を記載した。
(3) 漢数字、算用数字は見やすさを考慮して混用した。

●昭和六年（一九三一）　当歳
12月4日、兵庫県神戸市兵庫区浜崎通一丁目八番地（現在の地名は兵庫区西柳原町八番地）に生まれる。本名・構恒一（かまえ・つねいち）。父・耕三、母・寿代の四男。長男は出生時、夭折しているので実際には三男と同様。父は川崎車輌株式会社（現・川崎重工業）社員。鉄道車両の設計技師であった。生誕地はその社宅である。父方祖父の廣太郎が同居していた。兄に洋一・彦一がいる。後に弟・英一が生まれる。四人すべての名に「一」を付けたのは父の好みであったらしい。この名のため、長男と間違えられることがしばしばあった。父方祖母ふさは若くて他界。祖父・廣太郎は兵庫県印南郡的形村

（現・姫路市的形町）の製塩業主であったが、明治三十七年（一九〇四）、日露戦争が起こり、戦費調達のため煙草専売法に続き、翌三十八年、塩専売法が公布され、塩が専売制となったことに加えて、外国製塩が輸入されるようになったため、的形の製塩業者は大きな打撃を受けた。この年、廣太郎は的形を捨て神戸市兵庫区水木通に移住。男二人の世帯に寿代が嫁いできたのである。祖父・廣太郎は生活能力がなく、若年の息子夫婦を働かせて、自身は素人浄瑠璃の講に加わり、長田神社の絵馬堂に連名の額を奉納するなどしていた。

＊9月、満州事変起こる。

●昭和十年（一九三五）　四歳

弟・英一出生。この頃、疫痢にかかり、神戸市東山伝染病院に隔離入院。夜、看護婦が「ゆりかごの歌」を歌って慰めてくれた。今もこの歌には特別の思いがある。

退院祝いに父が当時普及し始めたポータブル蓄音機を購入。東海林太郎「国境の町」、藤原義江「出船」、サンサーンズ「白鳥」などのレコードがあった。

●昭和十二年（一九三七）　六歳

7月7日、日中戦争（支那事変）開戦。中国大陸へ渡る兵士が船待ちのため現在の民宿のように民家に宿泊した。わが家にも二人の兵士が泊まり歓待した。一人はすぐ戦死の報らせがあり、子供心に無常感のようなものを感じた。もう一人は佐渡の漁師で、除隊後、するめを送ってくれるなど交流があった。

●昭和十三年（一九三八）　七歳

4月、兵庫尋常小学校入学。

7月5日、神戸大水害起こる。死者六一六人、流失全半壊家屋八万戸。自宅は被災しなかったが、側溝に落ち、もう少し水量が多く流れが速いと一命を落とすところであった。

9月、祖父・廣太郎没。自宅でその死に立ち会う。

12月、神戸市林田区（現・長田区）片山町一丁目一六二番地に転居。長田小学校に転校。新住所の二軒隣りに鎌田翠璋という虎の絵専門の日本画家がいた。その隣家は西台正美という画家で、略画や図案を集めたポケット本の著者であった。この本は私の家にもあったから、近くに住む著者に憧れを感じた。

●昭和十四年（一九三九）　八歳

近所の日曜画家・小林茂正氏にクレパス、パステル画を習う。ユーモアについて感化を受ける。

（別掲「ナンニモ船長小伝」参照）

＊9月、第二次世界大戦起こる。

●昭和十五年（一九四〇）　九歳

この頃、小学校では音感教育が盛んになり、敵機の爆音を聞き分けるためそのレコードを聞かされた。カタカナ語が禁止され、「ドレミ」の音階は「ハニホヘトイロ」になる。和音ドミソは「ハホト」と言った。

＊9月、日独伊三国同盟締結。

＊11月、紀元二千六百年祝典。

●昭和十六年（一九四一）　十歳

3月、国民学校令公布。尋常小学校は「国民学校初等科」になる。

12月8日、太平洋戦争開戦。早朝、開戦を知らせるラジオ放送を聞く。長田国民学校は急速に戦時色を強め、毎朝、神社参拝し、「教育ニ関スル勅語」の暗唱をさせられ、明治天皇御製（和歌）を日替りで唱えた。後には「かけまくも畏《かしこ》き伊奘諾《いざなぎ》の大神」云々の祝詞《のりと》を唱え、いよいよ神がかりになった。

●昭和十七年（一九四二）　十一歳
4月18日、アメリカ空軍が日本本土を初空襲。神戸市では兵庫区和田岬付近の民家に被害。父に連れられて被害家屋を見に行く。空襲があったのは遠足の途中であった。空襲警報のサイレンが鳴るので演習かと思ったが、実際の空爆であった。
＊2月、シンガポール陥落。
＊食料・衣料の切符配給制始まる。
●昭和十八年（一九四三）　十二歳
＊4月、連合艦隊司令長官・山本五十六、ソロモン上空で戦死。
＊10月、神宮外苑競技場で学徒出陣式。
●昭和十九年（一九四四）　十三歳
4月、兵庫県立第三神戸中学校（神戸三中）入学。この年から公立中学校の進学志望者は、本人の志望に関係なく国民学校単位で入学する中学校が割り当てられた。中学校の学区制の最初である。輸送力を節減するため、徒歩で通学できるところに入学するという名目であった。自宅は神戸二中（現・兵庫高校）の近くで、兄も神戸二中生であったから、神戸三中入学が強制されたことは不満であった。入学してみると比較的自由な校風で、敵性語というので英語の授業をやめる学校がある時代に英語教育に熱心で、授業は日本語を使わず英語で行われた。物理（当時は物象といった）の山本昇十郎先生はある日の授業の始めに甥の戦死に関連して、論拠を挙げて「日本は負けます」と敗戦を予言した。日本は必ず勝つと信じられていた時代だから、教室は一瞬静まりかえった。山本先生から小さな疑問を大切にし、科学的に物を見、考えることの基礎を教えられた。それは私の生涯を通じて物の見方、考え方の座標軸になった。神戸三中の卒業生に淀川長治（映画評論家）、花森安治（「暮しの手帖」編集発行者）、中内功（ダイエー創業者）、富士正晴（作家）各氏らがいるのは偶然のことではない気がする。

●昭和二十年（一九四五）　十四歳

3月17日未明、神戸大空襲で自宅焼失。「神戸空襲を記録する会」によると、神戸の大規模な空襲はこの日のほか5月、6月と計三回あった。この日の空襲では神戸市の西部が焼失。神戸に二カ所あった高射砲陣地からの防撃、日本軍の戦闘機が米軍爆撃機B29に迫るなど空中の戦闘を地上から眺め、自宅が白い炎に包まれて焼けるのを見届けた。悲しいというよりサバサバとした気持ちであった。兄と弟の三人であてもなくさまよい、夜明けを待った。父母と長兄は家を守るという役割であったが、空爆の規模は自力で防げるようなものではなかった。家族は神戸二中の校庭を落ち合う場所と決めていたので、夜が明けて家族再会。二、三日間、神戸二中の講堂で他の被害者家族数十人と起居を共にした。数日後、母方の実家を頼って兵庫県神崎郡大山村（現・神河町）に居を移し、農家の離れを借りて住んだ。その途中、播但線溝口駅付近でアメリカ軍のグラマン戦闘機の機銃掃射を受けた。目の前で顔面を撃たれて血を吹く人を見た。大山村には母、私、弟の三人が暮らし、父は神戸市内の社員寮、兄二人はそれぞれに下宿、一家は文字通り四散した。食料がなく当座春先で野生のフキノトウやセリなどを食べた。フキノトウはその後一切食べていない。

6月、兵庫県立姫路中学校（現・姫路西高）に転校。郵便事情が悪く転校手続きに手間取ったため、三カ月間の空白があった。母方実家に蔵書があったので、この時期むさぼるように読書した。「明治大正文学全集」の幸田露伴、永井荷風、谷崎潤一郎、志賀直哉などを読んだ。小谷部全一郎の『成吉思汗《ジンギスカン》は源義経なり』という珍本に出会ったのもこの時である。姫路中学校への通学はバスで播但線寺前駅へ出、午前六時四十分発の列車に乗車、野里駅まで約一時間という遠距離通学であった。野里駅の売店で岩波文庫の『佐藤春夫詩抄』を買う。定価一円。戦災後初めて手に入れた本である。毎日、それを持って通学したので蔵書第一冊はSLの煤煙で汚れている。姫中で授業を受けた時間は少なく国鉄山陽本線・英賀保《あがほ》駅北の山際に機関車の退避壕を造る土木作業や姫路市内の焼跡整理など勤労奉仕の日が続いた。

8月15日、終戦。姫路には陸軍の師団があり、学校内にも兵士がいたが、翌日の朝、登校すると兵士数人が朝から酒を飲み酔っぱらっているのを悲しく眺めた。

●昭和二十一年（一九四六）　十五歳

4月、神戸三中に復学。神戸市須磨区須磨寺町の川崎車輌家族寮に父と兄二人が生活していた。後に母と弟が来て、ようやく一家全員が揃った。寮は須磨寺参道筋の元旅館。

＊2月、預金封鎖、新円切替え。勤労者給与は新円で支払われるのは五百円限りとなる。

●昭和二十二年（一九四七）　十六歳

神戸市生田区（現・中央区）楠町五丁目二十一番地の焼跡に新築された川崎車輌社宅に入居。ようやく安住の場所を得た。父母はその後、この場所を移ることはなかった。付近にアメリカ駐留軍のキャンプ（営舎）があり、アメリカ兵が徘徊していた。このキャンプで初めてソフトボールを見た。殺人、強盗事件が日常的に起きた。

＊5月3日、新憲法施行。

●昭和二十三年（一九四八）　十七歳

前年、アメリカGHQの指令で学校制度は六三制に移行。この年3月、神戸三中は長田高等学校になる。私は中学五年生から高校二年生になった。上級生に誘われて新聞部に入部、学校新聞の制作に熱中した。安水稔和君（詩人）と同級になる。安水君は文芸部のリーダーとして機関誌「緑地帯」を創刊。同誌に「河童滅却」という詩を寄稿したことがある。

●昭和二十五年（一九五〇）　十九歳

3月、長田高校卒業。4月、神戸大学法学部入学。他の大学の文学部を志望していたが、母の強い反対で志を曲げた。安水稔和君は神戸大学文学部に入学、詩誌「ぽえとろ」を創刊。同人となり謄写版のガリ版切りを引き受ける。

＊1月1日、満年齢施行。

●昭和二十六年（一九五一）　二十歳

この頃、アルバイトとして、しきりに懸賞に応募、入選する。学生アルバイトは肉体労働しかない時代であった。大阪の夕刊紙「新大阪」の「働く人の詩」に数回入選。選者・小野十三郎。夕刊紙「新関西」の「実話とコント」の定連となる。挿絵・藤原せいけん。漫画を近藤日出造編集の雑誌「漫画」に投稿入選。同時入選に久里洋二（当時洋三）がいた。雑誌「キング」に漫画が数回入選。「夕刊神戸」（神戸新聞夕刊）に「サンデー漫画」を週一回連載。神戸と周辺の漫画家イワタタケオ、春山正、森本哲夫と交遊、漫画グループを結成する。森本は滝川高校在学中で、地元の「神港新聞」に四コマ漫画を連載していた。イワタタケオを通じて貝原六一、鴨居玲、若林和男らの画家と交遊。

東京の漫画グループ「漫画えぽっく」から誘い

を受けて上京、挨拶だけのつもりであったが、根岸の「笹の雪」で歓迎会が開かれ、在学中であったがそのまま東京に居付いた。漫画グループの同人に鈴木義司がいた。東京都葛飾区の京成電鉄「お花茶屋」駅に近い友人の下宿に同居。柴又帝釈天は近くで、松竹映画「男はつらいよ」を見ると当時の自分と重なり懐かしくなる。漫画えぽっくの事務所は千代田区神田錦町の木造ビルの二階にあった。事務所とは名ばかりで一室に七、八社が雑居していた。漫画グループの事務員に服飾学院の学生がアルバイトとして勤務していた。彼女の都合が悪い日は友人の女性が代理をつとめた。女優の山岡久乃（当時・比佐乃）氏であった。上京後、初めて私の漫画を買ってくれたのは三世社の大衆雑誌編集者吉行淳之介氏であった。吉行氏は三年後、『驟雨』で芥川賞を受賞、山岡氏は「雲ながるる果てに」で映画デビューする。イワタタケオが独立漫画派（独漫）に加入していたので、その紹介で小島功、やなせたかし氏と出会う。

＊新日本放送（後の毎日放送）、朝日放送開局。

●昭和二十七年（一九五二）　二十一歳

鈴木義司が楽々と漫画を量産するのを見て、自分の非才を思い知らされ、漫画に見切りをつけて帰神。神戸大学での学業に戻る。

●昭和二十九年（一九五四）　二十三歳

NHK演芸台本懸賞募集に漫才「僕のカメラ」が入選、内海突破・並木一路のコンビで全国放送された。選者は秋田實、長沖一、藤沢桓夫。突破は台本にない駄洒落で塗りつぶし、作者軽視に屈辱を感じた。

●昭和三十年（一九五五）　二十四歳

3月、NHK放送開始三十年記念番組として募集した物語台本に「シンプソン英語学校」が入選。22日、宇野重吉の語りで全国放送された。選者は久保田万太郎、林房雄、吉屋信子。

神戸大学卒業。

4月、神戸市に就職、総務局行政課勤務。広報紙の編集発行、市長メッセージの作成などを担当。

9月、「面白倶楽部」（光文社）に「時計の話」（発表時タイトル「時計物語」）が佳作入選。

ＮＨＫ演芸台本募集に漫才「僕の設計図」が佳作入選。中田ダイマル・ラケットで上演放送。

12月、ＮＨＫ（大阪）の演芸台本研究会のメンバーとなる。同研究会は落語・漫才・浪曲の三部門があった。参加したのは漫才部門。

この頃、市の教育委員会が催す成人学校があった。現在のカルチャーセンターの走りである。科目の一つにマジックがあった。講師の百崎辰雄氏はビオフェルミン製薬の社長だが、アマチュアマジシャンとして有名であった。この講座で初歩を学びマジックに熱中した。デパートに店を出しているプロマジシャンに付いてカード、ロープ、ビリアードボールなどを習得。百崎氏の誘いでアマチュアマジシャンの団体神戸スフィンクスクラブに入会。会員は阪神間周辺の会社社長、大学教授、医師などであった。顧問のジャグラー都一師にリンキングリング（金輪）のレクチャーを受けた。百崎氏の招聘で海外のマジシャンや高木重朗氏などのレクチャーを受けた。マジックの習得によって人間の知覚が不確かなもので先入観に支配されていることを体得した。より多くは百崎氏から芸事はすべて人柄の表現であることを学んだ。
●昭和三十一年（一九五六）　二十五歳
7月、胃潰瘍で神戸市民病院入院。以後、宿痾となり再発をくりかえす。

9月、サンデー毎日大衆文芸に「雨の自転車」が入選。選者は井上靖、海音寺潮五郎、源氏鶏太、木村荘十、村上元三。松竹映画が映画化権を買ったが、映画化はされなかった。テレビの初期で民放（局名失念）でテレビドラマ化された。脚色・久板栄二郎、主演・細川ちか子。自宅にまだテレビがなく、知人の家で放送を見た。

●昭和三十二年（一九五七）　二十六歳

4月、神戸市生田区（現・中央区）加納町に神戸市役所新庁舎（現・二号館）竣工。原口忠次郎市長の式辞を書く。以後、市長の右筆をつとめた。

●昭和三十四年（一九五九）　二十八歳

11月、「面白倶楽部」「宝石」共催の推理コント募集に「赤ちゃん事件」が入選（筆名・樫村順平）。選者は江戸川乱歩、松本清張、中島河太郎、荒正人。佳作入選者に斎藤栄氏がいた。

●昭和三十五年（一九六〇）　二十九歳

ラジオ関西（当時・ラジオ神戸）の放送台本を書く。「福郎の歌う人生天眼鏡」「福郎の立読み文庫」など多数。出演・笑福亭福郎（後・森乃福郎）。当時はディスクジョッキーに台本があった。

朝日放送（ラジオ）の「かしまし娘歌日記」「日曜お笑い劇場」「米朝の士一升金一升」などの台本を書く。桂米朝と出会う。米朝、三十五歳。

●昭和三十六年（一九六一）　三十歳

陳舜臣『枯草の根』が第七回江戸川乱歩賞受賞。神戸と近辺在住の作家たちが白川渥氏を中心に受賞祝賀会を催す。灰谷健次郎、田辺聖子各氏と出会う。陳舜臣氏とは以前からの顔見知りであった。

●昭和三十七年（一九六二）　三十一歳

3月、宝塚新芸劇場に茶川一郎主演「風来武士道」の原作提供。
●昭和三十八年（一九六三）　三十二歳
5月19日、広瀬純子（広瀬軍次長女）と結婚。

神戸市灘区泉通六丁目五に新居を構える。
●昭和三十九年（一九六四）　三十三歳
1月、長男・良介出生。
＊10月1日、東海道新幹線開通。
＊10月10日、東京オリンピック開催。
●昭和四十一年（一九六六）　三十五歳
9月、原口神戸市長の名代として神戸市の姉妹都市アメリカ・シアトル市を表敬訪問。

11月、二男・宏介出生。
●昭和四十二年（一九六七）　三十六歳
5月、神戸市葺合区（現・中央区）布引町三丁目に転居。ＮＨＫ「土曜ひる席」（「モダン寄席」を改称）の作・構成にあたる。昭和五十二年まで十一年間続いた。横山エンタツ・花菱アチャコの「早慶戦」の一部を二人の出演で再現。ＮＨＫアーカイブスに残っている。

12月、胃潰瘍再発、神戸市中央市民病院で胃切除手術を受ける。麻酔で昏睡中、夢を見て輪廻を体感。このときの擬似宗教体験で生き方が楽になった。輸血による血清肝炎（現在いうC型肝炎）になり、その治療のほうが大変であった。
●昭和四十三年（一九六八）　三十七歳
11月、神戸市灘区鶴甲二丁目四番に転居。ポートアイランドの土砂を採取した鶴甲山の跡地に開発された団地である。

3月、『笑話の時代―立ち読み演芸館―』（神戸新聞社のじぎく文庫）出版。勤務と執筆の両立が困難になり、神戸市を退職、作家専業となる。

昭和四十一年より大阪のラジオはヤング向きの深夜放送を開始、4月、ＡＢＣヤングリクエスト（ヤンリク）、12月、ラジオ大阪の「オーサカオールナイト」が始まり、笑福亭仁鶴が爆発的人気になったのに続いて、毎日放送ラジオはこの年10月、桂三枝の「歌え！　MBSヤングタウン」（ヤンタン）を開始。その構成に参加。「三枝の怖い話」というコーナーを担当、台本執筆。公開録音で女子中学生が多かったが、渡辺一雄ディレクターから「失心者が出ました」という知らせを受けた。語りの芸として笑いの対局にある恐怖はおかしさに通じるものがある。怪談咄が落語のカテゴリーに入るのはそのためである。

●昭和四十五年（一九七〇）　三十九歳

3月、NHK上方漫才コンテスト始まる。当時の若手落語家仁鶴、三枝が若いリスナーの人気を集めて台頭、落語ブームになった。漫才は凋落傾向に入り、若く有望な漫才師の廃業がつづいた。漫才の新人賞はラジオ大阪の上方漫才大賞の新人賞のみであったから、NHK（大阪）の丸田強ディレクターに要望して新人賞「上方漫才コンテスト」の制定を実現してもらった。蓋を開けてみると順位をつけられることを嫌って参加をしぶる者が多く、優秀話術賞、優秀努力賞、優秀敢闘賞、という三賞になった。第一回の受賞者はコメディNo1、若井こづえ・みどり、レッツゴー三匹。審査員は長沖一、夢路いとし、喜味こいし、織田正吉。会場は心斎橋日立サルーン（後の心斎橋筋2丁目劇場）。以来四十一年間、審査員を勤めた。

●昭和四十七年（一九七二）　四十一歳

4月、NHK総合テレビ「お笑いオンステージ」開始。三波伸介（てんぷくトリオ）を中心とした公開バラエティー番組。「てんぷく笑劇場」と「減点パパ」（のち「減点ファミリー」

と改称）の二部構成。笑劇場は前川宏司氏が担当、時々私も執筆した。「減点パパ」は幼い家族からどんな父親かを聞き出し、それが誰かを推理しながら三波が似顔絵にする趣向。このコーナーは私が考案した。白崎友久プロデューサーから依頼されたがアイデアが浮かばず苦心。人が推理と有名人の私生活に興味を持つことを具体化した。第一回ゲストは元巨人軍の別所毅彦。昭和五十七年（一九八二）終了。

10月、サンテレビで「上方落語大全集」が始まり、構成を担当。昭和五十年まで一七二回つづいた。

●昭和四十八年（一九七三）　四十二歳

横山やすし・西川きよしの漫才台本「同級生」（原題「二人の仲」）を書く。二人の代表作の一つになった。この頃、吉本興業から月に二本、やすし・きよしの台本を委嘱された。「同級生」はその一つである。（別稿「おかしさの基層」参照）

＊10月、第一次石油ショック。

●昭和四十九年（一九七四）　四十三歳

前年開館した神戸文化ホールの事業企画を求められ、東京・大阪の一流落語家の共演を提案。それができるのはＮＨＫと公共団体だけである。これは「東西落語名人選」として人気の高いイベントになった。第一回の出演者は〔大阪〕松鶴、米朝、春団治、小文枝、〔東京〕小さん、志ん朝。プロデュースは楠本喬章氏。

7月、読売テレビの新作落語の会のために桂枝雀の落語「恨み酒」を書く。27日、千里繁昌亭（千里セルシー）で初演。枝雀没後、この落語は桂南光に受けつがれている。落語の新作には他に桂枝雀「九日目」、桂小文枝（五代目文枝）の「きせる供養」などがある。

●昭和五十年（一九七五）　四十四歳
2月、大阪シナリオ学校が大衆芸能科を開設、講師となる。第一期の受講者に大池晶、高見孔二、古川嘉一郎の諸氏がいる。

10月、ラジオ関西「織田正吉のほのぼの60分」にパーソナリティーとしてレギュラー出演。ラジオ関西にはタイトルを変えて八〇〇回余り出演。この年、いわゆる「言葉狩り」が吹き荒れ、日本文芸家協会は「ことばの規制に関する声明書」を発表。身体障害者に関する用語を「〜の不自由な人」、後進国を「発展途上国」（後に略して「途上国」）と呼び変えるのはともかく、「片手落ち」「四つ辻」など慣用の言葉が広い範囲で使えなくなった。私に関しては、神戸市発行の月刊グラフ誌のエッセイに、従来「沖仲仕」と呼ばれていた労働者を「港湾労務者」と書いたところ、差別語だと抗議を受けた。謝罪文を要求されたので拒否、市を通じて一対一の公開討議を申し入れたが、立ち消えとなった。
●昭和五十一年（一九七六）　四十五歳
1月23日、「百人一首」の研究を本格的に始める。レギュラー番組の執筆、出演以外の仕事はすべて断り、「百人一首」には何かありそうだという予感だけを頼りに、全くの手探りで研究に没頭した。なぜ歌かるたとして使うのか、百首から成る歌集をなぜ百人「一首」と呼ぶのかということから道なき道を切り開く作業が続いた。生涯でもっとも充実した時期であった。
●昭和五十二年（一九七七）　四十六歳
7月5日、百人一首研究書脱稿（五五〇枚）。『嵐と夢—推理百人一首—』のタイトルで私家版を発行、関心のありそうな向きに送呈した。しばらくして国文学者池田弥三郎氏からこの本を手に入れたいとの私信が届いた。ＮＨＫ（東京）のディレクター長島平洋氏が読み、FM放送で数学者の矢野健太郎氏との対談番組になったが、この放送を開いた当時のNHK阪本朝一《ともかず》会長から話を聞いたとの文面であった。早速送呈する。

7月、朝日新聞系の地域情報紙「アサヒファミリー」にエッセイ「ユーモアレストラン」連載を始める。何度かタイトルを変えて平成十八年まで二十九年間つづいた。

●昭和五十三年（一九七八）　四十七歳

3月、『嵐と夢』を改題加筆し『絢爛《けんらん》たる暗号―百人一首の謎を解く』として集英社から出版。田辺聖子氏が主要出版社にあてて五通の紹介状を書いてくださった。その恩義は生涯忘れられない。田辺氏はまたこの本に懇篤な序文を寄せられた。大きな反響を呼び、類似書、関連書が十数冊出た。国文学会からは、その後、散発的に批判が出たが、いずれも批判の体をなさない感想文程度のものであった。神戸大学の野中春水《しゅんすい》教授は織田説の支持者で、激励の手紙を数度いただいた。

●昭和五十四年（一九七九）　四十八歳

1月、『笑いとユーモア』出版（筑摩書房）。

8月、神戸天津友好の船で中国の天津、北京、旅順、大連（当時、旅大市）を訪れる。

8月、漫才台本の著作権確立のため漫才作家の中田明成、加納健男氏に諮って関西演芸作家協会を発足させる。良い台本を世に送るにはレコードの印税と同様に、くりかえし放送されれば、それに見合う報酬があるべきだという考えであった。民放各局の著作権担当者と数度交渉を重ねたが話が進まず、挫折感だけを味わって身を引いた。読売テレビの演芸番組ディレクター有川寛氏は演芸番組制作者の側からの熱心な協力者で、別に交渉の場を設けるなどの尽力があった。
●昭和五十六年（一九八一）　五十歳
9月、『暮しの中のユーモア』出版（創元社）。
●昭和五十七年（一九八二）　五十一歳
上方お笑い大賞（読売テレビ主催）功労賞受賞。

3月、季刊「いま、人間として」（径《こみち》書房）に小説「マガリ君、質問する」を発表。以後、シリーズとして昭和五十八年12月まで十回連載。

4月、『遊び時間の発想』（日本経済新聞社）出版。マジック研究家・松田道弘氏との共著。

8月、家族で島根県隠岐に遊ぶ。

10月、エッセイ『四角い飛行船』（創元社）出版。
●昭和五十八年（一九八三）　五十二歳
8月、家族で鹿児島県種子島に遊ぶ。

9月、『ジョークとトリック』（講談社現代新書）出版。小説『マガリ君登場』（径書房）出版。
●昭和五十九年（一九八四）　五十三歳
ラジオ大阪の深夜番組「枝雀のスビバせんね」にレギュラー出演。桂枝雀との対談番組。「スビバせんね」は落語で枝雀が酔っぱらいを表現するときの口癖。「恨み酒」に多用。
●昭和六十年（一九八五）　五十四歳
1月、『マガリ君事件が五つ』（径書房）出版。

神戸市灘区赤返通に転居。
＊バブル経済発生。
●昭和六十一年（一九八六）　五十五歳
5月、『日本のユーモア1　詩歌篇』（筑摩書房）出版。

8月、『ことば遊びコレクション』（講談社現代新書）出版。

8月、家族で長崎県五島列島に遊ぶ。
●昭和六十二年（一九八七）　五十六歳
4月、ラジオ関西の「それ行け、きらめき」開始、パーソナリティを勤める。相手は森山かずみアナウンサー。

6月、『日本のユーモア2　古典・説話篇』（筑摩書房）出版。『ユーモア感覚』（講談社）出版。

8月、家族で大分県国東半島に遊ぶ。
●昭和六十三年（一九八八）　五十七歳
1月12日、父・耕三没、八十六歳。

2月、『日本のユーモア3　江戸小咄篇』（筑摩書房）出版。

11月、兵庫県文化賞受賞。
●昭和六十四年／平成元年（一九八九）　五十八歳
1月、『謎の歌集百人一首』（筑摩書房）出版。

4月、NHK教育テレビ市民大学「日本人の笑い」出演。6月まで十二回。

7月6日、母・寿代死去、八十五歳。「みなしごというものになる五十八」の句を詠む。
＊1月7日、昭和天皇崩御、皇太子明仁親王即位、1月8日、平成と改元。
＊4月1日、消費税始まる。
＊6月、天安門事件。
＊11月、ベルリンの壁撤去。
●平成二年（一九九〇）　五十九歳
4月、竹下登内閣は前年「ふるさと創生」で全国各市町に一億円を配った。バブル経済の絶頂期である。神戸市はその使途として中央図書館に「神戸ふるさと文庫」を開設、岡佑光館長の要請で委員に就任。
●平成三年（一九九一）　六十歳
4月、園田学園女子短期大学国文科講師（非常勤）就任。「鑑賞と表現（散文）」を担当。平成十三年まで勤務。
＊バブル経済崩壊始まる。
●平成四年（一九九二）　六十一歳
12月、藤原明衡『新猿楽記』にある演目の記述をヒントに新作狂言「袈裟求」（けさもとめ）」を書く。茂山家の花形狂言会により国立文楽劇場で初演。
●平成五年（一九九三）　六十二歳
4月、家族で宮崎県青島に遊ぶ。
●平成六年（一九九四）　六十三歳
7月、日本笑い学会発会。会長・井上宏氏（関西大学教授）。副会長に就任。
●平成七年（一九九五）　六十四歳
1月17日未明、阪神淡路大震災。自宅は倒壊を免れたが、水道が出ないので、一週間後、電車を乗り継いで家族と神戸を脱出、南紀に滞在。神戸の水道復活を待って帰神。

3月13日、NHK放送開始七十周年記念局長感謝状を受ける。

8月、家族で長野県木曽に遊ぶ。

上方お笑い大賞（読売テレビ主催）審査員就任。

12月14日、ラジオ番組収録中に体調急変、大動脈解離で神戸市中央市民病院に入院、病院で年を越す。
＊3月20日、東京営団地下鉄でオウム真理教によるサリン事件起こる。
●平成八年（一九九六）　六十五歳
1月、退院。

6月、家族で三重県伊勢賢島に遊ぶ。

9月、兵庫県民交流の船の講師として、中国天津、洛陽、西安、青島を歴訪。
●平成九年（一九九七）　六十六歳
3月、『笑いの研究』（フォーユー刊）出版。井上宏、昇幹夫氏との共著。

●平成十年（一九九八）　六十七歳
9月、川柳自撰句集『虹色の包帯』（葉文館出版）出版。
●平成十一年（一九九九）　六十八歳
7月、家族で沖縄に遊ぶ。
11月、地域文化功労者として文部大臣表彰を受ける。
●平成十二年（二〇〇〇）　六十九歳
9月、『古今和歌集』の謎を解く』（講談社選書メチエ）出版。『古今和歌集』の序にある六歌仙の喜撰が架空の人物であることの証明を試みる。若い日、国文学徒でありたかったが志を曲げたことへの自責をあがなう。

10月、家族で富山県黒部、立山に遊ぶ。
●平成十四年（二〇〇二）　七十一歳
9月、家族で山口県津和野、秋吉台に遊ぶ。
●平成十五年（二〇〇三）　七十二歳
2月、腰椎圧迫骨折。神戸労災病院で治療を受ける。
9月、家族で三重県鳥羽に遊ぶ。
●平成十七年（二〇〇五）　七十四歳
9月、妻純子と北イタリアに遊ぶ。ベネチア、フィレンツェ、ローマを巡遊。
●平成十九年（二〇〇七）　七十六歳
7月、日本笑い学会名誉会員の称を贈られる。
●平成二十年（二〇〇八）　七十七歳
7月、神戸市中央市民病院で総胆管結石、胆石の手術を受ける。
11月、上方演芸資料館編『上方演芸大全』（創元社）出版。「漫才」の項を執筆。
●平成二十二年（二〇一〇）　七十九歳
5月、左大腿骨骨折、神戸労災病院入院。6月退院。
6月、『笑いのこころユーモアのセンス』（岩波書店）出版。

●平成二十三年（二〇一一）　八十歳

1月、喜味こいし氏死去、葬儀委員長をつとめる。

8月2日、妻純子、死去、七十三歳。八十歳を節目としてすべての仕事から引退、自適の生活に入る。

●平成二十四年（二〇一二）　八十一歳

5月、弟英一死去、七十七歳。

8月、転倒して神戸労災病院入院、右大腿骨折の手術を受ける。東神戸病院に転院、リハビリを行う。翌年1月退院。

●平成二十六年（二〇一四）　八十三歳

8月、神戸市中央市民病院で肝癌手術を受ける。以後、再発をくりかえし入院、その都度、初期で治癒。

●平成二十七年（二〇一五）　八十四歳

2月、白内障手術を受ける。読書が困難になっていたが、視力1・2に戻る。

●平成二十九年（二〇一七）　八十六歳

9月、兄洋一死去、八十九歳。

●平成三十一年／令和元年（二〇一九）　八十八歳

＊4月30日、明仁天皇、生前退位。5月1日、徳仁天皇即位。5月1日、「令和」と改元。

織田正吉　主要著作一覧

笑話の時代　神戸新聞社のじぎく文庫　一九六八年
笑いとユーモア　筑摩書房　一九七九年
ジョークとトリック　講談社現代新書　一九八三年
ことば遊びコレクション　講談社現代新書　一九八六年
ユーモア感覚　講談社　一九八七年
笑いのこころユーモアのセンス　岩波書店　二〇一〇年
日本のユーモア　1　詩歌篇　筑摩書房　一九八六年
2　古典・説話篇　筑摩書房　一九八七年
3　江戸小咄篇　筑摩書房　一九八八年
絢爛たる暗号　百人一首の謎をとく　集英社　一九七八年
謎の歌集百人一首　筑摩書房　一九八九年
百人一首の謎　講談社現代新書　一九八九年

『古今和歌集』の謎を解く　講談社選書メチエ　二〇〇〇年
マガリ君登場　径書房　一九八三年
マガリ君事件が五つ　径書房　一九八五年
川柳自選句集　虹色の包帯　葉文館出版　一九九八年
共　著
遊び時間の発想　日本経済新聞社　一九八二年
上方演芸大全　創元社　二〇〇八年

あとがき

この本の校正をしているとき、新型コロナウイルスの蔓延で緊急事態宣言が出た。原則外出禁止、「要請」とことばの腰は低いが、むかしなら戒厳令というところだろう。街頭の人影はまばら、店舗は軒並みシャッターを下ろしている。生きているうちに二度目の東京オリンピックが見られると喜んでいたら、オリンピックのほうから逃げ水のように遠ざかっていった。

自宅に籠って文章のチェックをしながら連想したのは若い日に抄訳で読んだ『デカメロン（十日物語）』である。ルネサンス当時の小説で、作者のボッカチオはイタリア人。ペストの流行で荒廃したフィレンツェを逃れ、郊外の別邸に籠った男女十人が、つれづれに一日一話、十日間に百の話を物語る。悲しい話、おかしい話、エロティックな話、しみじみと心にひびく物語などなど。

世界文学史上の作家と並べるのはおこがましいが、雑多なところは『デカメロン』に似ていなくもない。私にとって大衆芸能も国文学も漫画も小説も水平に並んで上下の隔てはない。序列は作品のクオリティーについていうことである。

ジャンルを越えての比較をいうなら、「百人一首」に関していえば一般向きの注釈書や解説書で間違った説を垂れ流している国文学者よりも、厖大な作品を世に送って質を落とさなかった漫画の手塚治虫や、厳密な校訂とすぐれた話芸で落語を磨き上げ、後世の財産とした桂米朝のほうが、はるかに存在が大きい。

この本が出来るには一つの偶然があった。昨年秋、詩人の安水稔和君と某所でばったりと出会った。「さん」で呼ぶのはよそよそしいので「君」と呼ばせてもらうが、安水君は高校の同級、大学の同窓で、私は安水君が主宰する詩誌の同人だったことがある。何十年ぶりかの再会であった。四方山《よもやま》の雑談の中で年来あたためている本の企画を話し、編集工房ノアの涸沢純平氏に取りついでもらった。

残された時間を気にしながら旧稿の整理にかかっていたがはかどらず、宿題を抱えた小学生のような気持ちで過ごしていたが、偶然の再会に背中を押されて形を整えた。お二人に心からのお礼を申し上げる。

コロナウイルスはこの先どうなるのか。来年には終息しているだろうか。生きていると何が起こるかわからない。コロナ以上にとんでもないことが起こるかもしれない。昭和四十八年（一九七三）のノストラダムスの大予言ははずれたが、この次はほんとに地球の終焉に遭うかもしれない。たとえ地球の終わりが明日でも私は今日リンゴの木を植える。一日一笑、笑いを語りつづける。今日は光秀と信長が対面しているところを思い浮かべた。二人とも白いマスクを付けている。

令和二年四月

織田正吉

ユーモアのある風景《ふうけい》

二〇二〇年九月一日発行

著　者　織田正吉
発行者　涸沢純平
発行所　株式会社編集工房ノア
〒五三一―〇〇七一
大阪市北区中津三―一七―五
電話〇六（六三七三）三六四一
ＦＡＸ〇六（六三七三）三六四二
振替〇〇九四〇―七―三〇六四五七
組版　株式会社四国写研
印刷製本　亜細亜印刷株式会社

ISBN978-4-89271-331-6
不良本はお取り替えいたします